SYNÉSIOS DE CYRÈNE

OPUSCULES

II

COLLECTION DES UNIVERSITÉS DE FRANCE
publiée sous le patronage de l'ASSOCIATION GUILLAUME BUDÉ

SYNÉSIOS DE CYRÈNE

TOME V

OPUSCULES

II

TEXTE ÉTABLI

PAR

Jacques LAMOUREUX

Professeur honoraire au Lycée de Lannion

TRADUIT ET COMMENTÉ

PAR

Noël AUJOULAT

Maître de conférences honoraire de l'Université de Toulouse - Le Mirail

PARIS

LES BELLES LETTRES

2008

Conformément aux statuts de l'Association Guillaume Budé, ce volume a été soumis à l'approbation de la commission technique, qui a chargé M. Denis Roques d'en faire la révision et d'en surveiller la correction en collaboration avec MM. Jacques Lamoureux et Noël Aujoulat.

© 2008. Société d'édition Les Belles Lettres
95 boulevard Raspail, 75006 Paris
www.lesbelleslettres.com

ISBN : 978-2-251-00547-8
ISSN : 0184-7155

AVANT-PROPOS

Comme pour le tome IV des œuvres de Synésios de Cyrène, Jacques Lamoureux a établi le texte grec des tomes V et VI, rédigé l'apparat critique et les notes de caractère philologique signées de ses initiales.

Noël Aujoulat est l'auteur des notices et des notes de caractères historiques, littéraire et philosophique ainsi que de la traduction française. Il a en outre dressé les trois index.

Les deux éditeurs tiennent à remercier une fois de plus leur réviseur, M. le Professeur D. Roques dont la haute compétence, le dévouement et la serviabilité les ont soutenus et guidés tout au long de l'élaborations de cette œuvre.

ABRÉVIATIONS BIBLIOGRAPHIQUES

1) Les opuscules

Calv.	*Eloge de la Calvitie*
Dion	*Dion ou Sur son genre de vie*
Songes	*Traité sur les songes*
Royauté	*Discours sur la Royauté*
Réc. ég. ou	*Récits égyptiens ou Sur la Providence*
Prov.	
Disc. à Pai.	*Discours à Paionios*

2) Dictionnaires

DECA	*Dict. encyclopédique du christianisme ancien* (Gênes, 1983 ; adaptation franç. : Paris, 1990)
DELG	*Dictionnaire étymologique de la langue grecque. Histoire des mots,* Paris, 1968-1977.
DphA	*Dict. des philosophes antiques* (dir. R. Goulet), t. 1, (Paris, 1989), t. 2 (Paris, 1994), t. 3 (Paris, 2000), t. 4 (Paris,2005).
LSJ	*A Greek-English Lexicon,* H.G. Liddell – Scott, 9e éd. par H.S. Jones, 2 vol., Oxford, 1940, *Supplementum,* 1968.
PGL	*A Patristic Greek Lexicon* (éd. G.W.H. Lampe, Oxford, 1961).
RE	*Realenzyklopädie der klassischen Altertums-wissenschaft* (Pauly – Wissowa – Kroll) 48 vol. (Stuttgart, 1894 – 1980).

3) Périodiques : De nombreux titres sont donnés *in extenso.*
Les abréviations sont celles de l'*Année philologique.*

4) Ouvrages

AAI	W. Hagl, *Arcadius Apis Imperator,* Stuttgart, 1997.
BPCA	Alan Cameron, Jacqueline Long, Lee Sherry, *Barbarians and Politics at the Court of Arcadius,* Berkeley, Los Angeles, Oxford, 1993.
BSK	T. Schmitt, *Die Bekehrung des Synesios von Kyrene,* Munich – Leipzig, 2001.
DR	Chr. Lacombrade, *Le Discours sur la Royauté de Synésios de Cyrène à l'Empereur Arcadios,* traduction nouvelle, notes et commentaire, Paris, 1951.
EHS	A. Fitzgerald, *The Essays and Hymns of Synesius of Cyrene,* Oxford, 1930.
Etudes	D. Roques, *Etudes sur la Correspondance de Synésios de Cyrène* (Latomus, vol. 205), Bruxelles, 1989.
G.-R. Corresp.	Synésios de Cyrène, *Correspondance,* éd. A. Garzya et D. Roques, 2 vol., Paris, 2000 (*CUF*).
GIK	G. Albert, *Goten in Konstantinopel,* Paderborn, 1984.
PLRE	Jones (A.H.M.), Martindale (J.R.), Morris (J.), *The Prosopography of the Later Roman Empire,* I, *A.D.* 260 – 395 (Cambridge, 1971) ; II, *A.D.* 395 – 527 (Cambridge, 1980).
SHC	Chr. Lacombrade, *Synésios de Cyrène, hellène et chrétien,* Paris, 1951.
SPB	J. Bregman, *Synesios of Cyrene, Philosopher – Bishop,* Berkeley, 1982.
Synésios	D. Roques, *Synésios de Cyrène et la Cyrénaïque du Bas-Empire,* Paris, 1987.
UER	E. Demougeot, *De l'unité à la division de l'Empire Romain* (395-410), Paris, 1951.

5) Collections

CUF	Collection des Universités de France
SC	Sources Chrétiennes

INDEX SIGLORVM

S   Parisinus Coislinianus 249, saec. X.
A   Laurentianus 55, 6, saec. XI.
C   Laurentianus 80, 19, saec. XII.
V   Vaticanus gr. 91, saec. XII — XIII.
M   Athous Vatopedinus 685, saec. XIII in.
O   Parisinus gr. 1039, saec. XIII-XIV.
B   Monacensis gr. 476, saec. XIII-XIV.

Codd.   = consensus illorum codicum.

S^2 A^2 etc.   = codicum S A etc. secunda manus.

Aliquot codices qui nonnumquam in testimonium uocantur nominatim laudantur.

Testimonia :

Neap.   = Neapolitanus II C 32, a. 1325-1350.
Voss.   = Leidensis Vossianus gr. Q18, saec. XV.
Lex. Vind.   = *Lexicon Vindobonense* (ed. A. Nauck).
Macar.   = Macaire Chrysocéphale, Ῥοδωνιά, in Marc. gr. 452, a. 1328-1336.
Suda   = *Suidae Lexicon* (ed. Ada Adler).
Th. M.   = Thomae Magistri, *Ecloga vocum Atticarum* (ed. Fr. Ritschl).

Editiones :

Turn.   = Turnèbe, *Synesius episcopus Cyrenensis, Opuscula*, Paris, 1553.
Pet.   = Petau, *Synesii episcopi Cyrenes opera quae extant omnia*, Paris, 1633.
Boiss.   = Boissonade, *Anecdota graeca*, Paris, 5 volumes, 1829-1833.

Jahn = A. Jahn (a Krabinger laudatus), *Symbolae ad Philostrati librum de uitis sophistarum*, Berne, 1837.

Kr. = J. G. Krabinger, *Synesii Cyrenaei orationes et homiliarum fragmenta*, Landshut, 1850.

Terz. = N. Terzaghi, *Synesii Cyrenensis opuscula*, Rome, 1944.

Latte = K. Latte, *Textkritische Beiträge zu Synesios* (in C&M 17, 1956).

Garz. = A. Garzya, *Opere di Sinesio di Cirene*, *Epistole Operette Inni*, Turin, 1989.

DISCOURS SUR LA ROYAUTÉ

NOTICE

1. Les raisons officielles de l'ambassade de Synésios à Constantinople

Les commentateurs du *Discours sur la royauté* sont d'accord pour affirmer que Synésios a été délégué par le *concilium provincial* de toutes les cités de la Pentapole afin d'aller porter l'*aurum coronarium* à l'empereur Arkadios[1]. D'après Chr. Lacombrade, le κοινόν provincial qui aurait envoyé l'auteur du *De regno* à Constantinople aurait siégé à Cyrène, ce qui « s'accorde pleinement avec le glorieux prestige de cette dernière.[2] » Cependant D. Roques fait remarquer que, depuis Dioclétien, la capitale de la Pentapole est passée de Cyrène à Ptolémaïs et qu'à l'époque de Synésios cette cité « était le centre de l'administration civile, le centre militaire et le centre ecclésiastique. Quoique Synésios ne le dise pas expressément, nombre de lettres de la *Correspondance* montrent en effet que le gouvernement civil est installé dans la ville…C'est à Ptolémaïs encore que Synésios remercie, au nom des cités de la province, le général Markellinos devant le tribunal du gouverneur civil ; c'est dans la ville *vraisemblablement*[3] qu'eurent lieu le *conci-*

---

1. D. Roques, *Synésios*, p. 160-161.
2. Chr. Lacombrade, *DR,* p. 17.
3. C'est nous qui soulignons.

lium de la province qui décida l'envoi d'une ambassade à la Cour en 399 et celui devant qui Synésios prononça les *Catastases* I et II.[4] »

D. Roques a toutefois prouvé contre tous ses prédécesseurs, et notamment contre R.G. Goodchild[5] et Chr. Lacombrade, que Cyrène, loin d'être dans un état de décadence aux IVe et Ve siècles, avait tout au plus subi un « simple amoindrissement dû à des raisons politiques extérieures et à des catastrophes naturelles[6]. » « De qui émanait l'ambassade ? » se demande-t-il plus loin[7]. « Les indications données par le Cyrénéen paraissent divergentes. Dans le *Discours sur la royauté*, il affirme être envoyé par 'Cyrène, cité grecque au nom antique et vénérable'[8]. Mais à la fin du même *Discours* il demande que la Pentapole bénéficie de ses préceptes de philosophie politique et souhaite que 'les cités' obtiennent ce qu'elles désirent[9]. Contradiction ? Erreur ?[10] »

Au terme d'une analyse fouillée, l'auteur conclut qu' « en définitive Synésios est allé porter l'*aurum coronarium* de la cité de Cyrène à Arkadios, mais il intervenait aussi pour le compte de l'ensemble des cités de la Pentapole, qu'il appelle indifféremment 'les cités', la 'patrie', 'les Libyens'.[11] » Il n'en demeure pas moins une ambiguïté. Synésios, porteur de l'*aurum coronarium* de la seule Cyrène pouvait être mandaté par le conseil de cette seule cité, mais en tant que défenseur des intérêts des villes de la Pentapole, il pouvait représenter le *concilium*

---

4. *Synésios*, p. 85 et 87. Pour le remerciement à Markellinos, cf. G.-R. *Corresp.*, t. 1, ép. 62, p. 78-79. Pour l'envoi de l'ambassade à la Cour, cf. *ibid.*, t. 2, ép. 95, l. 74, p. 218.

5. R.G. Goodchild, *Kyrene und Apollonia,* Zurich, 1971, p. 47-48.

6. *Synésios*, p. 96-98.

7. *Ibid.*, p. 161.

8. *ΕΙΣ ΤΟΝ ΑΥΤΟΚΡΑΤΟΡΑ ΠΕΡΙ ΒΑΣΙΛΕΙΑΣ in* Sinesio di Cirene, *Opere,* éd. A. Garzya, Turin, 1989, 3, p. 384.

9. *Ibid.*, 29, p. 450. Cf. aussi *Synésios*, p. 162, n. 58.

10. *Synésios*, p. 161-162.

11. *Ibid.*, p. 163.

provincial siégeant à Ptolémaïs. Il est bien difficile de trancher.

Il est d'autre part admis que Synésios n'est pas seulement allé porter l'*aurum coronarium* à l'empereur, mais qu'il avait été aussi mandaté pour « obtenir un allègement substantiel des impôts ou, du moins, la remise de leurs arriérés »[12], a écrit Chr. Lacombrade. Celui-ci a donc admis qu'il y avait un doute sur cet aspect de la mission de Synésios, à cause de la 'carence des textes'[13]. D'après D.Roques, en revanche, « sans doute l'objet de l'ambassade de Synésios était-il un allègement fiscal pour les cités[14]. Mais celui du *Discours* lui-même est strictement philosophique : il s'agit d'un traité sur la *Royauté*, non d'un plaidoyer pour Cyrène.[15] » D. Roques a ainsi le mérite d'établir une distinction nette entre la mission impartie à Synésios par le *concilium* de la Pentapole d'une part, et le but de son discours à l'empereur d'autre part. Il suggère aussi une raison plausible pour la demande de dégrèvement fiscal présentée à Arkadios : le séisme de 365 avait durement touché Cyrène. Les notables de la cité « ne se sont pas laissé aller au renoncement…Mais les finances n'étaient pas suffisantes et c'est probablement une des raisons majeures pour lesquelles Synésios a été chargé d'obtenir d'Arkadios des allègements fiscaux. Le vrai responsable de cette situation n'était pas une quelconque 'invasion barbare', mais simplement le séisme de 365 dont les effets paraissent avoir été vifs à Cyrène.[16] »

12. *DR*, p. 12.
13. *Ibid.*, p. 12.
14. Cf. *Synésios*, p. 30, n. 27.
15. *Ibid.*, p. 30.
16. *Ibid.*, p. 51-52. Cf. aussi p. 158. Synésios se serait-il rendu à Constantinople au nom de Cyrène et sa mission aurait-elle été élargie à toute la Pentapole ? D. Roques a écrit (*Synésios*, p 60) : « Dans l'*Hymne* III et dans la *Catastase* II le nom de Cyrène conserve la signification étroite de 'cité de Cyrène' : dans le premier cas la cité est mise sur le même plan que celle de Sparte, dans le second, que celle de Pto-

Plus loin, D. Roques précise que « les **motifs** qui ont entraîné cette mission sont l'amoindrissement des curies et celui de l'armée. Le premier résulte des conséquences du séisme de 365 et de l'accroissement de charges imposé aux Sénats locaux par la négligence de Théodose. En outre les guerres de ce dernier ont dû entraîner un surcroît de fiscalité (superindictions), et cela n'a pu qu'aggraver la situation des curies de Pentapole.[17] »

D'autre part, il n'y aurait pas eu de guerre contre les Macètes à partir de 395. « Du reste, remarque D.Roques, Synésios ne parle jamais en 400, dans le *Discours sur la royauté,* de Barbares en Pentapole, ni de guerre engagée contre eux, ce qui eût largement servi sa démarche. Mais le pouvoir avait projeté d'introduire en Pentapole des 'soldats étrangers à la province'(ξένοι), dans le cadre d'un réaménagement administratif décidé en 398/399. Les frais qu'occasionnait le stationnement de ces troupes dans la ville incombaient, au demeurant, aux curies des

lémaïs. Il faut comprendre de la même façon la déclaration du *Discours sur la royauté* selon laquelle Synésios a été envoyé à Constantinople en 399 par 'Cyrène…cité grecque'. L'expression est claire en elle-même. Mais Synésios affirme à plusieurs reprises que son ambassade concernait non seulement Cyrène, mais aussi les cités de Pentapole. Il dit en effet, dans la lettre 41 que souvent 'particuliers et cités ont eu recours à ses services ; dans la fin du *Discours sur la royauté,* que sa harangue sera utile 'aux cités' ; au terme de la lettre 154 et dans le *Traité sur les songes*, que cette ambassade à procuré des avantages aux cités de Pentapole. On aurait tort pourtant de considérer que la mention de Cyrène dans le *Discours* prend un sens large et fait référence à la Pentapole. Synésios, en effet, a dû assumer l'initiative d'une ambassade au nom de Cyrène, mais par la suite, au *concilium provincial*, cette démarche a été élargie à l'ensemble des cités. Il était assez avisé pour comprendre que le destin de Cyrène n'était qu'un problème particulier dans le cadre de la politique globalement déterminée par le pouvoir central à l'égard de la Pentapole, et que sa requête avait plus de chance d'aboutir si elle émanait de l'ensemble des cités de Pentapole. Dans ces conditions il est inutile de compliquer le *Discours*, et il convient de laisser à Cyrène ce qui est à Cyrène, 'cité grecque' qui parlait au nom des quatre autres cités de la province. »

17. *Synésios*, p. 161.

cités, et l'on comprend les appréhensions et les réticences de celles-ci.[18] » Quoi qu'il en soit, le Cyrénéen, reçu rapidement par le préfet Aurélien à Constantinople, en 399, obtint « pour lui-même (l'avantage) de ne pas exercer de liturgie…, et pour sa 'patrie' (la Pentapole), d''exercer ses liturgies plus aisément'…Quant à la province, elle bénéficia *vraisemblablement*[19] d'une remise d'impôts. Le Préfet dut faire pour la Pentapole ce que fit Osiris à son arrivée au pouvoir d'après les *Récits égyptiens*.[20] » Mais Eutychianos remplaça Aurélien et rapporta les mesures prises par ce dernier. Kaisarios succéda à Eutychianos en décembre 400 et Synésios dut à nouveau s'employer à recouvrer les privilèges une première fois accordés, puis perdus. « Le Pentapolitain revint de Constantinople en octobre 402. Son ambassade, déclare-t-il, avait été utile aux cités. Il réussit donc *probablement*[21] à obtenir de Kaisarios qu'il avalisât la mesure fiscale prise par Aurélien en 399.[22] »

On voit combien est complexe le déroulement des faits durant l'ambassade du Cyrénéen, combien le *Discours sur la royauté*, même complété par les *Récits égyptiens*, est peu explicite sur les résultats obtenus par les efforts de Synésios, et que Chr. Lacombrade n'avait pas tort, au total, de parler de la « carence des textes »[23] à cet égard.

Si la ville de Cyrène a envoyé le curiale Synésios à la cour impériale pour solliciter des facilités financières, c'est, d'après Chr. Lacombrade et ses prédécesseurs, parce qu'en 395 les Maziques et les Ausuriens auraient ravagé l'Afrique romaine et la Pentapole, et à cause d'une inflation monétaire catastrophique[24].

---

18. *Ibid.*, p. 161.
19. C'est nous qui soulignons.
20. *Synésios*, p. 167.
21. C'est nous qui soulignons.
22. *Synésios*, p. 168.
23. *DR*, p. 12.
24. *Ibid.*, p. 12.

D. Roques s'est, en revanche, fortement opposé au mythe de la « guerre 'de 395' »[25]qui tire son origine d'un passage de l'*Histoire de l'Eglise* de l'arien Philostorge[26], mythe développé d'abord par H. Druon dans ses *Etudes sur la vie et les œuvres de Synésios* parues en 1859[27] et accepté par la suite par tous les commentateurs du Cyrénéen.

La critique des assertions de Philostorge par D. Roques est convaincante. On rapportera seulement un simple argument de bon sens : « Synésios ne serait pas resté trois ans à Constantinople si la guerre avait déjà éclaté dans son pays. Mieux encore : il parlerait dans son *Discours sur la royauté* de ces Barbares Africains. Or s'il évoque effectivement des Barbares, c'est à l'évidence des Goths du Danube : nulle allusion dans le *Discours* à une guerre en Cyrénaïque, à des attaques contre les provinces de Libye Pentapole et de Libye Sèche.[28] »

On fera simplement remarquer que Chr. Lacombrade, qui rapproche peut-être abusivement les exactions commises en 395 par les Maziques et les Ausuriens de celles, bien plus graves, perpétrées en 411, n'emploie pas cependant le terme de « guerre » pour évoquer les hostilités de 395, mais de « raid »[29], ce qui n'est pas la même chose. Ce mot est d'ailleurs utilisé par D. Roques lui-même qui écrit : « …Les attaques de 405-413 ne sont pas lancées en permanence durant chaque année de cette période, mais seulement de manière saisonnière ; on ne peut donc parler d''invasion', mais tout au plus de raids saisonniers… »[30] Il n'en demeure pas moins vrai que de

25. *Synésios*, p. 32-34.
26. Philostorge, *Kirchengeschichte*, éd. J. Bidez, Leipzig, 1913, XI, 7-8 (résumé de Photios).
27. H. Druon, *Etudes sur la vie et les œuvres de Synésios, évêque de Ptolémaïs, dans la Cyrénaïque, au commencement du Ve siècle*, Paris, 1859, p. 18.
28. *Synésios*, p. 34.
29. *DR*, p. 12.
30. *Synésios*, p. 32-33.

simples raids de Barbares ne pouvaient engendrer la décadence de la Pentapole, mais lui créer tout au plus des difficultés[31]

D'autre part, la situation monétaire et le dénuement de la Pentapole étaient-ils aussi catastrophiques à l'époque de Synésios que le laissent entendre Chr. Lacombrade et ses prédécesseurs[32] ? D. Roques s'est vigoureusement élevé contre le mythe de la décadence de la Cyrénaïque au Bas-Empire, dont seraient responsables l'historien Ammien Marcellin ainsi que le *Discours sur la royauté* de Synésios. Les affirmations du premier ne concerneraient pas, en fait, la Cyrène du IVe siècle, mais celle du IIe siècle, après 115-117, c'est-à-dire la révolte juive[33]. De plus, la comparaison du *Discours sur la royauté* avec certaines lettres de son auteur montrent que « la 'ruine' de la Cyrénaïque du IVe siècle s'avère…, à bien comprendre Synésios, non matérielle, mais exclusivement culturelle.[34] » On peut ajouter à ces preuves littéraires de nombreux témoignages archéologiques[35].

Quant à la situation économique, elle fait l'objet, de la part de D. Roques, d'une minutieuse étude où sont passés en revue les différents facteurs de prospérité de la Cyrénaïque au IVe siècle[36]. La conclusion de l'auteur est péremptoire : « On a longtemps prétendu, écrit-il, — et on continue à le faire — que (le bilan économique) était négatif et reflétait la décadence de la province de Pentapole, et plus généralement de la région de Cyrénaïque au Bas-Empire. Rien n'est plus faux…Cette prospérité ne se fondait pas sur l'industrie, inexistante, mais dérivait presque uniquement des ressources maritimes, des pro-

---

31. Sur la réorganisation militaire de la Pentapole en 398-399, cf. D. Roques, *Etudes*, p. 82-85.

32. *DR*, p. 12.

33. *Synésios*, p. 28-29.

34. *Ibid.*, p. 32. Pour une vue d'ensemble sur la question, cf. *ibid.*, p. 27-40.

35. *Ibid.*, p. 41-52.

36. *Ibid.*, p. 387-431.

duits de la chasse, de l'agriculture et de l'élevage.[37] »
Les échanges commerciaux de la Cyrénaïque au IVe
siècle alimentaient surtout le marché intérieur d'une province moins tournée vers l'exploitation de ses produits
que durant les siècles passés, « mais cela ne suffit nullement à légitimer la théorie, longtemps soutenue, de la
décadence de la région au Bas-Empire.[38] »

Il semblerait donc que le repli économique de la Cyrénaïque sur elle-même aurait dû engendrer une certaine
stagnation monétaire. Mais comme le rappelle R. Rémondon, « les problèmes posés par la monnaie sont innombrables et souvent inextricables. Les réponses apportées
sont d'ailleurs souvent contradictoires.[39] » C'est ainsi
que pour Chr. Lacombrade, qui suit A. Piganiol, « il a été
établi que le *solidus* d'or, qui valait à Alexandrie 4.000
drachmes en 301, était coté 180 millions en 400. On en
induit aisément que dans la Cyrénaïque voisine, étroitement tributaire de l'Egypte, la monnaie n'était pas moins
rare et les prix moins excessifs.[40] » D'après A.Piganiol,
c'est à partir du règne de Théodose que le système monétaire fondé sur la monnaie de cuivre saucé ou de cuivre
pur s'est « irrémédiablement avariée. » Cependant, poursuit plus loin l'auteur, « à la fin du IVe siècle, corrélative-
ment à la dépréciation irrémédiable de la monnaie de
cuivre, on n'assiste nullement à un progrès de l'économie
naturelle, mais tout au contraire à une mise en circulation
plus régulière des monnaies d'argent et d'or. Le retour à
une monnaie saine aurait rendu possible de résorber
l'économie naturelle.[41] »

---

37. *Ibid.*, p. 430.
38. *Ibid.,* p. 430-431.
39. R. Rémondon, *La crise de l'Empire romain de Marc-Aurèle à
Anastase*, Paris, 1964, p. 309. Cf. plus récemment A. Demandt, *Die
Spätantike : römische Geschichte von Diocletian bis Justinian*, 284-
565 n. Chr., Munich, 1989.
40. *DR*, p. 12.
41. A. Piganiol, *L'Empire chrétien (325-395)*, Paris, 1972, p. 328-329.

D. Roques confirme globalement ces dernières remarques d'A.Piganiol. En s'appuyant sur la *Correspondance* de Synésios, il montre qu'au début du Ve siècle existait une circulation monétaire où l'or tenait largement sa place et qu'il était utilisé comme monnaie impériale. « Dans les transactions ou les réalités de la vie quotidienne celui-ci servait abondamment...Qu'il s'agisse donc d'or-métal (χρυσίον) ou d'or monnayé (νομίσματα, 'statères', χρύσινοι), on est frappé de voir, à lire la *Correspondance*, la présence permanente de cette valeur, fait d'autant plus remarquable que Synésios n'insiste jamais sur les réalités de la vie quotidienne...On est donc en droit de conclure au caractère erroné de la théorie historiographique selon laquelle l'Empire aurait connu au cours du IVe siècle un retour à l'économie naturelle...L'utilisation d'une monnaie forte incite à nier toute décadence de l'activité économique de la Pentapole à l'époque du Cyrénéen.[42] » Il est donc difficile, dans ces conditions, de soutenir que l'inflation monétaire a ruiné les habitants de la Cyrénaïque à la fin du IVe siècle et au début du Ve.

De plus, A. Piganiol spécifie bien que le cas de l'Egypte était spécial : elle avait une monnaie de compte particulière, la drachme, et si les prix y demeuraient excessifs, « il faut que des circonstances particulières à l'Egypte expliquent pourquoi la chute de la drachme fut bien plus terrible encore que celle du denier.[43] » On doit peut-être en conclure que l'économie de la Cyrénaïque était moins dépendante de l'Egypte que Chr. Lacombrade ne l'a supposé, et que l'inflation dans cette province n'avait pas atteint aux Ve/VIe siècles les proportions catastrophiques de celle de sa voisine.

---

42. *Synésios*, p. 186-187. Sur les problèmes monétaires, voir C. Morrisson, *Le Monde byzantin*, t. 1, *L'Empire romain d'Orient (330-641)*, Paris, 2004, p. 217-220.

43. A. Piganiol, *op. cit.*, p. 328.

Synésios ne donne aucun renseignement précis sur la composition de l'ambassade envoyée à Constantinople. Habituellement, rappelle T. Schmitt, les ambassades provinciales comprenaient trois personnes[44]. Au terme de son explication de l'épître 127[45], le savant allemand conclut que le frère du Cyrénéen, Evoptios, faisait lui aussi partie de cette délégation. On ne sait qui fut le troisième homme[46]. Les frais occasionnés par les déplacements étaient couverts par la caisse impériale. Mais comme Synésios demeura trois ans dans la capitale, ses collègues repartirent pour Cyrène probablement dans les délais normaux, et il fut obligé de payer lui-même son retour à cause de sa longue absence pour convenance personnelle[47]. D'après la lettre 129, il dut pour cela emprunter soixante pièces d'or à son ami Proklos[48].

En résumé, Synésios fut très probablement envoyé officiellement à Constantinople par le *concilium* de la Cyrénaïque siégeant à Ptolémaïs pour porter l'*aurum coronarium* de Cyrène à l'empereur Arkadios et pour solliciter un dégrèvement d'impôts pour la Pentapole. Le séisme de 365 avait en effet provoqué des difficultés financières à Cyrène, difficultés qu'on ne peut attribuer à une prétendue guerre contre les Ausuriens et les Macètes en 395 ni à une inflation monétaire non maîtrisée en Cyrénaïque.

---

44. T. Schmitt, *BSK*, p. 250.
45. Cf. G.-R., *Corresp.*, ép. 127, t. 2, p. 260-261.
46. D'après D. Roques, *Synésios*, p. 166-168, Synésios partit seul. Effectivement rien ne permet d'affirmer positivement qu'il avait des acolytes. D'après le même critique, T. Schmitt a mal interprété un « pluriel de majesté » (cf. D. Roques, *RHE* 90, 2004, nos 3-4, p. 775)
47. Cf. *BSK*, p. 253.
48. Cf. G.-R., *Corresp.*, ép. 129, t. 2, p. 263, l. 27. Cette lettre daterait du deuxième trimestre d'après D. Roques, *Etudes*, p. 122-131, mais au plus tôt de la fin de l'année 402 pour T. Schmitt, *op. cit.*, p. 407. Cf. le récit de l'ambassade par D. Roques, *Synésios*, p. 166-168.

2. Les dates de l'ambassade et du *De Regno*

La date exacte du *Discours sur la royauté,* liée à celle de l'ambassade à Constantinople, a donné lieu à bien des conjectures. Les récents travaux de D. Roques, malgré de fortes contestations, paraissent avoir apporté une solution à ces deux questions.

Depuis les *Studien zu Synesios* d'O. Seeck en 1894[1]et les travaux de Chr. Lacombrade en 1951[2], on admettait communément que le séjour de Synésios à Constanti-nople s'était déroulé de 399 à 402, dates admises égale-ment par J.H.W.G. Liebeschuetz en 1985[3] et défendues par D. Roques en 1989. Mais en 1986 T.D. Barnes[4], Alan Cameron en 1993[5], et Tassilo Schmitt en 2001[6] sont reve-nus à la chronologie ancienne de 397-400, qui était celle proposée par exemple par H. Druon en 1859 et 1879[7].

Tout repose sur la date du retour de Synésios de Constantinople à Cyrène.

Ce retour eut-il lieu en 400, comme le prétendent Barnes et Cameron, ou en 402, comme le soutiennent Chr. Lacombrade et D. Roques ? Et par conséquent le *Discours sur la royauté*, qui fut prononcé trois ans plus tôt, l'a-t-il été en 399/400 ou en 397 ? En s'appuyant sur la lettre 61 de Synésios et sur les *Homélies 41 et 7 sur les*

1. O.Seeck, *Studien zur Synesios,* in *Philologus*, 52, 1894, p. 442-483.

2. Chr. Lacombrade, *SHC* et *DR.*

3. Cf. D. Roques, *Synésios à Constantinople : 399-402* in *Byzantion* 65, 1995, p. 405-439. Pour la position de J.H.W.G. Liebeschuetz, cf. *ibid.*, p. 405, n. 3 et p. 407, n. 8. Cet article sera dorénavant désigné par le sigle *C*.

4. Pour les ouvrages de T.D. Barnes, cf. *C,* p. 405, n. 3.

5. Pour A.Cameron, cf. *C,* p. 405, n. 4.

6. Pour T. Schmitt, cf. *BSK,* p. 243- 250.

7. Pour les tenants de cette chronologie ancienne, cf. *C*, p. 407, n. 10, et particulièrement H. Druon, *Etudes sur la vie et les œuvres de Synésios,* Paris, 1859, p. 17-20 ; *Oeuvres de Synésios*, Paris, 1878, p. 19.

Actes des Apôtres de Jean Chrysostome, T.D. Barnes et A. Cameron affirment que Constantinople fut secouée par un séisme en l'an 400, séisme qui provoqua la fuite de Synésios. « De cette chronologie, écrit D. Roques, résulte 'une peinture entièrement nouvelle de la crise de l'an 400'. En effet le Περὶ βασιλείας et le Περὶ προνοίας devraient désormais être interprétés à la lumière des événements des années 398-400 et non plus des années 400-402 : dorénavant 'ce qu'illustre le *De regno*, c'est l'hostilité à la manière dont Eutrope a traité le problème d'Alaric et de l'Illyricum en 397'.[8] » Il s'ensuit un bouleversement complet des chronologies établies par O. Seeck, Chr. Lacombrade et D. Roques.

Or ces dernières s'appuient sur un fait clairement attesté : le tremblement de terre de 402. Mais qu'en est-il de celui de l'an 400 ? D. Roques fait justement remarquer que « le terme σεισμός, avant même de désigner une secousse tellurique, un tremblement de terre, désigne simplement une secousse, un choc, une commotion, et s'applique aussi bien à des abstractions ou à des réactions psychologiques qu'à des phénomènes physiques[9]. » Il en est souvent ainsi chez les auteurs classiques et, bien plus tard, chez Jean Chrysostome par exemple[10]. « Dès lors, poursuit D. Roques, la cause est entendue. En effet ni l'*homélie* 41 ni l'*homélie 7 sur les Actes* de Jean ne décrivent un séisme naturel, des effets matériels duquel on chercherait vainement la peinture dans les propos de l'archevêque.[11] » Il s'agit donc d'un séisme politique. Et D. Roques de conclure que la « commotion » qui a ébranlé Constantinople en 400 est « la crise gothique de l'année 400...qui aboutit au massacre des Goths le 12 juillet 400[12]. En tout cas, la mort de Gaïnas le 23

8. *C*, p. 414.
9. *C*, p. 419.
10. *C*, p. 420-424.
11. *C*, p. 424.
12. Sur ces événements, cf. *C*, p. 425, n. 79.

décembre 400 met fin à une situation troublée qui, latente ou patente, avait secoué la ville durant une bonne partie de l'année 400.[13] »

A propos de la lettre 61 de Synésios, qui date de 405[14], D. Roques affirme, comme Chr. Lacombrade l'avait déjà pressenti[15], que le titre d'ὕπατος / consul donné par le Cyrénéen à Aurélien — qui avait été effectivement consul en 400 — pouvait lui être encore décerné en 402, l'année de la fuite de Synésios hors de Constantinople : bien qu'il n'exerçât plus cette charge, « dans l'esprit des gens il gardait, après cessation de fonction, son titre »[16], comme de nos jours un premier ministre, par exemple, est honoré toute sa vie de cette appellation. De plus, c'est « à dessein », comme l'a bien vu Chr. Lacombrade et comme le confirme D. Roques, « que l'écrivain conserve à Aurélien sa dignité de consul, pour que son ami Pylémène, à qui l'Ep. est adressée, ne lui tienne pas trop rigueur d'avoir quitté la capitale sans avoir pris congé de lui. Synésios s'accuse d'avoir commis la même négligence à l'endroit d'Aurélien, φίλον ἄνδρα καὶ ὕπατον, c'est-à-dire en dépit de la charge souveraine que ce dernier vient d'exercer.[17] » Comme la *Chronique du comte Marcellin*[18] signale bien le tremblement de terre de 402, mais n'en mentionne aucun en 400, Synésios a très probablement quitté Constantinople en 402, malgré la dignité de consul dont il qualifie Aurélien, consul en 400, mais non en 402.

En conclusion, comme l'affirme D. Roques à la fin de son étude : « *Dès lors on ne peut admettre qu'une seule date pour le séjour de Synésios à Constantinople : 399-402.*[19] »

13. *C*, p. 425.
14. D. Roques, *Etudes*, p. 206.
15. Chr. Lacombrade, *SHC*, p. 101, n. 5.
16. D. Roques, *C,* p. 427.
17. Chr. Lacombrade, *op. cit.* p. 101, n. 5.
18. Migne, *PL*, 51, col. 922 (*sub anno* 402).
19. *C*, p. 438.

Comme O. Seeck avait déjà montré que l'ambassade avait débuté en 399, Chr. Lacombrade avait fixé la date du *Discours sur la royauté* en août 399[20]. Il établit en effet qu'au chapitre 21, la réflexion : « A dire vrai, les premières hostilités (contre les Goths) sont déjà engagées. Une certaine effervescence se manifeste çà et là dans l'Empire »[21], ne peut s'appliquer, en 399, qu'à l'insurrection de Tribigild, qui a déjà commencé et « qui entraînera le coup d'Etat militaire de Gaïnas. Dates extrêmes des deux événements : printemps 399 — automne 400.[22] » Il faut donc éliminer les Goths du Sénat et de l'armée, et même les réduire en esclavage. « Que (Synésios) ait pu tenir un tel langage en présence et à proximité de Gaïnas, leur chef, défie toute vraisemblance »[23], affirme Chr. Lacombrade. Or Gaïnas avait été chargé de réprimer la révolte de Tribigild, mais il machinait la perte du favori d'Arkadios, Eutrope. Gaïnas se trouvait ainsi en liaison directe avec Tribigild lors de la chute d'Eutrope à la fin de juillet 399. Synésios pouvait, en son absence, exposer son programme sur l'éviction des Goths. Il a donc pu prononcer le *Discours sur la royauté* seulement entre le printemps et l'été de 399.

« Contrairement à ses espérances, la faction barbare n'hérite pas, malgré ses intrigues, du consulat laissé libre par la déposition d'Eutrope. Cette charge suprême revient à Aurélien, Préfet de la ville et chef du parti de l'indépendance nationale. Bénéficiant de l'appui de l'impératrice Eudoxie, non seulement celui-ci se voit désigné pour le consulat de l'an 400, mais il est encore investi de la Préfecture du Prétoire aux lieu et place de son propre frère et rival Césarios[24], partisan acharné de la collabora-

20. *DR*, p. 21-25.
21. *Ibid.*, p. 22.
22. *Ibid.*, p. 22.
23. *Ibid.*, p. 23.
24. Il ne s'agissait pas, en fait, de Kaisarios, mais d'Eutychianos. Cf. D. Roques, *Etudes*, p. 243. (Voir Jones-Martindale-Morris, *PLRE*, t. I, Cambridge, 1971, p. 319-320).

tion étrangère...Or la fin de juillet 399 a marqué, disions-nous, l'effondrement, d'Eutrope. La disgrâce de Césarios est donc intervenue à la même date. Qu'Aurélien inversement ait déjà hérité de leur toute-puissance, au moment où l'ambassadeur de Cyrène prononce sa harangue à la Cour, ne laisse aucune place au doute.[25] » Synésios demande en effet l'élimination des Goths, et la constitution d'une armée nationale. Le Cyrénéen apparaît donc comme le porte-parole d'Aurélien. « C'est sur l'instigation du nouveau Préfet du Prétoire, et dans le désarroi où la chute d'Eutrope a plongé Arkadios, qu'il tente de rallier l'empereur hésitant à l'idéal de 'libération nationale' voulu par Aurélien et soutenu par Eudoxie.[26] »

Chr. Lacombrade conclut alors que « les alentours du mois d'août 399, qui voit le triomphe précaire du parti 'romain' (lui) semble le seul moment compatible avec le programme politique exalté dans le *Discours sur la royauté*.[27] »

Ce raisonnement serré et argumenté est pourtant contesté par D. Roques. Ce commentateur part du fait que, dans la lettre 144 de la *Correspondance* de Synésios adressée à son ami Herculien, le départ du Cyrénéen pour Constantinople est fixé au 20 Mésôri, c'est-à-dire au 13 août 399[28]. D'autre part, D. Roques affirme, en s'appuyant sur la lettre 56, que le voyage à Athènes de Synésios a eu lieu à partir de cette même date[29]. « Si Synésios est parti le 13 août (20 Mésôri), conclut l'auteur, il dut arriver à Athènes environ cinq jours plus tard...Le Cyrénéen est donc parvenu au Pirée vers le 18 août. En Attique il a visité, outre Athènes, quelques localités environnantes, et l'on peut lui accorder un séjour de deux

---

25. *DR*, p. 24.

26. *Ibid.*, p. 24.

27. *Ibid.*, p. 25.

28. *Etudes*, p. 102. Cf. G.-R. *Corresp.*, t. 2, ép. 144, l. 31, p. 288 ; cf. aussi ép. 143, l. 62, p. 287.

29. *Etudes*, p. 100-102.

semaines avant qu'il ait repris sa route maritime (plutôt
que terrestre) pour Constantinople. Il est, par conséquent,
arrivé dans la capitale durant les premiers jours de septembre 399. A cette date le Préfet du Prétoire en fonction
depuis les derniers jours de juillet était Aurélien qui était
éminemment favorable aux idées soutenues par Synésios,
et il n'est peut-être pas fortuit que l'arrivée au pouvoir du
premier ait été suivie de peu par l'arrivée à Constantinople du second.[30] »

Bien entendu, comme le fait remarquer D. Roques,
l'ambassadeur a dû passer devant le *magister epistolarum*
qui recevait les délégations des cités, subir un examen
devant le Préfet du Prétoire, qui n'était autre qu'Aurélien,
et attendre encore un certain temps avant d'être admis
devant l'empereur. « Pour toutes ces raisons, il est
impossible que le *Discours sur la royauté* ait été prononcé en août 399.[31] » Après avoir suivi la chronologie
dictée par les constitutions du *Code théodosien* et adoptée par Chr. Lacombrade, pour les événements écoulés
jusqu'à la chute d'Eutrope en juillet 399[32], D. Roques
remarque, comme E. Demougeot, que Gaïnas, en Asie
Mineure, ne combat pas Tribigild, mais qu'il devient son
allié. Il réclame alors le grade de *magister militum praesentalis* et exige qu'on lui livre « les principaux responsables du parti nationaliste anti-barbare : Aurélien, Saturninus et le Comte Jean…[33] »

Mais, ajoute aussitôt D. Roques, la révolte de Gaïnas a
eu lieu « entre le début 400 et le 12 juillet de la même
année (expulsion des Goths de Constantinople). En effet
Aurélien, le successeur du Préfet du Prétoire Eutrope[34],
avait exercé sa charge d'août 399 à fin novembre 400 au

30. *Ibid.*, p. 102.
31. *Ibid.*, p. 236.
32. *Ibid.*, p. 237 et 238.
33. *UER*, p. 233 ; *Etudes*, p. 238.
34. Eutrope ne fut pas Préfet du Prétoire mais *Praepositus sacri
cubiculi* (395-399) et consul (399).

plus tard[35]. En décembre son frère Eutychianos (le Typhon de Synésios) lui avait déjà succédé et avait manifesté la volonté de soutenir Gaïnas. Ainsi se développa l'hostilité entre les deux frères que relate Synésios dans les *Récits égyptiens*. Quant à Aurélien, soutenu par Eudoxie, il exerça le consulat éponyme, qui lui revenait pour l'année 400[36], et c'est en tant que consul (éponyme) et opposant à la politique d'Eutychianos que Gaïnas exigea qu'on le lui livrât. La rébellion est donc postérieure au 1e janvier 400.[37] »

On aura remarqué que D. Roques, s'appuyant sur la *Prosopography of the Later Roman Empire*[38], affirme qu'Aurélien exerça d'abord la Préfecture du Prétoire, d'août 399 à novembre 399, puis le Consulat éponyme durant l'année 400, tandis que d'après Chr. Lacombrade, « il ressort clairement du *Récit égyptien* de Synésios qu'Aurélien a été d'abord consul désigné, puis Préfet du Prétoire »[39]. Or D. Roques fait état d'un passage du *De regno* dans lequel Synésios s'indigne que les Goths, au Sénat, « délibèrent avec les autorités romaines sur la situation et bénéficient d'une place d'honneur auprès du consul lui-même (παρ' αὐτόν που τον ὕπατον προε-

---

35. Cf. *PLRE*, t. 1, *s.v.* Aurelianus 6, n.16, p. 238. — Les dates des Préfectures du Prétoire sont en fait sujettes à caution. D'après le présent passage de D. Roques, Aurélien aurait été Préfet du Prétoire d'août 399 à novembre 399 au plus tard. En décembre 399 son frère Eutychianos lui a succédé. D'après A. Cameron, *BPCA,* Aurélien fut nommé Préfet du Prétoire *ca* 1er août 399, et le 1er janvier 400 il assuma le consulat. Il aurait donc été Préfet du Prétoire pendant environ cinq mois. Ces dates sont confirmées à la p.158 du même ouvrage où sont consignées deux lois dues à Aurélien (27 août et 2 octobre 399).

36. *Etudes,* p. 238, n. 18. Cf. cependant W. Hagl, *AAI*, p. 151, pour qui il n'est pas qustion de l'année éponyme d'Aurélien en 400, mais de celle de l'empereur Arkadios en 402.

37. *Etudes,* p. 238.

38. *PLRS,* t. 1, *s.v.* Aurelianus 6.

39. *DR,* p. 24, n. 13. Cf. Chr. Lacombrade, *SHC,* p. 103, n. 11.

δρίαν ἔχων).[40] » « Le point capital de cette description est l'*intervention du consul* »[41], affirme D. Roques. « Dès lors, puisque de toute façon le *Discours* ne peut avoir été prononcé avant septembre 399 (cf. *supra*), le consul mentionné par Synésios ne peut être que celui de l'année 400, c'est-à-dire Aurélien, ami de Synésios et l'un des chefs du 'parti nationaliste anti-barbare'. Comme la harangue est postérieure à son entrée en charge (1er janvier), qu'elle évoque, cela signifie que le *Discours* ne peut avoir été tenu qu'entre le 1er janvier 400 et la fin du 1er trimestre 400. Et il se confirme en outre qu'au moins au début janvier 400 Gaïnas et ses partisans ne s'étaient pas encore rebellés, puisqu'ils siégeaient dans les assemblées officielles et que, par ailleurs, le calme régnait encore à Constantinople.[42] »

Après avoir remarqué que le mois de janvier était lourd de signification pour la famille impériale et que « le *Discours* s'inscrit dans un cadre institutionnel précis »[43] qui convient au mois de janvier de l'an 400, D. Roques affirme que le *De regno* a dû être prononcé en janvier 400.

L'auteur clôt son argumentation en faisant observer que « la datation du *Discours* en janvier 400 permet d'affirmer que la révolte de Gaïnas, effective fin mars-début avril, n'a pas dû commencer beaucoup avant cette date : courant janvier 400 Gaïnas et ses soldats Goths résidaient encore à Constantinople et leur chef participait encore à la vie officielle sans que rien pût faire croire à une rébellion de sa part »[44]. Par conséquent, si l'on adopte la thèse de D. Roques, Synésios aurait bel et bien prononcé le *De regno* en présence ou à proximité de Gaï-nas et des dignitaires Goths, alors que Chr. Lacombrade

40. *Etudes*, p. 239.
41. *Ibid.*, p. 240.
42. *Ibid.*, p. 240.
43. *Ibid.*, p. 241.
44. *Ibid.*, p. 243.

estime qu'une telle rencontre « défie toute vraisemblance.[45] »

On n'hésitera pas à accorder une certaine force à ce
dernier argument, d'autant plus que son auteur ne fixe
pas la date du *Discours sur la royauté* exactement en
août 399, mais « aux alentours » du mois d'août de la
même année, ce qui permet de songer à la fin de ce mois
et peut-être bien au début du mois suivant. Il faut recon-
naître d'autre part l'impeccable logique de D. Roques
lorsqu'il démontre l'impossibilité de la date fixée par
Chr. Lacombrade pour le *De regno* si le Cyrénéen est
parti pour Constantinople le 13 août, s'est ensuite rendu à
Athènes et a dû se soumettre aux inévitables délais admi-
nistratifs pour obtenir une audience de l'empereur. La
vraisemblance psychologique peut-elle prévaloir contre
l'inflexibilité des faits ? Là difficulté méritait d'être sou-
lignée.

Enfin deux passages du *Discours sur la royauté* pourraient poser un véritable problème au sujet de sa datation.
Ce discours a été prononcé devant l'empereur pour lui
remettre l'*aurum coronarium*. Synésios énonce expressément cette mission au début du chapitre 3. Mais il est en
même temps porteur du *decretum* des cités de la Pentapole exposant leurs difficultés financières et leur demande
de dégrèvement d'impôt. Si l'on en croit A. Garzya, c'est
au chapitre 23 que Synésios exhibe ce *decretum,* quand il
espère du bon roi qu'« il répandra ses largesses sur le
peuple sans ressources, (qu') il exemptera des services
publics ceux qui depuis longtemps en sont accablés.[46] »
Par la suite, ce *decretum* sera examiné par les bureaux de
la chancellerie impériale. C'est à cet examen subséquent
que paraissent faire allusion les derniers mots du discours : « Quant à moi, il serait juste que je jouisse le premier de la jeune pousse née de ma propre semence, en

45. Cf. *supra,* p. 14.
46. Synésios, *Royauté,* éd. Garzya, p. 438, n. 104.

expérimentant en toi un Roi tel que je le modèle lorsque, au sujet des réclamations des cités, je produirai un discours et recevrai ta réponse. » Il semblerait donc qu'après le présent discours Synésios adresse un autre λόγος à l'empereur, c'est-à-dire à la chancellerie impériale, et en attende une réponse. Cependant c'est l'empereur qui décide. Seul son accord peut être suivi d'effet.

Or D. Roques, en s'appuyant sur les *Récits égyptiens*, affirme qu'« à son arrivée à Constantinople, courant septembre 399, le Cyrénéen alla trouver le Préfet du Prétoire. Rapidement admis à une audience, il reçut du Préfet Aurélien des avantages : pour lui-même celui de ne pas exercer de liturgie (μὴ λειτουργεῖν) et pour sa 'patrie' (la Pentapole) d''exercer ses liturgies plus aisément '(ῥᾷον λειτουργεῖν). Aurélien avait dégagé effectivement Synésios de toute charge curiale (les liturgies) puisque, quelques années plus tard, ce dernier regrettait de n'en avoir pas profité. Quant à la province, elle bénéficia vraisemblablement d'une remise d'impôts.[47] » Si l'on suit ce commentaire de D. Roques, satisfaction était donnée dès 399 à la Pentapole par Aurélien lui-même, alors Préfet du Prétoire, avant l'audition du *De regno* par l'empereur, en janvier 400.

Cependant, à la lecture du discours lui-même, il semblerait qu'en janvier 400 précisément, rien n'était encore réglé et que le *decretum* du conseil de la Pentapole n'était pas encore passé devant la chancellerie impériale. Il est donc possible, comme le veut D. Roques, que Synésios ait obtenu, dès septembre 399, les adoucissements sollicités pour la Pentapole et pour lui-même auprès d'Aurélien, mais pourquoi, dans ce cas aurait-il fait appel, en 400, à la bienveillance de l'empereur pour une question déjà réglée par Aurélien, alors tout puissant ? Les points

---

47. D. Roques, *Synésios,* p. 167. Sur l'administration impériale, on peut consulter : « L'empereur et l'administration impériale », dans *Le monde byzantin,* I, *L'empire romain d'Orient,* 330-641, dir. C. Morrisson (Nouvelle Clio, Paris, 2004), p. 79-110.

de vue d'A. Garzya et de D. Roques paraissent difficilement conciliables. On peut alors se demander si l'on peut se fier aux *Récits égyptiens*, sur lesquels s'appuie D. Roques, pour établir une chronologie précise à propos du *De regno*[48].

Quoi qu'il en soit, Aurélien ne fut Préfet du Prétoire que « du début août 399 au début décembre 399 au plus tard »[49]. Il ne l'était déjà plus en janvier 400 lorsque Synésios prononça son discours ; il était alors consul de la *Pars Orientis*. Si le consulat est, à cette époque, la charge la plus haute et la plus honorifique, en revanche la seule fonction du consul, très coûteuse, est celle de l'organisation des jeux. « Le consulat est un honneur sans aucune peine.[50] » Le pouvoir effectif est détenu par le Préfet du Prétoire, sous avis de l'empereur. « En réalité, le Préfet est le vice-roi d'un immense Etat, le magistrat des magistrats (Lydos), le père des provinces (Cassiodore).[51] » Lorsque Synésios prononce le *De regno*, en janvier 400, son protecteur Aurélien n'est donc, si l'on peut dire, que consul de la *Pars Orientis*, alors que la Préfecture du Prétoire est détenue, depuis le 11 décembre 399, par Eutychianos, frère et opposant d'Aurélien. On saisit l'étrangeté de cette cour où deux frères, que tout oppose, occupent les plus hauts postes de l'Etat, la position inconfortable de Synésios au milieu des intrigues

48. Cf. la mise en garde de G. Dagron dans *Naissance d'une capitale, Constantinople et ses institutions de 330 à 451,* Paris, 1974, p. 258 : « Il y a très loin entre l'Aurelianus historique et l'Osiris-Aurélien que Synésios, dans son *Récit égyptien,* oppose à son frère Typhon-Eutychianus. »
49. D. Roques, *Etudes,* p. 211. D. Roques précise ici que « le pouvoir effectif d'Aurélien comme Préfet du Prétoire n'a donc duré que du début août 399 au début décembre 399 au plus tard ». On trouve plus loin (p. 238) qu'« Aurélien, le successeur du Préfet du Prétoire Eutrope (cf. la n. 34), avait exercé sa charge d'août 399 à novembre 400 au plus tard », mais il s'agit d'un lapsus. La n. 35 montre clairement qu'il faut lire 399.
50. A. Piganiol, *op. cit.*, p. 385.
51. *Ibid.*, p. 358.

politiques et familiales, le danger qu'il courait entre les deux frères antagonistes !

En dernier lieu T. Schmitt s'en est pris aux arguments avancés par D. Roques pour fixer la durée du voyage de Synésios à Constantinople de 399 à 402. Sans entrer dans tous les détails de son raisonnement[52], qui rejoint parfois celui d'A. Cameron, J. Long et L. Sherry[53], nous signalerons cependant l'impossibilité, d'après lui, de prouver que le tremblement de terre de 400 est identique à celui décrit dans l'épître 61 et qu'inversement, si en 400 aucun tremblement de terre n'est relevé, il ne s'ensuit pas qu'il n'y en ait eu aucun à cette date[54]. D'où la conclusion suivante : « Il s'agit d'une erreur non seulement au point de vue de la méthode, mais aussi du fond, quand Roques écrit : 'L'ensemble du débat tourne …autour du séisme que Synésios mentionne dans la lettre 61 et qui détermine la date du départ du Cyrénéen de Constantinople, et donc, trois ans auparavant, son arrivée dans la capitale impériale'.[55] »

La thèse de Barnes, Cameron et Long paraît préférable, pour T. Schmitt, à celle de D. Roques, d'autant plus qu'elle est soutenue, affirme-t-il, par la convaincante argumentation de Heather qui a pu montrer que Synésios dans son discours *Sur la royauté*, qui a pris naissance durant le séjour à la Cour, se réfère à des événements des années 397/398[56]. Il revient à la charge plus loin[57] quand il soutient que le même discours a été composé « au plus tard dans la première moitié de l'année 398 » alors qu'Eutrope, le premier eunuque de la Cour et souverain *de facto* de l'Empire d'Orient était au sommet de sa puis-

---

52. Cf. *BSK*, p. 243-250.

53. Cf. *supra, Notice*, p. 11-13.

54. *BSK*, p. 244.

55. *Ibid.*, p. 244 ; cf. D. Roques, *Synésios*, p. 415.

56. P.J. Heather, *The anti-Scythian tirade of Synesius' " de regno "*, *Phoenix* 42, 1988, p. 152-172.

57. *BSK*, p. 283.

sance. Les tirades composées contre les Goths par Synésios seraient une protestation contre les accords passés
entre Eutrope et Alaric les années précédentes. Il voit
même dans le passage du *De regno* où Synésios s'en
prend aux empereurs et aux courtisans enfermés dans
leur palais, et qui introduisent malgré tout des sots auprès
d'eux et se mettent à nu devant eux, une allusion directe
à Eutrope, le *praepositus sacri cubiculi*[58] ! Cette sollici-
tation du texte vraiment osée lui permet d'affirmer que
jamais le Cyrénéen n'aurait pu prononcer tel quel son
discours devant un si redoutable ennemi[59]. Ainsi serait
confirmée la condamnation portée par T. Schmitt : « La
polémique adverse de Roques est un échec.[60] »

Cependant les critiques anglo-saxons ainsi que T.
Schmitt devraient relire attentivement l'article capital de
D. Roques : *Synésios à Constantinople, 399-402*[61], qui
met à juste titre en valeur le témoignage du Comte Marcellin effleuré seulement et discrédité par Al. Cameron, J.
Long et L. Sherry[62] et dont T. Schmitt ne parle même pas
dans son copieux ouvrage. Le commentateur français, en
revanche, s'attache à montrer que, sauf en quelques cas
rarissimes, on doit faire confiance à « un texte *antique*
indubitable[63] » et que le Comte Marcellin « était évidemment mieux placé que n'importe quel érudit moderne
pour connaître la réalité chronologique.[64] » En outre,
l'argumentation de D. Roques à propos du terme de
σεισμός tiré de Jean Chrysostome, et déjà cité[65], nous
paraît particulièrement convaincante.

---

58. *Royauté*, 14,4.
59. *BSK*, p. 283.
60. *Ibid.*, p. 246. Cf. le compte rendu de l'ouvrage de T. Schmitt
par D. Roques dans *Synésios de Cyrène*, RHE, 99, 2004, p. 768-783.
61. In *Byzantion* 65, 1995, p. 405-439.
62. Cf. *BPCA*, p. 101-102.
63. Art. cité, p. 416.
64. *Ibid.*, p. 417.
65. Cf. *supra, Notice*, p. 11-12.

Il faut aussi faire état de la mise au point du critique français sur le sens de l'expression τῆς ἡμέρας dans la lettre 61 de Synésios[66]. Il démontre en effet contre Al. Cameron[67] qu'elle ne signifie pas que la terre trembla « durant le jour », mais « plusieurs fois chaque jour ». « C'est précisément la vigueur inaccoutumée du séisme de 402 qui a frappé l'auteur de la *Chronique du Comte Marcellin*. De fait, celui-ci ne se contente pas de signaler un tremblement de terre, mais — ce que l'on omet généralement de dire — « un immense tremblement de terre » : *Constantinopoli ingens terrae motus fuit*[68]. A lui seul ce détail authentifie le témoignage de la *Chronique*, laquelle n'a visiblement retenu que les phénomènes sismiques *les plus marquants…*[69] » Cet argument de D. Roques paraît tout à fait convaincant. T. Schmitt se garde d'ailleurs de le discuter.

De la chronologie élaborée par Al. Cameron, poursuit D. Roques, résulte une présentation erronée du retour de Synésios en Cyrénaïque. En effet, « le départ de Synésios de Constantinople pour Cyrène aurait eu lieu à l'automne 400, et le Cyrénéen, après un passage à Alexandrie, serait revenu à Cyrène au printemps 401.[70] » Avec une constance remarquable, mais dénuée de fondements précis, ajoute le critique français en note, les commentateurs modernes admettent qu'après son départ de Constantinople Synésios est revenu à Cyrène…par Alexandrie.[71] » T. Schmitt estime en effet à son tour que « d'après une opinion largement répandue dans la recherche et indubitablement juste la dernière étape du retour de Constantinople — une traversée

66. G.-R., *Corresp.*, ép. 61, t. 1, p. 77, l. 10.
67. Cf. Al. Cameron, *BPCA*, p. 101, et *Earthquake 400,* in *Chiron* 17, 1987, p. 354.
68. Cf. *PL* 51, col. 922 (*sub anno* 402).
69. D. Roques, art. cit., p. 430-431.
70. *Ibid.*, p. 414.
71. *Ibid.*, p. 414, n. 40.

d'Alexandrie en Cyrénaïque — est décrite dans l'épître 5.[72] » Après avoir longuement discuté les vues de J. Long[73] sur la question, il conclut ainsi : « On peut en effet supposer que Synésios après le voyage beaucoup trop long et après la pause hivernale à Alexandrie ait aspiré à un retour le plus rapproché possible. En outre il devait se voir déjà harcelé en raison des engagements contractés, surtout à cause de ses dettes. Synésios est ainsi revenu dans son pays natal au début de juin 401.[74] »

A cette affirmation on opposera celle de D. Roques. Après avoir confirmé que le séisme décrit dans la lettre 61 est celui de 402 signalé par la *Chronique du Comte Marcellin*, il conclut en effet : « En conséquence le départ de Synésios de Constantinople a eu lieu en 402. C'était la chronologie de Seeck (en 1894) et de Chr. Lacombrade, c'est celle que je considérais déjà moi-même, en 1982/1983 comme définitive et que je persiste, *après démonstration*[75], à considérer comme telle : l'étude philologique, l'analyse historique et la logique, même, interdisent catégoriquement d'avaliser le point de vue d'Alan Cameron[76] pour qui ce retour se serait produit en 400.[77] »

Il est donc certain que Synésios a séjourné à Constantinople de 399 à 402, que le *Discours sur la royauté* ne date pas de 397, mais de janvier 400 et qu'il faut y voir

---

72. *BSK*, p. 246.

73. Cf. L. Long, *Dating an ill-fated journey : Synesius, ép. 5*, TAPhA 122, 1992, p. 351-380.

74. *BSK*, p. 250.

75. C'est nous qui soulignons. D. Roques a de surcroît montré dans son étude sur *Les Hymnes de Synésios de Cyrène, chronologie, rhétorique et réalité*, in *L'hymne antique et son public*, Strasbourg, 18-20 octobre 2004, p. 362 que l'hymne I décrit ce retour de Constantinople à Cyrène via la Crète à mots couverts.

76. Et par conséquent celui de Schmitt.

77. D. Roques, *Synésios à Constantinople* : 399-402, in *Byzantion*, 65, 1995, p. 438.

« un programme de rénovation politique adressé cette
année-là à Arkadios[78]. » On ne saurait être plus clair.

3. Le genre du *Discours sur la Royauté*

La lecture du discours de Synésios prononcé dans de
telles conditions suscite bien des interrogations au sujet
de la nature de cette œuvre et de la personnalité de son
auteur. Chr. Lacombrade, dès le début de son commentaire, énonce, pour la réfuter, l'opinion tranchée de B.
Aubé : « La brutale franchise dont Synésios fait preuve,
a écrit cet helléniste du XIXe siècle, et qu'il pousse en
effet aux dernières limites, la satire directe qu'il fait des
moeurs, des hommes et des choses de la Cour, les leçons
impertinentes qu'il donne au prince et à ses ministres,
tout prouve que le morceau fut écrit après coup.[1] » Sans
approuver une attitude aussi radicale, il faut bien avouer,
malgré les mises au point de Chr. Lacombrade[2], que
Synésios fait preuve envers l'empereur et son entourage
d'une rare liberté de ton et que l'on ne peut guère qualifier une telle œuvre de « panégyrique »[3], au moins dans
le sens habituel du terme.

Il est vrai, comme l'a fait observer L. Pernot, qu'à
l'époque impériale « plusieurs rhéteurs emploient indifféremment *enkômiastikos* et *panêgurikos*. Les rhéteurs
latins ont démarqué cet emploi en utilisant le mot *pane-
gyricus*. L'utilisation de *panêgurikos* dans le sens large
présente la même ambiguïté que celle *d'épideiktikos*,
dans la mesure où sont identifiés deux termes qui ne vont
pas nécessairement de pair, les panégyriques et les discours d'éloge. Tous les éloges ne sont pas prononcés
dans les panégyries, loin de là, et les discours prononcés

---

78. *Ibid.*, p. 439.
1. *DR,* p. 79.
2. *Ibid.,* p. 80.
3. *Ibid.,* p. 80, 83, 132, 136.

dans les panégyries, du moins à l'époque classique, n'étaient pas nécessairement ni uniquement des éloges. *Mais précisément, sous l'Empire, le discours panégyrique est devenu un type oratoire purement laudatif.*[4] »

Le même savant précise que « certains discours d'ambassade subissent une mutation parallèle à celle du discours panégyrique, en se chargeant d'éléments encomiastiques : traits d'éloge de ville…et surtout d'éloge de l'empereur. Aussi Ménandros II peut-il ranger le *presbeutikos* dans les discours épidictiques. Un exemple clair d'ambassade encomiastique est le *stephanôtikos logos*, qui accompagne l'offre de l'*aurum coronarium* à l'empereur.[5] »

Objectivement, on ne peut pas dire que le *De regno* soit particulièrement laudatif envers l'empereur et ses familiers, qui sont comparés, entre autres amabilités, à des lézards ou à des paons[6] et sévèrement tancés pour leur politique imprudente envers les Barbares. Il suffit de lire le *Panégyrique de Théodose*[7], rédigé par Pacatus, par exemple, pour percevoir aussitôt la différence de ton entre les deux discours. Il est d'ailleurs remarquable que Synésios s'en prend à l'empereur en personne, ce demi-dieu, alors qu'il se garde de nommer Eutychianos ou Gaïnas, ce qui montre peut-être entre quelles mains résidait le véritable pouvoir, bien que seul l'empereur détînt, en dernière analyse, l'autorité (αὐτοκράτωρ). Quant à Synésios, il n'avait que trente ans et ne s'était pas encore distingué. On se trouve là dans la diatribe philosophique plus que dans l'action politique.

---

4. L. Pernot, *La rhétorique de l'éloge dans le monde gréco-romain*, t. 1, *Histoire et technique*, Paris, 1993, p. 38. C'est nous qui soulignons.

5. *Ibid.*, p. 94.

6. *Royauté*, 15, 3 et 7.

7. *Panégyrique de l'empereur Théodose*, prononcé par Pacatus, in *Panégyriques latins*, t. 3, éd. E. Galletier (*CUF*), Paris, 1955, p. 68-114. Il en est de même pour les panégyriques adressés aux précédents empereurs.

Chr. Lacombrade a voulu démontrer d'autre part
« combien le cadre extérieur du panégyrique était pleinement conforme aux exigences du temps » en rapprochant
le *De regno* du passage consacré au *Discours coronaire*
par le rhéteur Ménandre de Laodicée dans son Περὶ ἐπι-
δεικτικῶν[8]. Cependant le discours dépasse largement les
cent ou deux cents lignes requises. Le décret (τὸ
ψήφισμα) du conseil de la Pentapole sera bien examiné
après l'audition du *De regno,* comme on peut le supposer
d'après ses derniers mots. Mais quand Synésios fait
l'éloge de Théodose, c'est pour montrer à l'empereur
régnant que son père a conquis l'Empire en peinant, tandis
que lui n'a eu qu'à recueillir l'héritage[9]. Voilà qui ne
paraît guère délicat ni habile ! Et puis conseiller à Arkadios de mener une vie active avec ses soldats, de s'enqué-
rir auprès des ambassadeurs de l'état des provinces lointaines de son Empire, multiplier les conseils pratiques de
cette nature, c'est dire que ce jeune prince de vingt-deux
ou vingt-trois ans, qui devrait être plein d'ardeur et qui
règne depuis cinq ans, n'a pas accompli son devoir, qu'il
mène une vie oisive au fond de son palais et qu'il a été
bien mal élevé par son entourage ! On est loin de la célébration des mérites de l'éducation et de la formation du
souverain, de l'exaltation de ses vertus, et en particulier de
son courage, que recommandait Ménandre de Laodicée[10] !

Synésios, dans le *De regno*, paraît, en plus d'un
endroit, prendre le contre-pied d'un panégyrique. On est
bien près du blâme, du *psogos* épidictique, pour
reprendre l'expression de L. Pernot[11], genre peu développé à l'époque impériale. « Il est impossible, selon le

8. *DR,* p. 84. Cf. *Menander Rhetor,* éd. et trad. D.A. Russell et
N.G. Wilson, Oxford, 1981, p. 178, l.5, et p. 336-337. Pour le πρεσ-
βευτικός, cf. p. 180, ll. 6-32 avec annotations p. 337-338.

9. *Royauté,* 5,1.

10. Cf. *DR*, p. 84. On trouvera un exposé sur les qualités du prince
chez Thémistios et chez Synésios en E. Demougeot, *UER*, p. 240-244.

11. L. Pernot, *op. cit.*, t. 1, p. 489.

même auteur, sous un gouvernement monarchique, de réunir en grande pompe tout un auditoire pour débiter un blâme de l'empereur régnant ou de ses représentants : l'opposition politique s'exprime de manière plus souterraine, par des remontrances détournées ou par des *versus populares* et des libelles anonymes.[12] » On retrouve bien, dans le *De regno,* une opposition à la politique pro-barbare menée par les partisans de Gaïnas et d'Eutychianos, et un blâme parfois indirectement et souvent directement exprimé contre la mollesse et l'indécision d'Arkadios.

D. Roques a d'ailleurs remarqué que « Synésios définit son discours comme un 'discours libre' (6,14 Terz.) et demande qu'on supporte ce genre de discours inédit (7,4-6) ; peu après, il requiert qu'on garde son calme, car 'déjà certains d'entre vous s'émeuvent et trouvent la liberté dangereuse' (9,8 Terz.).[13] » C'est bien la preuve que le *De regno* sort de la norme de son époque et que son auteur n'exagérait guère lorsqu'il écrivait, quelques années plus tard, en 404 : « (L'oniromancie) m'amena à prononcer mon discours à l'empereur plus hardiment (θαρραλεώτερον) que ne l'avait jamais fait un autre Grec.[14] » Cependant Synésios paraît bien se situer dans une perspective classique, celle de Platon par exemple disant son fait à Denys de Syracuse. Pour lui la

---

12. *Ibid.,* p. 489.

13. *Etudes,* p. 239, n. 21 — 6,14 Terz. = *Royauté,* 2,1 ; 7,4-6 Terz. = *Royauté,* 2,3 ; 9,8 Terz. = *Royauté,* 4,1.

14. *Songes,* 14,4. Presque tous les commentateurs de Synésios ont relevé la hardiesse de son discours. Ainsi H. Druon a écrit, dans son *Etude sur la vie et les œuvres de Synésios*, Paris, 1859, p. 97 : « Le langage de Synésios contraste d'une étrange façon avec celui des orateurs et des poètes qui l'ont précédé ou suivi…Il n'élève la voix que pour faire entendre de sévères avertissements, de dures leçons, au monarque et à ceux qui l'entourent…Il n'avait point eu de modèles à cet égard, il n'eut point d'imitateurs. Ce discours se recommande donc à notre attention par sa singularité même…. » L'auteur établit un intéressant parallèle entre l'éloquence profane de Synésios et l'éloquence chrétienne de St. Jean Chrysostome, p. 112 et 113.

παρρησία est de règle chez le philosophe et le genre de la diatribe, pratiqué par les gréco-stoïciens, lui est familier.

D'après W. Hagl on croit d'abord, à la lecture du *Traité sur la royauté*, qu'on a affaire à un στεφανωτικὸς λόγος[15]. On attend alors un panégyrique de l'empereur afin de capter sa bienveillance. Mais on se rend compte bientôt qu'il s'agit, dans ce discours, d'élaborer une éthique à l'intention du souverain et de parfaire son éducation philosophique. Au début, les considérations financières et politiques sont mêlées, puis domine l'exposé politique, et à la fin, les motifs financiers qui ont suscité l'ambassade de Synésios réapparaissent à côté des réflexions d'ordre politique. W. Hagel insiste sur le qualificatif de « politique » appliqué à ce discours[16] ; il convient et à son contenu et au but qu'il poursuit. C'est aussi un discours libre (λόγος ἐλεύθερος)[17], c'est-à-dire qu'il n'est gêné par aucune entrave. Le critique allemand ne manque pas de souligner la position étrange de Synésios, encore bien jeune, devant un empereur encore plus jeune entouré de toute sa cour[18].

Pour mieux cerner le genre auquel appartient le *De regno*, W. Hagl cite un passage des *Récits égyptiens* dans lequel il voit une allusion évidente au *Discours sur la royauté*[19]. Le philosophe rustique (qui représente Synésios) adresse à Typhon, au cours d'une réunion de personnalités distinguées, un long discours élogieux au sujet de son frère Osiris, et l'exhorte à rechercher une vertu déjà pratiquée par un aussi proche parent. Donc pour W. Hagl, d'après Synésios lui-même le *De regno* serait à la fois un panégyrique d'Osiris, c'est-à-dire du roi idéal, et une exhortation à l'imiter. L'orateur présente au souve-

15. *AAI*, p. 76.
16. *Ibid.*, p. 77.
17. *Ibid.*, p. 77.
18. *Ibid.*, p. 77.
19. *Ibid.*, p. 77 et 78. Cf. les *Récits égyptiens*, I,18,3.

rain un modèle de gouvernement et compare sa conduite à ce modèle.

Nombreux sont les avantages et les qualités proposés au jeune empereur en vue de l'intérêt général : « richesse et vertu, prospérité et équité, sagesse et force. » « Cependant, ajoute W. Hagl, ce n'est pas la réalité qui est décrite, mais un idéal, et cela est expressément souligné.[20] » Le savant allemand précise nettement sa position dans les lignes suivantes : « Le discours n'est ni un *enkômion* ni un panégyrique, à l'égard duquel Synésios prend expressément ses distances[21], mais c'est plutôt un 'miroir du prince'[22]. Il ne proclame ni la δόξα ni les ἀρεταί de l'empereur. Si on le compare aux moyens de propagande de l'Antiquité tardive, le *Discours sur la royauté* de Synésios sort du cadre habituel. Le 'miroir du prince'…remonte à Isocrate, Dion Chrysostome et Thémistios ; plus rarement à Julien et à Libanios, sans se conformer au panégyrique contemporain. *Le Discours sur la royauté* de Synésios est ainsi un 'miroir du prince', drapé en discours sur la couronne, et pourvu de quelques renvois dissimulés aux causes de l'ambassade. Comme Synésios le précise lui-même, le 'miroir du prince' peut constituer un instrument pour critiquer la politique en vigueur et les notions de valeur morale du souverain.[23] »

20. *Ibid.*, p. 79. Cf. *Royauté*,9, 5 : « Allons, je vais à ton intention décrire dans mon discours le souverain et en dresser comme une statue. »

21. *Royauté*, 2, 1 : « La louange répandue à tout propos, gâtée par le désir de plaire, me paraît semblable aux poisons enduits de miel que l'on tend aux condamnés. »

22. Cf. P. Hadot, *Reallexicon für Antike und Christentum*, VIII, 1972, *s.v.* Fürstenspiegel, col. 555-632.

23. W. Hagl, *AAI*, p. 80. P. Hadot (*op. cit.* col. 556) a fait ressortir la continuité du miroir des princes sous la variété des aspects qu'il a revêtus à travers les âges : « Le genre littéraire des Conseils pour un prince depuis la plus haute antiquité a toujours observé les mêmes lois et les mêmes traditions, bien qu'elles aient apparu sous des formes et des désignations très différentes : éloge ou malédiction, succession

Mais un tel discours n'est pas seulement destiné à critiquer la conduite de tel ou tel personnage ou de tel ou tel parti ; « son contenu constitue plutôt une part de la propagande impériale, grâce à laquelle le souverain voulait s'assurer des racines idéales de son règne. La critique ne met pas en question l'autorité légitime d'Arkadios, mais elle met plutôt l'accent sur le principe dynastique. Cependant le souverain doit se montrer digne de son père et de ses prédécesseurs sur le trône.[24] » Ainsi le *De regno* veut offrir un modèle de gouvernement au prince grâce à la philosophie et pourvoir au bonheur futur de son peuple[25].

Pour Dominic O'Meara, qui qualifie ce discours d'exemple classique de « miroir du prince », « il faut, d'après Synésios, que la philosophie s'unisse au pouvoir politique comme le préconise Platon. En réalisant cela, nous assure Synésios, Arcadius deviendrait le roi idéal dont le portrait est esquissé dans son discours. Ainsi la

décousue de sentences ou dissertations didactiques ou systématiques, biographie ou utopie. »

24. *Ibid.*, p. 81.

25. *Royauté*, 29. Cependant D. Roques a montré que dans le *Discours sur la royauté* la rhétorique chère aux sophistes l'emporte souvent sur la philosophie : « Comme il faut s'y conformer aux règles du λόγος στεφανωτικός, écrit-il, telles qu'elles avaient été codifiées par Ménandre de Laodicée, il convient de célébrer l'éloge du prince (Arkadios) et de sa famille. Or, après avoir souligné que les empereurs simples d'autrefois réprouvaient 'le style dithyrambique et tragique' et que le devoir du philosophe est de parler avec franchise — ses λόγοι doivent être ἰατροί —, Synésios assène à Arkadios un discours nourri jusqu'à satiété de réminiscences xénophontiques, platoniciennes, dionesques et plutarchéennes — sans compter les échos de Julien ou de Thémistios —, qui ne paraissent guère, les unes et les autres, relever de la sincérité, mais bien d'une topique sophistique largement éprouvée… Bref : là même où Synésios dénonce les méfaits de la rhétorique, il y cède avec complaisance et parfois sans vergogne. » (D. Roques, *Synésios de Cyrène et la rhétorique* in *Approches de la Troisième Sophistique,* Hommages à J. Schamp, éd. par E. Amato, Editions Latomus, Bruxelles, p. 264). Et plus loin : « Le programme du *Discours sur la royauté* est donc ambitieux philosophiquement, mais l'analyse montre qu'il est surtout rhétorique. » (p. 266).

philosophie, telle qu'elle est décrite par Synésios, vit essentiellement en union contemplative avec le divin, n'est pas dépendante d'une finalité politique, ou subordonnée à elle, tout en étant capable de conférer le bien au niveau inférieur de l'action politique, comme le fait l'âme législative de Platon. C'est dans ce sens qu'il faut comprendre l'appel de Platon à l'union de la philosophie et du pouvoir que représentent les philosophes-rois.[26] »

Quant à T. Schmitt, il qualifie lui aussi le *De regno* de στεφανωτικὸς λόγος, mais ne le juge pas tout à fait conforme au schéma qu'en a dressé le rhéteur Ménandre. Il n'a probablement pas été lu devant Arkadios. Pourquoi Synésios a-t-il alors choisi la forme du στεφανωτικὸς λόγος ? Parce que « sous l'habit du 'discours sur le don d'une couronne' se dissimule une harangue 'au sujet de la royauté'.[27] »

Certes il s'agit bien aussi pour T. Schmitt d'un « miroir du prince. » Le critique allemand ne manque pas de se référer à la *Cyropédie* et à l'*Agésilas* de Xénophon[28], et de signaler que l'influence des écrits en faveur de Trajan rédigés par Dion de Pruse se fait sentir chez lui.

Enfin, si « miroir du prince » il y a, d'après H. Brandt[29], il ne s'agit pas, dans le cas du *De regno*, d'un « miroir du prince » ordinaire. D'abord, Synésios attaque crûment les déficiences du souverain et de sa Cour ; puis son attitude antigermanique est en opposition avec celle des hommes politiques et des militaires de son époque[30].

26. Dominic O'Meara, *Conceptions néoplatoniciennes du philosophe-roi* in *Images de Platon et lectures de ses œuvres,* éd. par Ada Neschke-Hentschke, Louvain-Paris, 1997.
27. *BSK,* p. 294.
28. *Royauté,* 12, 2 ; 17, 6,7.
29. H. Brandt, *Die Rede περὶ βασιλείας des Synesios von Kyrene — Ein ungewöhnlicher Fürstenspiegel* in *Consuetudinis Amor* (éd. F. Chausson et E. Wolff), *Fragments d'histoire romaine (II-VIᵉ s.) offerts à Jean-Pierre Callu,* Rome, 2003, p. 57-70.
30. H. Brandt, *art. cit.*, p. 64.

Le savant allemand critique ensuite les assertions de G.
Albert[31] : le Cyrénéen n'aurait été d'aucune façon le
« porte-parole » d'Aurélien. « Cette interprétation spé-
culative, écrit-il, qui trouve à peine un point d'appui véritable dans le texte de Synésios ou dans d'autres sources,
repose seulement sur la décision d'Albert de lire le discours de Synésios *a priori* en tant qu'un programme
d'actualité d'Aurélien, pour ensuite voir à tort dans le
texte du discours, prononcé d'une façon très générale, de
permanentes allusions concrètes.[32] »

En conclusion, on peut affirmer, toujours avec H.
Brandt, que le *Discours sur la royauté* « appartient sans
aucun doute au genre du 'miroir du prince', comme l'a
défini de manière particulièrement significative pour les
temps modernes B. Singer, à savoir un écrit dans lequel
est proposé l'exemple d'un prince, écrit où les principes,
les normes et les règles pour le comportement d'un souverain sont donnés, discutés et justifiés avec des
exemples historiques.[33] » Cependant, pour le critique
allemand, la singularité de ce discours, c'est la très
grande importance de la critique du souverain et de la
Cour contenue dans le cadre d'un miroir du prince tradi-
tionnel. « Le discours constitue donc un amalgame de
deux genres véritablement contraires.[34] » P. Hadot a pu
voir dans le *Discours sur la royauté* « un chef-d'œuvre
d'intelligence politique. »[35] Pour H. Brand « ce jugement, vu son intransigeance et le tranchant de son
contenu, ne met certes pas le doigt sur le caractère du discours. Ce dernier est plutôt un document impressionnant
d'opinions traditionnelles, de courage civique remar-

---

31. Cf. G. Albert, *Goten in Konstantinopel. Untersuchungen zur
oströmischen Geschichte um das Jahr 400 n. Chr.*, Paderborn, 1984.

32. H. Brandt, *art. cit.*, p. 64-65.

33. B. Singer, *Fürstenspiegel in Deutschland im Zeitalter des
Humanismus und der Reformation*, Cologne, 1981, p. 15.

34. H. Brandt, *art. cit.*, p. 70.

35. P. Hadot, *op. cit.*, col. 607.

quable et de la profession de foi en faveur d'un discours
libéré du pouvoir, au sens propre du terme, qui néanmoins a pour objet le pouvoir.[36] »

4. Le mystère de Synésios

Où Synésios puisait-il cette hardiesse dont il fit preuve
devant l'empereur et la Cour ? Il n'était apparemment
qu'un obscur provincial inconnu à Constantinople. A
propos de la famille de Synésios, sur sa position de
curiale, de grand propriétaire foncier, on lira les pages
consacrées par D. Roques à *la société provinciale à
l'époque de Synésios*[1]. On en retiendra surtout que « par
le jeu de la tradition et de l'influence locale à Cyrène, par
celui des relations familiales au niveau de la province il
faisait partie d'une classe qui tendait à dominer tous les
aspects de la vie politique et sociale de la Pentapole.[2] »

Avant son départ pour Constantinople, il était déjà le
disciple de la fameuse Hypatie et il s'était signalé par
quelques travaux littéraires, dont les *Cynégétiques* et
peut-être l'*Eloge de la calvitie*. Il avait noué d'utiles relations avec Olympios, un Grec de Syrie, venu comme lui
à Alexandrie pour étudier la philosophie[3], et surtout avec
Herculien, ami d'Olympios. Herculien « semble avoir
joui d'une assez grande influence auprès de l'entourage
du comte d'Egypte Héraclien et d'un autre *comes*, doté
de pouvoirs militaires, qu'il faut identifier avec le *magister utriusque militiae per Orientem* Simplikios.[4] »

D. Roques a reconstitué, d'après la correspondance de
Synésios, les circonstances qui ont amené le départ de ce

36. H. Brandt, *art. cit.*, p. 70.
1. *Synésios,* p. 125-154, plus particulièrement p. 125-138.
2. *Ibid.* p. 132.
3. Sur Olympios, cf. D. Roques, *Etudes*, p. 105-115.
4. *Ibid.*, p. 87. Sur les relations de Synésios, cf. aussi W. Hagl, *AAI*,
p. 67.

dernier pour Athènes et pour Constantinople[5]. Il en ressort que son voyage en Attique lui permit « d'échapper aux malheurs présents »[6], qu'on lui conseillait vivement de quitter la Pentapole sous peine de graves malheurs[7]. C'est contraint et forcé que Synésios se résigna à participer aux débats politiques de sa 'patrie' et d'accepter de la représenter auprès de l'empereur. Chr. Lacombrade a mis en relief l'importance de la lettre 95 de 407, qui évoque les démêlés opposant son auteur à un certain Ioulios[8].

Synésios était donc loin de faire l'unanimité dans sa patrie et même dans sa propre famille, puisque son frère Euoptios ne partageait pas ses idées politiques[9]. Bref, si l'auteur du *De regno* occupait, grâce à ses origines, une éminente position à Cyrène, s'il était le disciple d'une philosophe renommée, mais qui ne semble pas avoir jamais quitté Alexandrie, s'il possédait quelques amis, dont Herculien, en relation avec de hauts fonctionnaires impériaux, il montrait cependant peu de goût pour les affaires de l'Etat, ses idées étaient quelque peu contestées dans sa famille et dans sa cité et rien ne semblait le prédisposer à jouer un rôle éminent même dans son pays natal. D'autre part, « sur le plan politique, la Pentapole paraît être une province secondaire, mais sans histoire.[10] » Synésios ne pouvait donc se prévaloir de représenter un territoire indispensable à la bonne marche de l'Empire.

Que le Cyrénéen, une fois investi d'une mission de confiance par le *concilium* de la Pentapole, ait obtenu rapidement une audience de la part d'Aurélien, alors Pré-

---

5. D. Roques, *Etudes*, p. 100-101.
6. G.-R., *Corresp.*, t. 1, ép. 56, p. 73-74.
7. *Ibid.*, p. 73, l.3.
8. *DR*, p. 14. Cf. G.-R., *Corresp.*, t. 2, ép. 95, p. 215-219. Sur le contrôle militaire de l'Egypte sur les Libyes, cf. D. Roques, *Etudes*, p. 82-85.
9. *Synésios*, p. 129-131.
10. *Ibid.*, p. 433.

fet du Prétoire, est assez vraisemblable, puisqu'il était
porteur de l'*aurum coronarium* ; que le même Préfet lui
ait aussitôt donné satisfaction[11], cela se conçoit si les
réclamations étaient fondées ; mais que se passa-t-il au
juste entre Synésios et Aurélien ? Etaient-ils déjà liés ?[12]

Il est peu probable d'autre part que Synésios ait pris
une position tranchée vis-à-vis de la politique impériale
avant son départ pour Constantinople puisque, de son
propre aveu, il était peu doué et peu intéressé par les
affaires publiques et que ses amis durent le contraindre à
s'occuper des intérêts de la Pentapole[13]. Alors « comment expliquer cette jactance », demande Chr. Lacombrade, « et l'ampleur de ces vues politiques, cette substitution de personnage à laquelle on assiste, et qui
transforme l'obscur ambassadeur d'une province ruinée
en homme d'Etat conscient de son autorité, donnant au
Prince des conseils, lui dictant même des consignes ? »
Derrière Synésios il y avait peut-être Aurélien[14]. Cependant, durant ses années d'études à Alexandrie puis en
Cyrénaïque, Synésios avait eu le temps de réfléchir au

11. *Ibid.*, p. 167.
12. Cf. D. Roques, *Etudes,* p. 211, à propos de la lettre 35 de Synésios. Ce dernier recommande un de ses parents, Hérode, à Aurélien,
Préfet du Prétoire, pour l'inscrire au Sénat de Constantinople. « La
lettre ne fut probablement pas envoyée de Cyrénaïque, mais bien de
Constantinople même, où Hérode devait se trouver avec Synésios. Ce
dernier était parti en ambassade le 20 Mésôri, soit le 13 août 399, et
son arrivée n'avait pu se produire avant fin août. Le billet de recommandation supposant un contact déjà effectif entre Aurélien et Synésios, l'épître 35 n'a donc pu être adressée qu'entre septembre et fin
novembre 399. Les mêmes remarques valent pour le billet 47, qui
recommande à Aurélien un avocat compagnon d'enfance de Synésios. »
13. Cf. *supra*, p. 36.
14. *DR*, p. 21. On lit en *UER* p. 238, que « ce fut Aurelianus sans
doute qui inspira le discours 'Sur la Souveraineté'. » « Eutrope
n'aurait pas toléré ce discours-programme, lit-on plus loin, et peut-être
l'orateur ne le publia-t-il que lorsque Aurelianus fut Préfet du prétoire,
à la fin de 399 ou au début de 400. Il est probable que ces paroles har-
dies ne furent jamais prononcées. »

problème des rapports entre souverain et sujets. Platon avait déjà traité cette question et le Cyrénéen connaissait bien Platon d'une part et la réalité provinciale de la Cyrénaïque de l'autre. Il n'était pas dépourvu de caractère : il le montra bien lorsqu'il défendit sa ville contre les pillards ou lorsqu'il fut évêque de Ptolémaïs. Mais qu'un provincial, en position de demandeur, ose réprimander, au péril de sa vie, l'empereur, la cour, les chefs barbares, ne laisse pas d'étonner !

D'après de nombreux historiens, Synésios aurait parlé au nom d'un puissant parti comptant dans ses rangs, en plus d'Aurélien, l'impératrice Eudoxie elle-même et le Comte Jean. Ce dernier était l'un des favoris de l'empereur et passait pour être l'amant de l'impératrice. Fille du Franc Bauto, Eudoxie avait été élevée dans l'esprit d'une stricte romanité dans l'entourage de Promotus, le général « le plus 'romain' de l'époque.[15] » C'est elle qui, d'après G. Dagron, « est effectivement à la tête de l'Empire entre 400 (sa nomination comme Augusta) et octobre 404 (sa mort)[16]. » Mais comment d'aussi puissantes personnalités distinguèrent-elles l'humble ambassadeur de Cyrène ? Fut-il délibérément sacrifié en cas d'échec, et se rendit-il bien compte lui-même du danger qu'il courait ? Cela reste un mystère. Quoi qu'il en soit, encourager le jeune souverain à secouer le joug des Barbares et à adopter une attitude plus virile est une chose, le dépeindre comme un roi « fainéant » en termes presque injurieux en est une autre. Il fallait qu'Arkadios fût bien vil pour ne pas châtier l'insolent ! Mais peut-être Eudoxie, dont il était fort épris, sut-elle adoucir l'amertume de l'âcre réprimande ? En ce domaine on ne peut guère émettre que des hypothèses.

Mais au-delà de l'amour-propre de l'empereur, c'était du sort de l'Empire d'Orient qu'il s'agissait. Chr. Lacom-

15. G. Dagron, *Naissance d'une capitale, Constantinople et ses institutions de 330 à 451,* Paris, 1974, p. 203.
16. *Ibid.,* p. 499, n. 5.

brade a mis en contraste, peut-être avec quelque emphase, « l'intrigue de cour » et « le drame gigantesque dont Synésios a retracé pour les âges futurs la scène d'exposition.[17] » « L'enjeu réel du débat qui oppose en 399 le clan « nationaliste » d'Aurélien au clan des fédérés Goths et de Tribigild, poursuit-il…dépasse les individualités mesquines des maîtres de l'heure présente. Qui triomphera, d'un peuple soucieux de sauvegarder son patrimoine de culture, ou d'une armée de mercenaires barbares avides de puissance ? Tel est, en vérité, le tragique dilemme que l'auteur du *Discours* propose à Arkadios.[18] »

Mais si l'on en croit G. Dagron, Synésios paraît en cette affaire avoir pris nettement fait et cause pour le Sénat de Constantinople dans le conflit qui l'opposait au Palais[19] au sujet de l'intégration des Barbares dans l'Empire. Déjà Théodose avait fait preuve de laxisme envers les Goths ; son fils Arkadios, tiraillé entre la romanité d'Eudoxie et des Sénateurs et les exigences des chefs militaires presque tous barbares, ne savait quelle solution adopter. « Paradoxalement, c'est au moment où le 'parti' sénatorial prend le pouvoir avec Aurélien, l'impératrice Eudoxie et son favori le Comte Jean, le vieux Saturninus, Anthémios, qu'il est le plus difficile ou le plus périlleux de définir sa politique »[20], écrit G.

---

17. *DR,* p. 25.

18. *Ibid.* p. 25 et 26. En réalité, bien d'autres cités envoyaient des ambassades à Constantinople dont nous ne savons plus rien aujourd'hui. Nous ignorons presque tout de ces discours d'ambassade. C'est pourquoi le *Discours sur la royauté* de Synésios est particulièrement instructif à ce sujet.

19. On se souviendra que le Cyrénéen, peu après son arrivée à Constantinople, adressa une lettre à Aurélien pour recommander l'inscription au Sénat de l'un de ses parents, Hérode, clarissime de naissance. Serait-ce à cette occasion que Synésios est entré en contact avec Aurélien ? Une telle requête prouverait peut-être que le Cyrénéen, même avant son ambassade et en dépit de son manque de goût pour la politique, avait déjà des accointances avec Aurélien.

20. G. Dagron, *op. cit.,* p. 204.

Dagron, qui attribue plusieurs causes à cette difficulté d'interprétation dont la plus importante est celle qu'il appelle les « sources déformantes.[21] »

« Synésios, explique-t-il, apporte à Constantinople les préoccupations d'un provincial en lutte contre un danger barbare pressant, et il déforme en la défendant la politique d'Aurélien et d'Anthémios. Ce qu'on appelle le 'parti national' se trouve plus dans les œuvres de Synésios que dans la réalité politique de Constantinople, et ses tendances 'anti-barbares', son 'particularisme hellénique' volontiers paganisant ne sont souvent qu'un langage de convention. Ce qui est certain en revanche, c'est que toutes les analyses politiques de cette époque tiennent le plus grand compte de l'existence d'un Sénat à Constantinople et de la personnalité de ce Sénat.[22] »

Dans le *Discours sur la royauté*, G. Dagron trouve d'abord « une dénonciation de la vie de l'empereur au Palais, qui le coupe de 'l'élite de la nation', c'est-à-dire des sénateurs...et qui profite inversement à la 'sottise' des courtisans.[23] » Le faste impérial réduit les sénateurs au second plan[24]. Il remarque ensuite que l'orateur réclame l'expulsion des Barbares hors de la magistrature et de la dignité sénatoriale. « Synésios vient de Cyrène et insiste un peu plus sur le thème antibarbare et nationaliste que ne l'aurait fait un Constantinopolitain. C'est par là que son discours sent la province »[25], conclut-il.

En fait, en 400 la Cyrénaïque n'avait pas grandement souffert des incursions barbares, soutient D. Roques. « Le conflit entre le pouvoir romain et les Barbares Macètes et

---

21. *Ibid.*, p. 204.
22. *Ibid.*, p. 204. E. Demougeot avait cependant écrit en 1951 (*UER* p. 239) : « Synesius est le seul porte-parole du parti antibarbare dont l'œuvre soit restée : il paraît être l'écho fidèle des croyances politiques d'Aurelianus et de ses amis. Il incarne aussi admirablement l'opinion des classes moyennes et des notables de province. »
23. G. Dagron, *op. cit.*, p. 205.
24. *Ibid.*, p. 205.
25. *Ibid.*, p. 205.

Ausuriens, remarque-t-il, dura de 405 à 412. La 'guerre' de 395 n'a jamais existé que dans l'esprit des commentateurs. Les hostilités commencèrent peu après l'arrivée du *dux* Kéréalios, l'année qui suivit le consulat d'Aristainétos, c'est-à-dire 405.[26] » Il en allait tout autrement à Constantinople. D'après G. Dagron lui-même, la capitale de l'Empire était désarmée. En 378, après le désastre d'Andrinople et la mort de Valens, les Goths, les Huns et les Alains se portèrent sur la ville et ne furent arrêtés que par ses murailles et par des cavaliers sarrasins[27]. « La crise de 395-400 prouve que rien n'a changé…En 399…Gaïnas peut exiger le renvoi d'Eutrope : il est maître du corps d'armée de Thrace et la 'garnison' de Constantinople, sans doute prélevée sur ses troupes, lui est acquise. En 400, il en vient à demander un poste de *magister praesentalis* et pénètre dans la ville, par un véritable coup d'Etat, avec ses 35.000 Goths. C'est doublement attenter à l'équilibre des institutions militaires et à la neutralité civile de la capitale. Dans la nuit du 11 au 12 juillet, Gaïnas sort de la ville pour prier et la population ferme les portes derrière lui, massacrant 7.000 Goths pris au piège. Ce dénouement ne fait intervenir aucune force armée, aucune milice, seulement une population insurgée.[28] »

On était bien loin d'une situation aussi tragique en Cyrénaïque de 395 à 400 ! Lorsque Synésios prononce son *Discours sur la royauté* en janvier 400, Gaïnas et ses soldats Goths sont dans Constantinople, pacifiquement certes, mais le futur ennemi est dans la place. Les 'patriotes' comme Aurélien, alors consul, devaient supporter une telle occupation, comme l'atteste le *De regno*, et il était facile de prévoir la future révolte de la ville.

Synésios, dans son *Discours,* exprime donc bien les préoccupations des habitants de la capitale de l'Empire romain à cette époque, et ce *Discours* ne sent nullement

26. *Synésios*, p. 279.
27. Cf. G. Dagron, *op. cit.*, p. 110.
28. *Ibid.*, p. 110-111.

la province. S'il est vrai qu'il existait à Constantinople un antagonisme entre le Sénat et le Palais, il est non moins vrai que la cité impériale, entre 395 et 400, était bien plus menacée par les Goths que Cyrène par les Macètes et les Ausuriens. Synésios aurait su dépasser les intérêts de sa province pour s'élever à des considérations dont dépendait le sort de l'Empire.

Cependant a-t-il prononcé le *Discours sur la royauté* tel qu'il nous a été transmis ? Là encore les spécialistes ne sont pas d'accord. Il n'est guère croyable, estiment-ils, que Synésios ait pu émettre d'aussi sanglantes critiques sur le compte d'Arkadios et de sa cour devant les intéressés eux-mêmes[29]. D'après le rhéteur Ménandre, le *logos stéphanôtikos* ne devait pas dépasser deux cents lignes ; le *De regno* en comporte environ mille deux cents[30]. C'est donc une longueur démesurée pour ce genre de discours que ni l'empereur ni la Cour n'auraient eu le temps d'écouter jusqu'au bout. Synésios n'était en effet pas le seul ambassadeur à solliciter une telle audience, forcément limitée dans le temps[31]

Le Cyrénéen a pourtant affirmé avoir lu son discours devant Arkadios. Dans le *Traité sur les songes,* par exemple, il prétend que la divination onirique « l'amena à prononcer son discours à l'empereur plus hardiment que ne l'avait fait aucun autre Grec.[32] » Cependant, affirme A. Cameron, « il ne s'ensuit pas que le discours qu'il prononça à cette occasion était la version du *De regno* qui nous est parvenue. Si Synésios a révisé, pour la publication, le *presbeutikos* qu'il avait prononcé, il a pu aisément ajouter ou élaborer des détails qui ne s'adaptaient pas aux circonstances réelles. Pline révisa son *Panégyrique* avant de le lâcher dans le monde.[33] »

29. A. Cameron, *BPCA,* p. 127.
30. Cf. *supra*, p. 28.
31. A. Cameron, *BPCA,* p. 128.
32. *Songes*, 14, 4.
33. A. Cameron, *BPCA,* p. 129.

En fait, d'après A. Cameron, Synésios aurait adopté l'attitude d'un philosophe cynique réprimandant le souverain. On pense aussitôt au personnage du premier livre des *Récits égyptiens* qui morigène sans cesse Typhon et vante sans retenue Osiris[34]. « Bien qu'elle ne fût jamais sans risques évidents, une telle audace était une convention établie. On attendait de l'empereur qu'il endurât la critique...[35] » D'après les *Récits égyptiens*, Synésios aurait donc prononcé en personne son « long discours » devant Arkadios, et devant Eutrope ou Kaisarios, ou Eutychianos, ou Gaïnas, selon les commentateurs, en présence de la Cour.

W. Hagl a constaté lui aussi que longtemps on a cru que le *Discours sur la royauté* était porteur du programme d'un parti romain nationaliste, prosénatorial ou défenseur des curiales, ou des intellectuels, contre les empiétements des Barbares[36]. Synésios aurait bien effectué son séjour à Constantinople de 399 à 402, pour apporter à l'empereur l'*aurum coronarium* et pour solliciter un allègement d'impôts en faveur de la Cyrénaïque. La situation en Libye n'était certainement pas aussi catastrophique qu'il l'affirme, comme l'a démontré D. Roques[37].

Le critique allemand est bien d'avis que Synésios, à cette époque, n'avait aucune expérience politique. Mais, ajoute-t-il, « si l'on était tombé d'accord sur un candidat jusque-là peu éprouvé, cela supposait naturellement que Synésios, dans la curie municipale, jouissait d'un haut degré de considération, et de la confiance, et que, malgré son jeune âge — il avait à cette époque tout au plus vingt-neuf ans — il pouvait accomplir avec succès cette délicate mission diplomatique », d'autant plus qu'il représentait probablement la province de Libye supé-

34. *Récits égyptiens,* I, 18.
35. A. Cameron, *BPCA,* p. 130.
36. W. Hagl, *AAI,* p. 63.
37. *Ibid.,* p. 64-65. Cf. D. Roques, *Synésios,* p. 27-52.

rieure tout entière[38]. Bref, son crédit était fondé sur l'ancienneté de sa famille, sur ses biens, sur son statut social de curiale, sur ses relations, étendues sur le plan provincial, mais réduites à Constantinople[39].

Tout cela n'explique guère, cependant, le poids dont jouissait Synésios s'il a vraiment prononcé le *De regno* devant l'empereur et la cour réunis. W. Hagl expose que la recherche a tenté d'harmoniser trois sources différentes : la *Correspondance* du Cyrénéen, le *De regno* et les *Récits égyptiens*, et les récits des historiens de l'époque. De là est née la vision d'un parti, à Constantinople, formé des membres de la cour impériale (Eudoxie), de sénateurs, d'hommes d'Eglise (Jean Chrysostome), d'intellectuels (le *Panhellénion*), pour s'opposer à la mainmise des Barbares sur l'armée et les fonctions civiles. Cette coalition a pu englober des curiales de province. Alors « Synésios apparaît comme le porte-parole d'un parti politique dénonciateur des abus qui, sur les plans de l'Empire et des provinces, sont pareillement virulents.[40] » Mais s'il est vrai que Synésios a souvent eu maille à partir avec les Barbares nomades des confins de la Cyrénaïque, il est non moins remarquable qu'il n'a pas hésité plus tard à incorporer des Huns dans ses troupes et qu'il a témoigné son admiration pour les Hunnigardes[41].

Il faut bien constater aussi, remarque W. Hagl, que Synésios doit attendre plusieurs mois pour obtenir une audience de l'empereur. Aurélien était le personnage le plus capable de le seconder dans cette entreprise[42]. D'autre part, le Cyrénéen déclare qu'il a été très malheureux durant son séjour de trois ans à Constantinople. Pour quelles raisons ? Il avait pourtant obtenu, dans un premier temps, des dégrèvements fiscaux pour lui-même et

---

38. W. Hagl, AAI, p. 66.
39. *Ibid.*, p. 67.
40. *Ibid.*, p. 68-69.
41. *Ibid.*, p. 69. Cf. Synésios, *Catastase II*, 2, 4 et 5.
42. W. Hagl, *AAI*, p. 61.

pour sa province. Mais ces faveurs paraissent lui avoir été reprises lors d'un retournement de la situation politique dans la capitale[43]. On peut conclure des *Récits égyptiens* que l'engagement politique de Synésios dans la lutte pour le pouvoir « fut pour lui une chute dans les bas-fonds de l'activité de propagandiste. »

Cela ne correspondait guère à l'idéal exprimé un peu plus tard dans le *Dion*, c'est-à-dire à l'union en un seul homme de la *vita activa* et de la *vita contemplativa*, conclut W. Hagl[44].

Plus récemment T. Schmitt, qui soutient à tort, rappelons-le, que le séjour de Synésios à Constantinople, s'étend de 397 à 400, après avoir d'abord exposé les buts de l'ambassade : apporter l'or coronaire, régler les problèmes de la Pentapole et, pour son chef, solliciter un privilège personnel, s'est efforcé ensuite de montrer que, si le Cyrénéen est resté aussi longtemps à Constantinople, c'était pour soutenir la cause d'Aurélien dans la capitale[45]. Il prétend en particulier que si le Préfet du Prétoire pouvait seul alléger l'annone en faveur de la Pentapole, il n'a pu le faire qu'en été 399[46]. Les autres ambassadeurs que Synésios étaient partis depuis longtemps pour Cyrène. Il pouvait donc bénéficier lui seul d'une réputation de bienfaiteur[47].

Mais si le Cyrénéen espérait l'appui d'Aurélien pour se maintenir à la Cour et faire triompher les idées du *De Regno* inspirées par son protecteur, qu'attendait de son côté Aurélien de Synésios ? Pour T. Schmitt, ce dernier était un véritable « wandering poet[48] ». A cette époque

43. *Ibid.*, p. 70. Cf. *Récits égyptiens*, I, 18, 4.

44. W. Hagl, AAI, p. 70.

45. *BSK*, p. 253-254.

46. D'après T. Schmitt Synésios demeura à Constantinople de 397 à 400.

47. *BSK*, p. 256.

48. Sur les « wandering poets » cf. Al. Cameron, *Wandering poets. A literary movement in Byzantine Egypt, Historia* 14, 1965, p. 470-509. Cf. aussi T. Schmitt, *BSK*, p. 275-294.

en effet, les poètes et les rhéteurs faisaient obligatoire-
ment partie de l'entourage des puissants pour assurer leur
renommée[49]. D.A. Runia[50], écrit le critique allemand,
« caractérise les 'wandering poets' comme des hommes
de lettres excellemment formés qui — pour autant qu'on
les connaît — provenaient des classes de curiales des
villes égyptiennes. Ils se tournaient vers les puissants de
l'époque et leur offraient leurs services. Mais T. Schmitt
oublie de nous dire, et pour cause, ce que sont devenus
ces prétendus poèmes de Synésios…C'est hélas le cas de
bien d'autres suppositions de sa part.

Enfin, dans son article déjà cité, H. Brandt demande
lui aussi comment Synésios a pu prononcer une telle
harangue devant la Cour[51]. Il estime d'abord que le caractère du Cyrénéen le portait à ce genre de prouesse, « lui
qui toujours, mais aussi précisément dans les années ulté-
rieures de son épiscopat a fait preuve d'un esprit fort,
rude et peu orthodoxe.[52] » Ce jugement est peut-être
valable pour l'épiscopat de Synésios, mais ce n'est pas là
le portrait que nous a tracé du Cyrénéen D. Roques, par
exemple dans l'introduction de son édition de la *Corres-*
pondance. Ce dernier n'hésite pas à écrire, en effet :
« Hypersensibilité et réserve coexistent …dans la personnalité du Cyrénéen »[53], et surtout : « Certains de nos
contemporains ont taxé Synésios d'égoïsme, de chauvi-
nisme, de rigorisme. Ces griefs, qui ne sont pas dénués de
fondements, ne sauraient toutefois obnubiler sa sincérité,
sa probité, sa générosité, qui furent exemplaires et dont
chaque page de la *Correspondance* est, peu ou prou, illu-
minée.[54] » Le fait qu'il ait « percé » aussi vite (fin 399,

49. *BSK*, p. 262-263.
50. D.A. Runia, *Another wandering poet, Historia* 28, 1979, p. 254-
265.
51. H. Brand, *art. cit.*, p. 67-70.
52. *Ibid.*, p. 67.
53. Cf. G.-R., *Corresp.*, t. I, *Introduction*, p. LXXXIX.
54. *Ibid.*, p. CXXIII.

début 400) montre assez qu'il sut rapidement s'adapter et se valoriser. C'est un ἀγροῖκος, comme il aime à le dire. Il avait donc certainement du tempérament.

D'autre part Synésios jouissait, certes, de la protection de hauts personnages, poursuit H. Brandt, mais sa hardiesse s'explique surtout par l'abaissement de l'empereur durant l'Antiquité tardive. Dans les dernières années du IVᵉ s., les *magistri militum*, qui n'étaient pas d'origine romaine, « exerçaient le pouvoir proprement dit et réduisaient parfois les empereurs au grade de figurants », témoin Arbogast et Valentinien II, Alaric, Gaïnas et Arkadios[55].

Cependant — nous le verrons à propos du *De Providentia*[56] —, W. Hagl estime qu'Arkadios fut un souverain énergique, conscient de son pouvoir. En revanche, H. Brandt prend comme exemple de la dégradation de la fonction impériale l'humiliation infligée par Ambroise de Milan à Théodose, sans parler de la victoire du prélat dans l'affaire de l'autel de la Victoire. « Qu'il soit expressément souligné, écrit-il, qu'Ambroise, dans ces controverses, ne détenait juridiquement aucune compétence pour intervenir, mais plutôt le responsable ecclésiastique, conscient de sa valeur, issu de la noblesse sénatoriale, cherchait sciemment la confrontation politique avec les détenteurs du pouvoir temporel.[57] » Une telle affirmation est certainement valable pour Ambroise, mais on objectera que Synésios ne peut soutenir la comparai-

55. H. Brandt, *art. cit.*, p. 67-68. On peut tout de même remarquer que Gaïnas a été éliminé, qu'Alaric a été chassé, le tout sous Arkadios qui décidait en dernier ressort. D'autre part, à propos des *magistri militum*, si l'on consulte *PLRE* II, p. 1288-1289 (*magistri militum* de l'Occident) et p. 1290-1293 (Orient), on constate que les noms sont au Vᵉ s. en Occident et jusqu'au VIᵉ s. en Orient, en majorité des noms « romains » authentiques. Au reste les « Barbares » étaient souvent fortement romanisés en Occident et plus encore en Orient.

56. Cf., dans cette édition, « *L'interprétation historique des Récits égyptiens* », t. VI, p. 42-47.

57. H. Brandt, *art. cit.*, p. 68-69.

son avec l'évêque de Milan. Né dans une province un peu
à l'écart de l'Empire, inconnu, ou presque, à Constantinople, il ne jouissait certainement pas auprès de l'empereur d'Orient de l'autorité de son illustre contemporain
sur l'empereur d'Occident. La même réponse peut être
adressée à H. Brandt lorsqu'il affirme que « le contexte
historique laisse apparaître …comme tout à fait vraisemblable que Synésios ait effectivement prononcé devant
l'empereur et ses partisans le discours qui nous est pré-
senté.[58] »

Il serait en revanche possible d'approuver le critique
allemand quand il ajoute : « Plus précisément on pourrait formuler l'idée que Synésios — par analogie avec
Ambroise, même sous des auspices dogmatiques tout à
fait différents — a rétrogradé (degradiert) l'empereur au
rang de *filius philosophiae*[59] », s'il s'agit bien d'une
rétrogradation !

On peut conclure que le choix d'un provincial probablement inconnu pour déclamer un discours aussi percu-
tant que le *De regno* devant l'empereur et une Cour à
demi barbare, malgré l'appui d'Aurélien, demeure une
énigme, et qu'en l'état de nos connaissances il le demeu-
rera toujours. On peut cependant constater que l'ἀγροῖκος Synésios s'est comporté comme un philosophe
cynique et qu'il est capable d'énergie, comme par
exemple Sénèque devant Néron. Au demeurant, en ces
années 400, bien des hommes et des femmes de caractère
se sont affrontés, tels Arkadios, Eudoxie, Aurélien, Eutychianos, Jean Chrysostome, Théophile d'Alexandrie, et
bien d'autres. Certes le courage de Synésios dut être
grand s'il a véritablement prononcé son discours tel qu'il
nous a été transmis, mais sa rudesse verbale reste relativement modérée si on la compare aux débordements
d'une époque aussi agitée.

58. *Ibid.*, p. 69.
59. *Ibid.*, p. 69.

5. Analyse du *Discours sur la Royauté*

Introduction : il faut parler franchement avec l'aide de la philosophie

(1) Est-on condamné à se soumettre à la rhétorique dans le palais impérial, et ne peut-on y parler franchement si l'on ne vient pas d'une cité riche et puissante ? Acceptera-t-on d'y entendre la philosophie, dépourvue d'artifices, au langage libre et viril, au point qu'elle peut devenir blessante et faire souffrir qui l'écoute ? (2) La louange est un poison. L'empereur doit être sauvé, même au prix d'un douloureux remède. Il faut avec lui user de sincérité. Que ni lui-même ni ses courtisans ne taxent l'auteur de rusticité, mais qu'ils l'écoutent patiemment. (3) Cyrène envoie Synésios pour couronner la tête de l'empereur d'une couronne d'or, et son âme avec la philosophie. Mais l'orateur n'attend rien de sa cité ; il est libre ainsi et peut, avec l'aide de Dieu, proclamer la vérité au Roi, modèle de ses peuples. Opposons d'abord les bonnes actions aux mauvaises afin que le Roi accomplisse les premières avec l'aide de la philosophie, mais repousse les secondes. Qu'il rougisse de ses mauvaises actions, et qu'il se repente. Ainsi le veut l'âpre philosophie.

1) *Considérations générales sur les qualités nécessaires au Roi*

(4) Déjà certains courtisans murmurent contre la liberté de parole de l'orateur. Certes Synésios pourrait aussi bien qu'un autre féliciter l'empereur de toutes ses richesses, mais non pas le louer pour ce motif : on félicite quelqu'un pour ses biens extérieurs, qui relèvent de la Fortune ; on le loue pour ses biens intérieurs, qui dépendent de la conscience. La Fortune est chose instable et exige beaucoup d'efforts pour être sauvegardée. Les puissants sont sujets à de grands revers de Fortune, que

ne peuvent assumer les humbles. En revanche la vertu peut assurer la félicité, comme il advint au père de l'empereur et comme on le souhaite au jeune empereur. (5) Le père de l'empereur a acquis le pouvoir par ses fatigues ; son fils, grâce à la Fortune. Ce dernier doit donc déployer ses efforts pour que la Fortune reste constante. Le père a triomphé de deux complots avant de mourir ; jusqu'au bout il fut vertueux. Que le fils le soit aussi et qu'il ne ménage pas sa peine pour garder ce qu'il a obtenu sans lutte. Ce n'est pas la foule des sujets qui fait le Roi. (6) Un grand nombre de sujets est soumis au Roi et au tyran. Mais le Roi se sacrifie pour ses sujets alors que le tyran les utilise pour son profit. Il faut exhorter à la vertu la jeunesse, qui hésite entre ces deux voies. La royauté est proche de la tyrannie ; la philosophie peut seule empêcher le glissement de l'une à l'autre. La tyrannie est la maladie de la royauté : le Roi doit vivre selon la loi, tandis que le tyran adapte la loi à son genre de vie. Tous deux ont en commun le pouvoir. (7) Mais la volonté doit céder le pas à la prudence : cette dernière est nécessaire pour utiliser au mieux le pouvoir. Il faut concilier force et prudence ; toutes deux, une fois unies, sont invincibles. Les Egyptiens l'ont bien compris qui font d'Hermès un dieu sage et fort. De même la Sphinge est bestiale par sa force, mais humaine par sa sagesse. Force et intelligence sont inopérantes l'une sans l'autre. La vertu de prudence est la plus royale et entraîne les trois autres. (8) La pauvreté, la pénurie et la faiblesse pourraient bien procurer plus de bonheur, chez les simples, que la force, la richesse et l'abondance, et la vie privée leur convenir mieux que le pouvoir suprême. Aristote et Platon qualifient les biens qui nous sont extérieurs simplement d'instruments, tantôt bons, tantôt mauvais, selon les dispositions de leur utilisateur. Que le Roi les utilise donc vertueusement en faveur de ses sujets comme Dieu lui-même agit par sa providence en réglant les choses d'ici-bas sur l'exemple du monde hypercosmique. Le Roi

d'ici-bas est l'ami du Grand Roi s'il n'est pas indigne de
ce nom. (9) L'essence de Dieu est indicible. Il ne peut
être dénommé que par ses manières d'être relativement à
ce qui procède de lui. Ainsi on l'appelle Roi par rapport
à ses sujets. La qualité qui ne fait qu'un avec le Roi d'ici-
bas, c'est la bonté de Dieu, reconnue par tous les peuples.
Mais même ce bien est un bien pour ceux qui l'expérimentent ; ce n'est pas le bien dans l'absolu. Dieu est prodigue de la vie, de l'être, de l'intelligence. Que le Roi terrestre ne déshonore pas le titre de « Grand Roi », mais
qu'il imite Dieu et répande le bien sur ses sujets. L'auteur
va dresser dans son discours la statue du souverain, et le
Roi l'animera

2) *Conseils pratiques à Arkadios sur son genre de vie*

(10) La piété constitue le piédestal de cette statue. A
partir de là, le Roi doit établir la monarchie dans son
âme : l'homme est en effet constitué d'une foule de
facultés opposées servies par plusieurs organes. L'intelligence sert d'intermédiaire entre tous ces éléments ; elle
doit régner dans l'âme du souverain, éliminer la tyrannie
des passions et leur foule démocratique. Celui qui soumet
les parties irrationnelles de l'âme à la raison est un
homme divin, qu'il soit particulier ou Roi. S'il est Roi, il
communique sa vertu à toutes les nations. Il doit conserver une inaltérable sérénité. Il fera converger les parties
de son âme vers l'unité, sinon il ne sera pas en accord
avec lui-même. Il lui faut se dominer, et placer en lui
l'intelligence au-dessus de la bête. (11) Le Roi, en progressant par lui-même, rencontrera d'abord ses amis. Un
ami est en effet un bien royal. Il est franc dans la
louange, modéré dans le blâme. Le Roi devrait être l'ami
de tous les gens de bien, tandis que le tyran les hait. Seul
Dieu possède l'autosuffisance ; le Roi remédiera à ses
insuffisances en formant une seule essence avec ses amis.
(12) La flatterie ne devra pas s'insinuer sous l'amitié.

Elle s'en prend à l'âme même des Rois. Le Roi doit prendre les décisions, et ses amis en seront les exécutants.(13) Le Roi se confiera ensuite à ses soldats, qui sont, à un moindre degré, ses amis. Il participera à tous leurs exercices. Ils seront ainsi ses véritables « compagnons d'armes ». Un Roi ne saurait craindre la fatigue. Le spectacle de ses efforts lui gagnera la bienveillance de ses troupes, qui veilleront à sa sécurité. Platon a d'ailleurs comparé les guerriers à des chiens fidèles. L'armée qui connaît son Roi fait corps avec lui ; il est important pour le chef de savoir les noms des officiers et des hommes d'élite, comme Homère l'a remarqué. En effet, tout soldat se surpasse s'il a le Roi pour témoin et s'il est connu de lui. Bref, tout artisan doit expérimenter son instrument, et le Roi « est le professionnel de la guerre comme le cordonnier est celui de la chaussure. » (14) Rien n'a été plus nuisible aux Romains que le mode de vie adopté par leurs derniers souverains, c'est-à-dire trop de solennité théâtrale et en même temps trop de dissimulation. Le Roi ne fréquente que quelques courtisans incompétents et quelques bouffons. Toute philosophie est bannie de leur discours. Les plus grands empires se sont développés grâce aux sacrifices communs des hommes du peuple et des armées professionnelles. Mais la prospérité est un fardeau lourd à porter sans la sagesse. (15) L'empereur doit sauvegarder les antiques institutions romaines. Les Romains ont décliné depuis que leurs souverains sont parés comme des paons ou enveloppés de la *trabea* triomphale. Ces derniers se réjouissent de porter le fardeau du pouvoir alors qu'ils sont enchaînés par des liens en or. Même le sable qu'ils foulent doit être en or ! Ils se tiennent cloîtrés dans leurs appartements, tels des lézards. Tout allait bien mieux quand les troupes étaient sous les ordres de guerriers spartiates. Les anciens Rois traversaient l'Euphrate et l'Istros au lieu de contenir des peuplades monstrueuses qui prétendent recevoir un salaire pour rester en paix. (16) Il y a un net contraste

entre la simplicité des monarques d'autrefois et la magnificence de ceux d'aujourd'hui. L'exemple de Carin rece-
vant les ambassadeurs du Roi des Parthes illustre à mer-
veille l'ancienne simplicité. (17) Il en est ainsi pour le
Roi qui a lui-même espionné l'ennemi. Il fallait alors
payer de sa personne pour commander. Le titre de Roi est
d'ailleurs récent ; il était en effet tombé en désuétude
chez les Romains. On préfère, même de nos jours,
employer le terme d'*autokratôr*. Synésios rappelle le sens
de ce mot chez les anciens Athéniens, et leur mépris pour
le titre de Roi. La constitution romaine a évité la tyrannie, s'est méfiée de la royauté, mais a fini par adopter la
monarchie louée par Platon. Le Roi doit être un bien
commun à tous et dépourvu de faste. A l'inverse du tyran
il doit être accessible, comme le furent Agésilas et Epaminondas. Commander exige mesure et sagesse et exclut
l'orgueil et la somptuosité. (18) Il faut remettre la tempérance à l'honneur, et le Roi doit redevenir le serviteur de
l'Etat. L'empire a atteint un point crucial de son histoire.
Seul un Roi divin aux affaires peut conjurer le mauvais
destin.

3) *Le problème posé par les Goths*

(19) On a dit que le Roi doit souvent rencontrer les soldats, mais quels soldats ? Les autochtones. Il ne faut pas
mettre les loups avec des chiens de garde, sinon, au
moindre relâchement des chiens, les loups dévoreront le
troupeau. Il ne faut pas non plus donner des armes à une
jeunesse étrangère qui fondra sur les Romains à la première occasion, comme cela s'est déjà passé. Ces corps
étrangers doivent être extirpés et les citoyens ne doivent
pas être exemptés du service militaire. On doit refuser les
Scythes et enrôler des soldats citoyens. Les Romains doivent disposer d'une force nationale et remporter eux-
mêmes leurs victoires. (20) On devrait exclure des magistratures et du Sénat tous ceux qui les déshonorent,

c'est-à-dire les Barbares. Il est anormal que ces derniers délibèrent des intérêts des Romains. Comble d'absurdité : toute famille aisée possède des serviteurs scythes, si bien que ces Barbares sont à la fois esclaves dans la vie privée et souverains dans la vie publique. En Gaule, Crixus et Spartacus ont suscité la guerre civile. Ils ont entraîné des hommes de toutes les races unis par la similitude de leur sort. En effet tout esclave se révolte quand il espère l'emporter. Il en est de même chez nous aussi, où se sont glissées de grandes armées de Barbares commandées par des chefs expérimentés. Il faut détruire sur-le-champ cette forteresse intérieure. Les Romains n'ont-ils pas vaincu les Scythes dans le passé ? (21) Synésios esquisse une histoire des Scythes, toujours chassés par d'autres peuples. Ils ont immigré dans l'Empire romain, en suppliants. On les a traités avec trop de douceur, ce qui n'a éveillé en eux aucune gratitude. Théodose les a châtiés, mais par pitié il en fit ensuite ses alliés et leur accorda le droit de cité. Les Scythes se moquent de cette générosité qui ne fait qu'attirer aussi leurs voisins. On en arrive à la « persuasion contraire ». Il faut donc, une fois de plus, recruter une armée nationale, soumettre les immigrés aux travaux des champs et mettre un terme à la douceur romaine.

4) *Conseils à Arkadios pour l'administration des provinces*

(22) Le Roi ne doit pas être seulement belliqueux, mais aussi pacifique. S'il doit préparer la guerre pour ne pas la subir, il doit aussi visiter les cités et les peuples pour leur manifester sa sollicitude.(23) Il s'appuiera sur les ambassadeurs des provinces lointaines de l'Empire, et grâce à eux il répandra sur elles ses bienfaits. (24) Que les soldats épargnent les citadins et les campagnards et se contentent de ce qui leur est légalement dû. (25) Un bon Roi ne doit pas écraser les cités sous les impôts. Qu'il

évite les travaux coûteux du théâtre et les guerres. Qu'il taxe les contribuables selon leurs moyens. Qu'il ne devienne pas un mercanti. Les hommes d'affaire sont abjects ; ils ne prospèrent que dans les régimes politiques tarés. Ces gens-là agissent contre la nature, car ils asservissent la partie rectrice qui est en eux. Ils sont plus vils et moins recommandables que des fourmis. Il faut donc les chasser loin du Roi et introduire à leur place la vertu, comme au temps de l'Âge d'or. Quel spectacle égale celui du Roi adorant Dieu au milieu de son peuple ? Ils sont alors tous deux unis par des liens ineffables. (26) La bienfaisance, la générosité, la bonté, la bienveillance sont le propre de la royauté et de la divinité. Le Roi doit dispenser ses bienfaits comme le soleil répand la lumière. Qu'il dispose aussi ses proches selon l'ordonnance royale de son âme, pour être utile à ses sujets. (27) Il faut envoyer des administrateurs intègres dans un Empire aussi étendu. Un petit nombre suffit pour régler beaucoup de choses. Ainsi Dieu, tout en demeurant dans sa propre condition, est par l'intermédiaire de la nature la cause des biens les plus infimes. De même, le Roi doit déléguer son autorité à des intendants justes et honnêtes. Il connaîtra mieux un petit nombre de fonctionnaires que beaucoup. Un riche ne pourra pas mépriser la richesse et sera porté à l'injustice. Vénéré grâce à son or, il sera l'esclave de cet or. (28) Que le Roi rende la vertu digne d'envie avec la pauvreté. Il mettra en valeur les hommes vertueux et sera célébré dans les siècles futurs pour son règne fortuné. Beaucoup de gens rougiront alors de leurs richesses ; la pauvreté passera pour sainteté. Le Roi peut en effet transformer l'opinion de ses sujets, toujours portés à l'imiter.

Conclusion : le roi se confiera à la philosophie

(29) Enfin puisse le Roi toujours chérir la philosophie et la vraie culture. Elles sont à présent négligées. Mais la

philosophie siège auprès de Dieu, et quand la terre refuse de l'accueillir, elle demeure avec lui. Les hommes sont alors malheureux. Que la philosophie soit donc associée à la royauté. Voilà achevée la statue du Roi : à lui de l'animer à présent, et de répondre favorablement à l'orateur venu lui présenter les réclamations des cités de Pentapole.

6. Le Roi idéal selon Synésios

Synésios de Cyrène, en écrivant le *De regno*, obéit à une tradition solidement enracinée dans la philosophie et les lettres grecques. Déjà Platon — et l'on pourrait remonter plus haut — avait affirmé, dans le sixième livre de la *République*, l'excellence du philosophe-roi, la nuisance du tyran et la médiocrité de la démocratie[1]. Synésios s'en souviendra, de même qu'il retiendra que le philosophe doit modeler l'Etat sur l'idéal divin. Cependant, « chez les théoriciens politiques du IVe siècle, la doctrine monarchique ne revêt pas un aspect mystique…En général les théoriciens politiques sont réalistes et ils donnent aux Princes des conseils dictés par la raison.[2] »

Durant la période hellénistique, l'école stoïcienne insiste sur le cosmopolitisme. « Le κόσμος est à la fois le cadre et le modèle de la société politique.[3] » Si le souverain absolu, tel Alexandre, n'est pas forcément un sage, il doit du moins garder un sage à son côté pour le conseiller.

Au IIe siècle après J.C. apparaissent trois traités *De la royauté* attribués à Ecphante, Diotogène et Sthénidas, fortement influencés par les doctrines politiques des Pythagoriciens. L. Jerphagnon s'est attaché « à déceler

---

1. Plat., *Rép.*, 501 a-e.
2. L. Delatte, *Les Traités de la royauté d'Ecphante, Diotogène et Sthénidas*, Liège-Paris, 1942, p. 136.
3. L. Delatte, *op. cit.*, p. 140.

leur présence depuis le début jusqu'à la fin de l'Empire, dans la plupart des textes politiques.[4] » Ils répandent l'idée que le Roi est « l'envoyé de la divinité sur la terre[5] » et qu'« il ne sera digne de sa tâche que dans la mesure où il contemplera la divinité et s'en fera l'imitateur en tout...Il est le législateur parfait, dès lors que sa royale raison coïncide avec le *Logos* éternel. De même rayonne-t-il la bonté....[6] »

Tout au long de l'Empire romain, le personnage de l'empereur est l'objet d'une déification de plus en plus poussée, favorisée par des contacts étroits entre l'Orient et l'Occident. Les œuvres des philosophes conseillers des empereurs s'inspirent des doctrines néopythagoriciennes et néoplatoniciennes. Sénèque par exemple, dans le *De clementia*, affirme que le Prince a été choisi pour tenir sur terre le rôle des dieux[7] ; Plutarque, dans *A un chef mal éduqué*, insiste sur la maîtrise de soi du souverain et sur l'image qu'il doit donner sur terre de la divinité qui régit l'univers[8]. Mais le rhéteur dont Synésios subit le plus fortement l'influence fut sans conteste Dion Chrysostome, dont on parlera plus longuement.

---

4. L. Jerphagnon, *Histoire de la pensée, Antiquité et Moyen Age*, Paris, 1989, p. 253.

5. *Ibid.*, p. 253.

6. *Ibid.*, p. 254.

7. Cf. L. Delatte, *op. cit.*, p. 149. — Sénèque, *De Clementia,* éd. F. Préchac (*CUF*), Paris, 1967, I, 2 : Néron César se parle à lui-même : « C'est donc moi qu'on a désigné et choisi entre tous les mortels pour jouer sur terre le rôle des dieux ! »

8. Plutarque, Œuvres *morales*, t. 11, 1ᵉ partie, *A un chef mal éduqué,* éd. M. Cuvigny (*CUF*), Paris, 1989, *Notice,* p. 29 : « L'objet du texte est de démontrer qu'un ἄρχων digne de ce nom ne saurait être ἀπαίδευτος ; ἀπαίδευτος, qui revient deux fois dans le cours du texte (780 A, 782 E), désigne l'état d'une âme ignorante du bien et asservie aux passions, faute d'avoir reçu l'éducation convenable. Cette éducation est celle que dispense la philosophie, comme l'indique la précision capitale de 781 F-782 A où il est dit que 'c'est seulement dans la philosophie que les âmes bienheureuses et sages prennent l'idée de la justice'. »

Lorsque Synésios prononce son *Discours sur la royauté*, au tout début du Ve siècle, ses premières paroles sont pour réclamer le retour de la philosophie à la Cour de Constantinople[9]. Elle est présentée comme la dispensatrice de discours « sérieux », « divins », « virils » et « majestueux[10]. » Ces discours sont aussi « fermes » et « audacieux » ; ils « blessent », ils « mordent le cœur », ils doivent faire souffrir le Prince[11]. Malheureusement l'orateur ne définit pas ce qu'il entend par le terme de « philosophie ». Si l'on en croit A.M. Malingrey, à la lecture de Dion Chrysostome, d'Epictète et de Plutarque, on s'aperçoit que « le mot *philosophie* recouvre essentiellement, à cette époque, *un art de vivre* réglé sur des valeurs morales déterminées dont l'éloge constitue l'un des thèmes principaux de la littérature. C'est pourquoi le verbe φιλοσοφεῖν a pour équivalent l'expression καλῶς ζῆν et c'est pourquoi aussi le titre de *philosophos* postule, chez ces auteurs, une véritable valeur morale : 'Etre bon et être philosophe, c'est la même chose'.[12] »

C'est bien dans le même état d'esprit que Synésios écrit, dans le *De regno*, que « l'homme généreux, s'il n'est pas retenu par le philosophe dans les limites de la vertu, penche vers la chute, et devient un fanfaron et un esprit faible au lieu d'un être généreux.[13] » Comme l'affirme A.M. Malingrey : « Dès le premier siècle, on sait que la morale avait pris le pas sur les autres parties de la philosophie. Au second siècle, la sophistique lui avait apporté le renfort de ses multiples moyens d'expression, et les sophistes, en se prétendant philosophes, étaient

---

9. *Royauté,* 1,2.

10. *Ibid.*, 1,3.

11. *Ibid.*, 1,4.

12. A.M. Malingrey, *Philosophia, Etude d'un groupe de mots dans la littérature grecque des Présocratiques au IVe siècle après J.C.*, Paris, 1961, p. 100. Cf. Mousônios, *Diss.*, XVI, p. 87, l. 7-8 (éd. Hence).

13. *Royauté,* 6,4.

naturellement devenus moralistes. Au IVe siècle, la littérature païenne se borne bien souvent à répéter ce qu'elle a dit au second, du moins dans ses dissertations morales qui forment le fond de la production littéraire.[14] »

En lisant Synésios cependant, on constate que la philosophie favorise la satire sans complaisance des moeurs de la Cour[15]. Synésios déclare à Arkadios que Cyrène l'envoie à lui pour couronner son âme avec la philosophie[16], ce qui suggère tout au plus qu'elle est un mode de vie, un genre de vie suprême qui doit guider le comportement du Prince. Le flou persiste quand nous apprenons que la philosophie approuve les nobles actions, mais que nous devons rougir des mauvaises[17], sinon nous serons châtiés. Ainsi « rude est la philosophie dès l'abord, et difficile à approcher.[18] » Nous retrouvons cette philosophie là où nous ne l'attendons guère : ainsi c'est elle qui est d'avis « que le Roi rencontre souvent les soldats, mais qu'il ne se tienne pas dans sa chambre.[19] » Il est vrai que son meilleur rempart contre les ennemis sera la bienveillance[20] que lui témoigneront ses troupes. De même, le vrai philosophe qui a lu Platon[21] conseillera à son ami le Roi de ne s'entourer que de soldats autochtones et non pas de Barbares[22]. Cela relève de la politique inspirée par le bon sens. La philosophie est bien pour Synésios un art de vivre et de régner. C'est à peine si l'on entrevoit la philosophie entrer en compétition avec la nature et nous pousser à acquérir la force d'âme par l'entraînement ou l'ascèse (ἄσκησις)[23].

14. A.M.Malingrey, *op. cit.*, p. 226.
15. *Royauté*, 2 ; 14 ; 15 ; 20.
16. *Ibid.*, 3,1.
17. *Ibid.*, 3,4-5.
18. *Ibid.*, 3,6.
19. *Ibid.*, 19,1.
20. *Ibid.*, 19,2.
21. Plat., *Rép.,* 375 a-376 c.
22. *Royauté*, 19,2.
23. *Ibid.*, 15,1.

A la fin de son discours, comme pour répondre aux souhaits exprimés dans les premières lignes, Synésios émet le voeu que le Roi chérisse « la philosophie et la vraie culture.[24] »Ainsi sont réunies la φιλοσοφία et la παιδεία, comme dans le *Dion*. Le vrai séjour de la philosophie est au ciel, auprès de Dieu ; elle n'a pas besoin des hommes, mais les hommes ont besoin d'elle[25] pour être heureux. C'est pourquoi il faut associer la philosophie à la royauté[26].

La philosophie en tant que telle apparaît donc dans le *De regno* comme un mode de vie royal, un code de bonne conduite, qui nécessite une ascèse de tous les instants et l'acceptation des critiques les plus acerbes proférées par un sage conseiller. Elle influera de cette manière sur la politique suivie par le Prince.

Il est naturel, dans ces conditions, que le philosophe-roi s'appuie sur la vertu. La vertu en effet ne peut se développer dans la médiocrité de tous les jours ; elle a besoin d'une condition de vie élevée pour se déployer, et elle n'atteindra son plein épanouissement que dans l'exercice de la royauté[27].

En particulier, il existe une liaison étroite entre l'ascèse, l'effort (πόνος), la fortune (τύχη), et la vertu (ἀρετή). En témoignent les sorts différents d'Arkadios et de son père Théodose. Ce dernier a acquis l'Empire par ses efforts ; son fils l'a reçu des mains de son père et de la Fortune, mais la Fortune ne peut être conservée que par l'ascèse et par la vertu. La vertu suppose donc fatigue et exercices physiques ; c'est le premier sens du mot ἄσκησις. Théodose est devenu grand par ses combats, c'est-à-dire grâce à sa vertu. Que la vertu conserve l'Empire à Arkadios qui devra se livrer à toutes les

---

24. *Ibid.*, 29,1.
25. *Ibid.*, 29,2.
26. *Ibid.*, 29,3.
27. *Ibid.*, 4,7.

fatigues, chasser la facilité (ῥᾳστώνη)[28], écarter le sommeil et se consacrer aux soucis[29]. Le Roi fera bien aussi d'éloigner de lui les richesses, car la vertu ne peut faire bon ménage qu'avec la pauvreté (πενία). La pauvreté est en effet une véritable sainteté[30]. Elle empêchera que le Roi ne se laisse acheter par l'argent[31].

Si la notion d'ἀρετή est habituellement pour les Grecs inséparable de la notion de plaire[32], si elle sous-entend l'insertion de celui qui la pratique dans un monde harmonieux, on constate en revanche que dans les propos de Synésios elle se rapproche davantage de l'idée de *virtus*

28. Il faut noter que « la raison ne peut se définir que par la direction qu'elle impose aux passions, qui sont les forces vives de l'âme ; de même que la romanité n'existe que par l'assimilation des Barbares, qui sont le ferment de l'Empire, dans une certaine forme de civilisation. Et pour définir cette civilisation, les *Discours* ne font pas seulement référence à des valeurs spirituelles ; ce qui est commun aux hommes selon Thémistios, et fonde la romanité, c'est leur 'soif de bonheur' (*Themistii orationes quae supersunt*, éd. M. Schenkl/G. Downey, Leipzig, Teubner, I, 1965, 13, 174 d, p. 250). 'Tous les hommes ont soif de bonheur', les contenter est le travail des Rois), d'un bonheur très matériel que Thémistios exprime volontiers par le mot ῥᾳστώνη qui signifie facilité d'existence (Thémistios, *ibid.*, 6, 78d, p. 116 ; 16, 212 b, p. 258) ; et à son tour ce mot attire souvent dans les *Discours* une image, celle de l'empire en paix, où les routes sont ouvertes au commerce, et où l'activité économique se développe sans entrave »... « L'idéal de civilisation que Thémistios résume dans le mot ῥᾳστώνη, les écrivains 'anticonstantiniens' le stigmatisent sous le nom de τρυφή, bien-être honteux de volupté amollissante, qui devient dans leurs œuvres comme l'indicatif de Constantin, Constance et Théodose » (G. Dagron, *L'Empire Romain d'Orient au IVe siècle et la tradition politique de l'Hellénisme. Le témoignage de Thémistios*, Paris, 1968, p. 117-119).

29. *Royauté*, 3,4.

30. *Ibid.*, 28,1-3.

31. *Ibid.*, 27,5.

32. Cependant, à propos d'ἀρετή, cf. P.Chantraine, *Dictionnaire étymologique de la langue grecque*, I, 2e éd., Paris, 1969, p. 107 « Aucun rapport sémantique net avec ἀρέσκω, ἀρέσαι. En revanche, se laisse rapprocher de ἀρείων, ἀρι- ... S'il y avait un rapport avec ἀραρίσκω, c'est dans la mesure où ἀραρίσκω se rattacherait à ἀρι-, ἀρείων, etc. »

romaine. Il faut être fort, d'après le Cyrénéen, pour être Roi, supporter des privations et se livrer à des efforts incessants, tant physiques qu'intellectuels.

Cette vertu toute romaine permettra au souverain d'écarter la mollesse, mais ne le préservera peut-être pas de certains excès de pouvoir ni de l'appétit du commandement. Il lui faudra modérer sa puissance pour éviter que ses sujets n'en souffrent. La vertu de prudence (φρόνη-σις) viendra tempérer la force (ἰσχύς) du Prince[33]. De toutes les vertus, elle est la plus royale[34]. Le mot φρόνη-σις traduit le caractère réfléchi et sensé de l'âme, tandis que la σοφία, qui est également opposée à l'ἰσχύς[35] par Synésios, n'exclut pas, à côté de l'intelligence, une certaine ruse. L'auteur affirme par ailleurs que si l'on est dépourvu d'intelligence (νοῦς) et de sagesse, mieux vaut mener une vie privée que de détenir le pouvoir suprême[36].

Enfin le piédestal sur lequel doit reposer la statue du Roi idéal, c'est la piété (εὐσέβεια)[37]. Grâce à elle, le Roi guidera ses sujets vers le bien, rétablira l'Age d'or sur la terre et comblera de joie la divinité à laquelle il sera relié par des liens ineffables[38]. Ainsi la philosophie, la vertu et plus particulièrement la prudence et la piété, toutes notions passablement abstraites, constitueront la sève qui vivifiera les actes concrets du gouvernement royal.

*   *

*

On a déjà dit que la vertu ne peut se développer pleinement que dans une âme royale[39]. Auréolé de cette

33. *Royauté*, 7,1.
34. *Ibid.*, 7,5.
35. *Ibid.*, 7,2.
36. *Ibid.*, 8,1.
37. *Ibid.* 10,1.
38. *Ibid.*, 25, 5-6.
39. Cf. *supra* p. 60.

vertu, placé au sommet de la hiérarchie humaine et doté
de puissants moyens d'action, le Roi doit donc constituer
un exemple idéal pour ses subordonnés. Le philosophe
qui l'éduque prend ainsi le chemin le plus court pour
redresser les familles, les cités, les peuples « qui tous,
nécessairement, participent aux états d'âme du Roi.[40] »
C'est pour cela qu'il faut bien délimiter, dans un discours
comme le *De regno*, ce qu'un Roi doit faire et ce qu'il ne
doit pas faire[41], car une telle distinction est valable aussi
pour tous les hommes. De même en effet que, dans une
tragédie, on représente les malheurs des grands de ce
monde et non pas des humbles[42], de même, dans la vie
réelle, les déboires des souverains, grâce à leur retentis-
sement, concourent à l'édification du commun des mortels. Comme l'a déclaré Ecphante dans son traité *De la
royauté,* « ...tous les êtres qui pratiquent spontanément
le bien n'ont aucun égard pour la persuasion, puisqu'ils
ne redoutent pas non plus la contrainte. Seul le Roi pourrait faire naître cette bonne disposition dans la nature
humaine en sorte que l'homme suive le Roi dans le chemin du devoir par l'imitation (μίμασις) de sa personne
qui est supérieure.[43] »

Grâce à son caractère exemplaire, le souverain peut
transformer les mœurs du peuple toujours porté à imiter
les grands[44]. Synésios a dressé la statue d'un Roi ; c'est à
Arkadios d'animer cette statue, visible par tous, modèle
vivant auquel on adhère non seulement par des attitudes
extérieures, mais surtout par la pensée[45].

Un prince tel qu'Arkadios doit être d'autant plus
exemplaire qu'il n'a pas livré bataille comme son père
pour acquérir l'empire, mais qu'il a reçu de Dieu, encore

40. *Royauté,* 3,3.
41. *Ibid.,* 3,4.
42. *Ibid.,* 4,5.
43. L. Delatte, *op. cit.,* p. 51.
44. *Royauté,* 28,3.
45. *Ibid.,* 9,5 ; 29,4.

enfant, par héritage, un lot aussi magnifique[46]. La conservation d'un tel don se mérite. Comment le Roi doit-il procéder ? Il doit d'abord connaître sa position exacte par rapport à son bienfaiteur, c'est-à-dire par rapport à Dieu. Il y parvient grâce à la piété.

Cette vertu lui fera en effet comprendre que Dieu est son ἡγεμών, son chef, son guide. Le véritable Roi, c'est Dieu ; le Prince n'est que son lieutenant sur la terre[47]. De même que le Roi de l'univers est par nature impassible, de même le maître de l'Empire romain se doit de l'imiter, de dompter ses passions et de régner d'abord sur lui-même. Il établira la monarchie dans son âme[48]. Voilà des idées que Synésios a certainement puisées dans les *Discours sur la royauté* de Dion de Pruse. V. Valdenberg a montré que, d'après Dion, c'est Dieu qui donne le pouvoir sur le troupeau humain[49]. Platon était d'ailleurs parfois du même avis[50]. Ce n'était pourtant pas une théorie habituelle aux Grecs ; elle prit toute son importance à l'époque hellénistique, on l'a déjà vu[51]. « Les Rois, dit Dion, reçoivent leur pouvoir de Zeus ; c'est par le grand Dieu que le monarque est mis en action[52]. Par conséquent, ce n'est pas dans toutes les formes de l'Etat que le gouvernement reçoit son pouvoir de Zeus, mais seulement dans la monarchie.[53] »

De même pour Thémistios, presque contemporain de Synésios, « l'empire terrestre, sous sa forme romaine,

46. *Ibid.*, 5,4.
47. *Ibid.*, 10,1-2.
48. *Ibid.*, 10,2.
49. Pour les *Discours sur la royauté* de Dion, cf. *Dio Chrysostom,* éd. J.W. Cohoon, Londres-Cambridge Massachusetts, 1961 (*LCL*), t. I, *or.* 2, 67-72.
50. Plat., *Polit.*, 271 c - 272 a.
51. Cf. *supra* p. 57.
52. *Or.* 1, 45.
53. V. Valdenberg, *La théorie monarchique de Dion Chrysostome*, in *REG*, t. 40, 1927, p. 148-149.

rapporte G. Dagron, est conçu comme la projection de l'empire 'd'en haut', et l'empereur (Thémistios préfère dire 'le Roi') comme le délégué sur terre du Dieu unique, chef de l'univers, Roi du ciel et père des hommes. Le souverain de l'empire d'ici-bas est élu par les hommes, mais il est suscité par Dieu, choisi par lui pour revêtir la dignité royale dont l'essence est divine ; il reçoit de Dieu son inspiration et sa légitimité.[54] »

G. Dagron a noté d'autre part que « la synthèse de Dion se situe toujours plus ou moins sur le plan moral ; ce qui conduit à la domination du monde, c'est d'abord la domination de soi-même ; dans ce contexte hellénistique, c'est l'empereur parfait qui est universel ; dans le contexte plus romain de Thémistios c'est l'empire réel… A l'imagerie cosmique traditionnelle Thémistios tend à substituer l'image de l'empire fait de toute la terre, de toute la mer, de toutes les races humaines, qui confère à son souverain l'universalité.[55] »

Pour Synésios, l'âme humaine est le siège de multiples facultés opposées les une aux autres, et dans l'âme du Roi, seule l'intelligence (νοῦς) élimine la tyrannie des passions, le désordre démocratique qui règne entre elles, et impose la domination de la monarchie[56]. L'homme divin, particulier ou Roi, soumettra la partie traditionnelle de l'âme à la raison (λόγος) et deviendra un exemple pour le plus grand nombre[57]. La sérénité de son visage reflètera le calme de son âme ; la majesté de son comportement frappera d'admiration ses amis et d'effroi ses ennemis. L'harmonie entre les différentes parties de son âme engendrera son unité absolue[58]. Synésios peut conclure ainsi : « Voilà en vérité l'essentiel et la qualité royale par excellence : régner sur soi-même, en plaçant

54. G. Dagron, *op. cit.,* p. 85-86.
55. *Ibid.,* p. 87.
56. *Royauté,* 10,3.
57. *Ibid.,* 10,4.
58. *Ibid.,* 10,5.

l'intelligence au-dessus de la bête qui cohabite avec elle...[59] »

Gouvernement monarchique de Dieu et du roi terrestre sur lui-même et sur ses sujets, prédominance de l'intelligence et de la raison sur les passions, unité de l'âme, tels sont les facteurs qui guideront le comportement du souverain dans l'exercice effectif de son pouvoir.

Un danger cependant découle de cette théorie : c'est la confusion de la monarchie avec la tyrannie. Le monarque et le tyran, c'est-à-dire, au Bas-Empire, l'usurpateur, commandent dans la solitude. Ils exercent par définition un pouvoir absolu. Comment ne seraient-ils pas tentés d'en abuser ? C'est l'une des préoccupations majeures de Synésios. Il pouvait lire chez Dion Chrysostome que les tyrans sont de faux Rois qui gouvernent illégalement[60], et qu'il leur faut beaucoup de courage et de prudence pour garder le pouvoir[61]. Le tyran est le plus souvent mauvais, sot, paresseux, et ne s'adonne qu'aux plaisirs. Il ne gouverne que pour lui-même[62].

De même, pour Synésios, le tyran ne cherche qu'à tirer profit du pouvoir pour satisfaire sa sensualité. Il est semblable à un boucher qui engraisse son troupeau pour sa seule satisfaction[63]. Le Roi, en revanche, ne veut que le bien de ses sujets ; leurs soucis, leurs peines sont les siens. Bref, le tyran ne travaille que pour lui, le Roi travaille pour les autres[64]. La tyrannie est une maladie de la royauté. Toutes les deux ont en commun le pouvoir ; cependant « la loi détermine le genre de vie du Roi, tandis que le genre de vie du tyran détermine la loi.[65] »

---

59. *Ibid.,* 10,6.
60. Valdenberg, *art. cit.,* p. 155 ; Dion, *or.* 4,98.
61. Dion, *or.* 3, 58-60.
62. Valdenberg, *art. cit.,* p. 156. Voir la n. 1 pour les références à Dion.
63. *Royauté,* 6,2.
64. *Ibid.* 6,1.
65. *Ibid.* 6,5.

Une telle remarque prouve que, pour Synésios, la loi est au-dessus du Roi. Dion Chrysostome était déjà du même avis. D'après V. Valdenberg, Dion constate que le Roi est d'autant plus porté à se placer au-dessus des lois qu'il ne rend des comptes à personne. Il doit donc gouverner sous la loi de Zeus et être νόμιμος, sinon il devient un tyran[66].

En fait, assure V.Valdenberg à propos de l'*Agamemnon, ou de la royauté,* de Dion de Pruse, « le pouvoir royal limité par la loi, par le Conseil des anciens et par l'Assemblée du peuple, c'est précisément ce que (Dion) comprenait dans la notion du pouvoir royal. Dans les discours officiels περὶ βασιλείας, sa pensée n'est présentée que sous forme d'allusions : on peut l'en tirer seulement à l'aide de l'interprétation. Les auditeurs officiels de ces discours pouvaient ne pas les remarquer. Par contre, dans ses autres œuvres, cette idée est exprimée d'une manière péremptoire.[67] »

Cette responsabilité de l'autocrate devant les lois est une notion capitale mise en relief par Dion Chrysostome. Un peu avant Synésios, Thémistios considérait le Roi comme une « loi vivante » ; il lui demandait d'être un « recours contre la rigueur des lois. » Il le plaçait donc au-dessus des lois[68]. A son tour, affirme G.Dagron, « (le Roi) délègue son autorité à des images de lui-même, qui sont aussi, avec une compétence limitée, des 'lois vivantes' : les fonctionnaires impériaux. La légitimité de l'empereur se prolonge dans toute une hiérarchie dont peu d'écrivains ont analysé les principes avec autant de rigueur que Thémistios[69]... Ces considérations théoriques s'assortissent immédiatement chez Libanios, chez Synésios[70] comme chez Thémistios d'une recommandation

---

66. Valdenberg, *art. cit.*, p. 158-159.
67. *Ibid.,* p. 162.
68. Cf. Dagron, *op. cit.*, p. 129-131.
69. *Ibid.,* p. 139.
70. *Royauté*, 27, 3-5.

pratique : l'empereur ne doit déléguer son pouvoir qu'à des fonctionnaires qui en sont dignes, qui ne détournent pas les intentions de l'empereur dont ils sont les représentants[71]. » En bref, Synésios, en plaçant les lois au-dessus de l'empereur, et en faisant de ce dernier l'image de Dieu, écarte tout danger de tyrannie.

Si le maître de l'empire ne doit pas être un tyran, emploie-t-on au moins à bon droit pour le désigner le titre de Roi (βασιλεύς) ? Depuis Tarquin le Superbe, les Romains se méfient de la royauté, rappelle le Cyrénéen. Les empereurs ne se font pas appeler « Rois », mais « *autokratôres* ». Chez les Grecs, *l'autokratôr* était un stratège qui recevait du peuple les pleins pouvoirs pour un temps déterminé. Le Roi, en revanche, n'accomplissait que des fonctions secondaires[72]. *L'autokratôr* n'était pas un monarque puisque ses pouvoirs étaient bien délimités. La constitution romaine a évolué vers la monarchie, mais s'est toujours gardée de la tyrannie et a récusé le titre de Roi[73]. Chr. Lacombrade a ainsi commenté le passage auquel il est fait allusion : « ...L'orateur célèbre la cité guerrière terrible aux Barbares, législatrice de l'univers. Mais il se refuse à saluer dans son chef suprême l'émule du despote asiatique. Rien de plus significatif que sa tirade contre le titre de *basileus,* auquel, déclare-t-il, les Romains ont toujours préféré à bon droit celui d'*autokratôr*.[74] »

Le tyran, gouvernant pour lui, est un homme seul. Le Roi, gouvernant pour les autres, n'est pas seul, mais il a besoin des autres ; il délègue une partie de son pouvoir à des hommes de confiance, à des amis, pour être plus près de ses sujets et pour mieux comprendre leurs besoins. Dion Chysostome avait déjà reconnu que le Roi ne peut

71. G. Dagron, *op. cit.,* p. 140.
72. Ce n'est pas tout à fait exact. Il jouait un rôle important au point de vue moral et religieux.
73. *Royauté*, 17, 2-5.
74. Chr. Lacombrade, *DR*, p. 142-143.

tout faire, qu'il doit s'entourer de conseillers[75]. Le tyran, en revanche, n'a pas d'amis et ne confie des responsabilités qu'à des proches parents[76].

Pour Synésios, le Roi doit délibérer avec ses proches et ses amis. Un ami est un présent royal. Il doit être franc dans la louange, solide dans l'adversité[77]. La tyrannie, de son côté, favorise l'inaction, car on craint la haine du tyran si l'on est trop franc[78]. Un seul homme, fût-il Roi, ne saurait embrasser à lui seul tous les problèmes : ses amis multiplient donc ses facultés et ne forment avec lui qu'une seule essence. « Ainsi c'est avec les yeux de tous qu'il verra, avec les oreilles de tous qu'il entendra, avec les avis de tous, qui convergeront vers l'unité, qu'il prendra ses décisions.[79] » Le Roi décide et les amis sanctionnent ses décisions[80]. Il faut cependant veiller à ce que la flatterie ne vienne pas corrompre les avantages que le Roi retire de l'amitié[81].

Si le Roi est capable d'amitié, c'est qu'il est bon, et s'il est bon, il est plein de sollicitude(κηδεμονία) envers ses peuples, il est leur providence (πρόνοια) comme Dieu est la providence du monde entier. Une fois de plus, le souverain terrestre ne fait qu'imiter le souverain céleste[82]. La qualité qui caractérise le mieux l'essence divine, tout comme le critère de la vraie royauté sur la terre, c'est la bonté[83]. On entend par ce mot que Dieu est la cause des biens, et ce n'est pas tant sa puissance que l'on célèbre que sa sollicitude[84]. Que le Prince imite Dieu, qu'il répande sur les cités ses bienfaits et le bonheur (εὐδαι-

75. Valdenberg, *art. cit.*, p. 160. Cf. Dion, *Or.* 3,86, 113, 128.
76. Valdenberg, *ibid.*, p. 160. Cf. Dion, *Or.* 3,113, 116-122.
77. *Royauté*, 11, 1 et 2.
78. *Ibid.*, 11,3.
79. *Ibid.*, 11,4.
80. *Ibid.*, 12,2.
81. *Ibid.*, 12,1.
82. *Ibid.*, 8,4.
83. *Ibid.*, 9,2.
84. *Ibid.*, 9,3.

μονία) sur chacun de ses sujets. C'est le poste (τάξις) qui lui est assigné[85]. Ainsi, pour Synésios, son rôle de bienfaiteur s'apparente à un devoir qu'il doit accomplir pour imiter Dieu et pour tenir la place qui lui a été assignée dans l'univers.

Il est par ailleurs remarquable que le Cyrénéen utilise l'adjectif « philanthrope », en parlant du Roi, au moment solennel où, après avoir évoqué l'Age d'or, il montre l'empereur en communion totale avec le Roi de l'univers. Dieu lui-même se réjouit de l'hommage qui lui est rendu par l'homme-Roi et s'unit à lui par des liens indicibles. Dieu aime le Roi, le Roi aime Dieu et ne peut qu'aimer aussi ses sujets puisqu'il imite ce Dieu qui est la bonté même[86]. Le Roi est alors φιλάνθρωπος parce qu'il est θεοφιλής, c'est-à-dire parce qu'il aime Dieu et qu'il est aimé par lui. « Le caractère qui apparente le Roi à Dieu, c'est sa 'philanthropie', son amour de tous les hommes ; la douceur et l'humanité sont les vertus les plus nécessaires au souverain que Dieu a envoyé pour s'occuper des hommes et qui a la charge de leur bonheur…Les idées ne sont pas neuves et leur origine est à chercher dans les *Discours de Dion sur la royauté*, peut-être aussi dans certains écrits pythagoriciens.[87] »

Quoi qu'il en soit, la philanthropie royale se manifeste, d'après Synésios, par la bienfaisance (εὐεργεσία). L'empereur doit donc être un « évergète » ; la générosité, la bonté, la bienveillance le caractérisent. Toutes ces vertus sont aussi l'apanage de la divinité[88]. De même que le soleil ne se lasse jamais de prodiguer ses lumières, de même le souverain ne cessera pas de répandre autour de lui ses bienfaits, car cela fait partie de son essence[89].

85. *Ibid.*, 9,4.
86. *Ibid.*, 25-6.
87. G. Dagron, *op. cit.*, p. 86. Cf. L. Delatte, *op. cit.*, p. 156 ; Valdenberg, *art. cit.*, p. 153.
88. *Royauté*, 26,1.
89. *Ibid.*, 26,1.

Autour du prince philanthrope et bienfaiteur seront disposés, à l'imitation de l'ordre royale qui règne dans son âme, ceux qui participent à son pouvoir. Ils formeront sous l'autorité royale un véritable « cosmos », chacun étant à la place que lui confère la part d'autorité qui lui est dévolue[90]. C'est ainsi qu'il faudra envoyer au loin des gouverneurs dans un Empire si étendu, des magistrats chargés de rendre la justice. Peu d'administrateurs, mais bien choisis, et bien placés, peuvent régler beaucoup d'affaires[91].

Pour administrer le monde, pour le faire bénéficier de sa sollicitude, Dieu, tout en trônant au plus haut des cieux, sans s'abaisser à entrer dans d'infimes détails, utilise la nature. Ainsi le Roi, pour résoudre les problèmes de l'Etat en imitant la divine sollicitude, déléguera ses pouvoirs à un petit nombre de fonctionnaires qu'il connaîtra, en les choisissant en fonction de leur mérite et non pas de leur fortune[92].

Tel sera le comportement de l'empereur philanthrope entouré de ses amis, conseillers et administrateurs qui tous traiteront leurs subordonnés avec sollicitude. Mais pour que les décisions du Roi soient appliquées et que ses ennemis ne puissent pas détruire l'harmonie de son royaume, il doit souvent utiliser la force et s'appuyer sur l'armée. Etant donné que le ciment de l'Empire est l'amour que le Prince éprouve envers ses sujets, et celui que ses sujets lui portent en retour, les soldats devront participer à cet amour universel. A un degré inférieur, à leur place dans l'ordonnance de l'Empire, après les hauts fonctionnaires, les soldats sont les amis de l'empereur. L'empereur se fera un devoir de passer au milieu d'eux, de les inspecter, de partager leurs exercices. Il sera véritablement leur compagnon d'armes[93]. Au sens concret du

90. *Ibid.*, 26,2.
91. *Ibid.*, 27,1.
92. *Ibid.*, 27,3.
93. *Ibid.*, 13,1.

terme, le Roi doit se fatiguer (πονεῖν), camper en plein
air, se montrer à tous ses peuples. Il sera payé de sa
peine, car il s'attirera la bienveillance (εὔνοια) de ses
troupes et même un amour passionné (ἔρως)[94] bien éloi-
gné de la crainte. La caste militaire est généreuse en effet
et peut être facilement gagnée. L'empereur sera ainsi en
relation étroite avec son armée ; une forte cohésion exis-
tera entre eux, au point que le Roi pourra désigner nom-
mément tel général ou même tel soldat d'élite, comme le
recommandait déjà Homère[95]. Bref, selon la célèbre for-
mule « le Roi est le professionnel de la guerre comme le
cordonnier est celui de la chaussure.[96] »

Depuis longtemps déjà le pythagoricien Diotogène
avait affirmé que le Roi devait être général, juge et
prêtre[97]. Quant à Dion Chrysostome, il est d'avis lui aussi
que le Roi accomplisse des travaux pénibles (τὸ κάμ-
νειν)[98] et défende son peuple contre tous les malheurs[99].
Il doit aimer le travail(φιλόπονος), fuir le plaisir et être
redoutable à ses ennemis.[100]

Il est tout à fait remarquable qu'au sujet de l'empereur
guerrier existe une forte opposition entre Thémistios, le
précepteur d'Arkadios, et Synésios. Comme l'indique
G. Dagron, « l'unité de l'empire oriental, qui est une évidence ou une révélation immédiate dans l'esprit 'constan-
tinien', apparaît chez Libanios et plus nettement encore
chez Synésios comme le résultat d'un consensus entre les
cités qui délimitent une frontière commune et en confient

94. *Ibid.*, 13,2-3.
95. *Ibid.*, 13,5-6. Sur la notion d'εὔνοια dans le *De Regno*, cf. C.
Amande, *Tradizione e attualità nel « De Regno » di Sinesio* in *Atti
del VI Congresso Naz. dell'Associazione italiana di studi bizantini*
(Catane/Mesine 2-5 ott. 2000) = *Siculorum Gymnasium* 57/2004,
p. 15-19.
96. *Ibid.*, 13,7.
97. L. Delatte, *op. cit.*, p. 52.
98. Dion, *Or.* 3,57.
99. Dion, *Or.* 2,69. Cf. Valdenberg, *art. cit.*, p. 153.
100. Valdenberg, *ibid.*, p. 154.

la défense à un empereur commun. L'expression la plus
systématique de ces idées se trouve dans le *Discours sur
la royauté* de Synésios … Entre l'empereur et les cités il
n'y a plus de place pour l'empire. Il faut que le souverain
se déplace personnellement 'pour connaître les régions
lointaines (de l'empire) comme si elles étaient voisines'
et 'se rende en visite autant que faire se peut' dans
chaque cité de cet empire très étendu, mais que définit
une frontière[101]. Nous sommes à l'opposé de Thémistios
qui invite les empereurs à rester à Constantinople pour
mieux diriger les affaires communes.[102] »

Pour Synésios, en effet, il est néfaste qu'Arkadios
demeure isolé dans sa capitale. Cet isolement suscite de
sa part les plus vifs sarcasmes. Depuis trop longtemps les
empereurs ont adopté une attitude théâtrale ; ils sont soumis à un cérémonial pompeux et deviennent inaccess-
ibles. Ils adoptent ainsi des moeurs barbares, c'est-à-dire
asiatiques[103]. Ils demeurent dans leur palais, perdant le
contact avec la réalité, se livrant aux plaisirs les plus
matériels et menant « une vie de mollusques marins »[104].
Contrairement aux précédentes recommandations, ils ne
sont entourés d'aucun conseiller, d'aucun ami, mais de
sots et de bouffons qui les font rire et se gardent bien de
leur tenir des propos empreints de philosophie[105]. Et

---

101. *Royauté*, 27,1.
102. G. Dagron, *op. cit.*, p. 92.
103. *Royauté*, 14,2.
104. *Ibid.*, 14,3.
105. *Ibid.*, 14,4. On lira dans l'introduction générale à l'*Histoire
Auguste*, éd. A. Chastagnol, Paris, 1994, le chapitre consacré à l'*Empereur cloîtré* (p. CLXII-CLXIV), où l'accent est mis sur la mauvaise
influence des eunuques qui isolent l'empereur afin qu'il ne soit au courant de rien. A propos du discours de Claudien contre l'eunuque
Eutrope, A. Chastagnol fait remarquer que « derrière Eutrope, ce pourrait être Arcadius qui est visé implicitement dans l'*H.A.* ; on n'oubliera
pas que ce même empereur d'Orient est vertement et directement tancé
et se voit reprocher sans ménagement de vivre isolé dans son palais de
Constantinople au milieu de ses satellites corrompus — en un environ-

pourtant les grands empires ne se gagnent qu'avec les hommes du peuple et les soldats[106].

Si l'on en croit G. Dagron, Arkadios aurait bien suivi les leçons de son maître Thémistios ! D'après lui en effet, « Thémistios dénonce toute politique militaire, affirmant que l'armée est impuissante à assurer la domination romaine sur la terre entière en l'absence d'une politique vraiment royale, c'est-à-dire vraiment universelle, et que les guerres aux frontières sont la négation de cette universalité…Thémistios, allant à l'extrême de sa position, affiche pour tous les conquérants de l'histoire le mépris de Diogène et ne cesse de proclamer qu'Arès est le pire conseiller des Rois. Synésios, à l'inverse, exprimant à la fois l'urgence d'une situation et la logique d'un système, ne reconnaît pour légitime qu'un empereur guerrier ; le titre même *d'autocratôr* est, dit-il, celui du stratège revêtu des pleins pouvoirs[107] : 'la spécificité du Roi, soit dit une fois de plus, c'est la guerre comme celle du cordonnier la chaussure'.[108] » C'est l'existence même de l'armée, son recrutement qui sont remis en cause.

Il ne suffit pas d'être l'ami de ses soldats pour être assuré de leur fidélité et de leur ardeur au combat ; il faut aussi, et peut-être surtout, que ces hommes ne soient pas seulement des mercenaires étrangers, mais qu'ils combattent, comme disaient les Latins, « *pro aris et focis.* » A l'époque de Thémistios et de Synésios, l'Empire d'Orient est défendu surtout par des soldats scythes, c'est-à-dire par des Goths[109]. Or Synésios est farouchement opposé à l'emploi des Goths dans l'armée. Un seul auteur est

---

nement et une étiquette qui en font de vrais captifs — dans le discours *Sur la royauté* que lui dédie Synésius de Cyrène en 399. »

106. *Ibid.*, 14,5.
107. *Ibid.*, 17,3.
108. *Ibid.*, 13,7. Cf. G. Dagron, *op. cit.*, p. 92-93.
109. Sur cette question, cf. p. ex. R. Rémondon, *La crise de l'empire romain de Marc-Aurèle à Anastase*, Paris, 1964, p. 190-193. Cf. aussi dans notre édition des *Récits égyptiens* le *Résumé historique*, t. VI, p. 26-29.

résolument pacifiste : Thémistios, alors que Libanios, Ambroise, Ammien Marcellin, Synésios prêchent la résistance contre les Barbares[110]. « C'est peut-être Synésios qui répond le plus directement à Thémistios, parce qu'il est, comme lui, engagé dans une action polémique, et parce qu'il imite le langage de Thémistios pour prendre explicitement le contre-pied de ses idées ; mais si l'opposition est frappante, elle n'est pas directement éclairante, car une vingtaine d'années séparent Thémistios et Synésios, pendant lesquelles le problème barbare a beaucoup évolué : le représentant de Cyrène se rallie à un parti, le parti 'national' d'Aurélien, contre un parti 'barbare' qui a des chefs que nous connaissons.[111] »

Bien que cette appartenance de Synésios à un parti national ait été dernièrement contestée[112], il est néanmoins certain que le Cyrénéen, au nom de la philosophie, conseille à Arkadios de s'entourer de soldats autochtones, défenseurs de leur terre et des lois qui les ont élevés et éduqués[113]. L'orateur rappelle alors que Platon conseille de ne pas mêler les loups aux chiens de garde[114], c'est-à-dire les Scythes aux soldats romains. Il

110. Cf. G. Dagron, *op. cit.,* p. 100. — D'après A. Piganiol, *L'empire chrétien (325-395)*, Paris, 1972, 2e éd., p. 234 : « Au début de 381, Thémistios prononce devant Théodose un inquiétant discours (*Or.* XV) : 'Je ne veux pas te flatter', dit-il au Prince. Il nous paraît bien au contraire qu'il flatte impudemment la tendance de l'Empereur à l'inertie et, pour tout dire, son 'défaitisme'. L'Empereur n'a pas à s'occuper seulement des provinces perdues, qui après tout sont peu de chose ; il lui reste assez à faire pour assurer la prospérité de ce qui reste. La justice n'a pas besoin de soldats, d'Arméniens ou d'Ibères. L'Empereur a raison d'appeler à lui les Barbares qu'il n'a pu vaincre. Dans ce texte scandaleux, l'Empereur apparaît désoeuvré, magnifique, inconscient du désastre, souriant, et autour de lui chacun s'étudie à copier son sourire. » Voir aussi, *ibid.,* p. 235.
111. Dagron, *op. cit.,* p. 107-108.
112. Cf. par ex. W. Hagl, *AAI,* p. 26-31. Cf. dans notre édition des *Récits égyptiens* l'*Interprétation historique*, t. VI, p. 44, n. 64.
113. *Royauté*, 19,2.
114. Plat., *Rép.,* 375 a, e.

est insensé d'entraîner aux armes, chez soi, une jeunesse étrangère qui n'a rien à voir avec la philosophie ! Elle fondra sur les Romains à la première occasion[115]. Il faut cesser d'exempter les citoyens du service militaire et forger une armée nationale. Tout corps de troupe doit être débarrassé de son élément barbare[116].

Sur sa lancée Synésios exige que soient exclus de la magistrature et du Sénat ceux qui préfèrent le port d'une fourrure grossière à celui de la chlamyde, et il stigmatise l'absurdité des Romains qui, tout en ayant des esclaves scythes se laissent cependant gouverner par ces Barbares. On sait bien que tout esclave se révolte quand il espère triompher de son maître.[117]

Cette révolte est d'autant plus inévitable que de grandes armées composées de Scythes, commandées par des généraux de valeur, se sont glissées dans l'Empire romain.[118] « Il nous faut donc détruire cette forteresse intérieure », s'exclame Synésios, « et extirper la cause extérieure du mal avant même que cette fracture cachée se manifeste. Le Roi doit épurer l'armée, comme un tas de blé dont nous trions l'ivraie, et tous les parasites, fléaux de la semence noble et pure.[119] » Les Romains ont-ils déjà oublié qu'ils ont dans le passé vaincu les Scythes, et même la terre entière ?[120]

Après avoir vigoureusement dénoncé l'ingratitude des Barbares envers les bienfaits dont les Romains les ont comblés[121], l'orateur revient sur la nécessité de se doter d'une armée nationale[122] et exhorte Arkadios à déchaîner sa « bouillante colère » (θυμός) contre les Goths. Ou

115. *Royauté*, 19,5.
116. *Ibid.*, 6,7.
117. *Ibid.*, 20, 1-3.
118. *Ibid.*, 20,5.
119. *Ibid.*, 20,6.
120. *Ibid.*, 20,7.
121. *Ibid.*, 21, 1- 4.
122. *Ibid.*, 21, 5.

bien qu'on les renvoie chez eux — ils montreraient ainsi à leurs frères de race que le temps de la douceur chez les Romains est terminé — ou bien qu'ils servent ces mêmes Romains dans les champs, comme les hilotes travaillaient pour les Lacédémoniens[123].

Synésios est donc radicalement opposé à l'admission des Barbares dans l'armée et dans les rouages du gouvernement. « Quant à Thémistios, c'est bien une assimilation qu'il propose dès le lendemain des combats : 'Pour l'instant les coups que les Scythes nous ont portés sont encore trop récents, mais bientôt nous les prendrons pour partager avec nous le boire et le manger, pour participer avec nous à la vie des camps et aux charges publiques'.[124] » C'est la politique de Théodose I et, paradoxalement, celle que préconise Synésios en 411 avec les Huns en Cyrénaïque !

D'autre part, à cause du dépeuplement des campagnes, Thémistios insiste souvent sur l'importance du « capital humain » que représentent les Barbares pour préserver l'équilibre économique de l'Empire en cultivant la terre.[125] On vient de voir que Synésios lui-même n'était pas opposé à une telle solution du problème goth, à condition toutefois que les Barbares fussent réduits en esclavage et nullement assimilés aux autochtones. Quant à l'idée de la solidarité humaine qui constitue « le thème

123. *Ibid.*, 21, 5. D'après T. Schmitt (*BSK*, p. 287), Synésios dans ses tirades contre les Barbares ne se montre pas pragmatique. « Pour lui le processus qu'il avait engagé était une conséquence nécessaire du fait qu'Eutrope et Alaric étaient tous deux des Barbares. » En somme, pour Synésios, « tout serait subordonné au thème général de l'antagonisme entre la Barbarie d'une part et l'Hellénisme et la Romanité d'autre part. » Toutefois tant Eutrope, d'origine perse, qu'Alaric, d'origine gothique, sont aussi romanisés que Stilicon par exemple. D'autre part Synésios ne fait jamais allusion ni à Eutrope ni à Alaric. Les propos de T. Schmitt sont donc gratuits.

124. G. Dagron, *op. cit.*, p. 112. Thémistios, *Disc.*, éd. H. Schenkl/ Downey, I, XVI, 211 d, p. 302

125. G. Dagron, *op. cit.*, p. 113.

moral le plus fortement exprimé des *Discours* de Thé-mistios[126] », elle est totalement absente du *De regno*.

Qu'on ne s'y trompe pas cependant : pour le Cyré-néen, le Roi belliqueux sera pacifique. La paix est le plus grand des biens. Pour la conserver, il faut être fort et montrer sa force. « On fera la guerre au Roi en effet s'il ne sait pas la faire.[127] »

Il ne suffit pas que l'armée romaine redevienne une armée nationale pour assurer la paix à l'extérieur et pour préserver l'harmonie à l'intérieur de l'Empire ; il convient aussi que l'empereur conserve les institutions des ancêtres (τὰ πάτρια). Synésios ne prétend pas remettre en honneur les moeurs des plus anciens Romains, « mais celles avec lesquelles ils ont acquis leur Empire.[128] » On s'aperçoit plus loin que le premier empereur qu'il offre comme exemple à Arkadios, Carin[129], a régné juste avant Dioclétien, de 283 à 285[130], et que le second modèle, probablement Galère, régna avec Dioclétien, dont l'abdication est elle-même évo-quée[131]. Il ne remonte donc pas très haut dans l'histoire romaine. Font partie aussi de ces πάτρια la conduite d'Agésilas et celle d'Epaminondas[132]. On remarquera qu'il assume, par ce terme de τὰ πάτρια, et l'Antiquité grecque et l'histoire romaine relativement récente.

Quoi qu'il en soit, Synésios ne définit pas explicitement ces « institutions des ancêtres », mais à travers les cri-tiques acerbes assenées à Arkadios, on peut se faire une idée de leur nature. L'empereur est couvert de pourpre et d'or et se pavane devant ses courtisans ; il porte la lourde *trabea* triomphale ; il foule un sol recouvert de paillettes

126. *Ibid.*, p. 115.
127. *Royauté*, 22,1.
128. *Ibid.*, 15,2.
129. *Ibid.*, 16,3-9.
130. Cf. p. 116, n. 98.
131. *Royauté*, 17,1-2.
132. *Ibid.*, 17, 7-8.

d'or[133]. Il ne pratique donc plus la simplicité antique. Il vit cloîtré dans ses appartements secrets, tel un lézard, prisonnier d'un cérémonial mystique. Il n'est donc plus accessible comme certains de ses prédécesseurs qui vivaient au milieu des troupes, au grand air, sans aucune recherche. Les souverains du temps passé ne se protégeaient pas derrière des murailles, mais ils se montraient offensifs, portaient la guerre sur le territoire ennemi au lieu de la subir chez eux. Ils étaient des guerriers[134]. La simplicité des empereurs de l'ancien temps frisait la rusticité (ἀγροικία), terme complété par celui de λιτότης, qui désigne plutôt l'absence d'apprêts, c'est-à-dire de faux semblant (φαινόμενον) et de surfait (ἐπιποίητον)[135]. En bref, l'empereur doit être naturel, « authentique », à l'exemple de Carin[136]. Ce dernier en effet était d'une frugalité exemplaire, n'avait pas de gardes barbares pour le rendre inaccessible, était dépourvu de tout luxe vestimentaire et recevait sans aucune cérémonie les ambassadeurs étrangers. Agésilas et Epaminondas furent aussi des modèles de simplicité et de frugalité antiques, suivant la tradition des philosophes cyniques, et surent toujours demeurer disponibles[137].

Il n'empêche que commander (τὸ ἄρχειν) est une prérogative royale. Elle doit être exercée avec mesure et sagesse, à l'opposé de la démesure du tyran et du Bar-

133. *Ibid.*, 15, 1-6.
134. *Ibid.*, 15, 7-8. On peut cependant faire observer que, grâce à ce comportement décrié par Synésios, un empereur comme Théodose II (401-450) a pu régner pendant plusieurs décennies et assurer à l'Empire romain d'Orient une stabilité remarquable, surtout comparée à l'instabilité du IIIe siècle.
135. *Ibid.*, 16, 1.
136. *Ibid.*, 16, 3-9.
137. *Ibid.*, 17, 6-8. A propos de l'influence du cynisme sur le *De Regno*, cf. P. Graffigna, *Il concetto di « Belleza Regale »*, nel « *De Regno » di Sinesio* in *Atti del VI Congresso Naz. dell'Associazione italiana di Studi byzantini* (Catane/Messine 2-5 ott. 2000) = *Siculorum Gymnasium* 57/2004, p. 327-332.

bare. Le Roi bannira tout orgueil et toute somptuosité[138]. Arkadios devra être le serviteur de l'Etat et, pour préve- nir tous les maux suspendus sur l'Empire, il se conduira à la fois comme un dieu et comme un Roi.

Telles sont les antiques vertus que le présent empereur s'efforcera de rétablir pour son propre compte. Mais il devra aussi entamer des réformes et, pour cela, connaître parfaitement les différents peuples de son Empire.

On sait déjà que le bon Roi doit visiter personnelle- ment, dans la mesure du possible, les cités de son royaume, ou du moins les pourvoir de bons gouver- neurs[139]. Il témoignera les plus grands égards aux ambas- sadeurs des contrées lointaines. Ainsi « sa prévoyance pour son Empire ne sera pas bornée par la portée de sa vue.[140] », mais il prendra lui-même les décisions et pro- cédera à d'importantes réformes. Il prescrira d'abord aux soldats d'épargner les citadins et les paysans, et de réqui- sitionner seulement ce qui a été prévu par des conven- tions strictes. Le Prince ne se lancera pas dans des constructions trop dispendieuses ni dans des guerres continuelles ; il pourra ainsi réduire les impôts[141]. Il exi- gera des taxes proportionnées aux moyens des contri- buables et saura remettre les dettes trop lourdes[142].

On voit que Synésios conseille avant tout des réformes financières à Arkadios, en bon provincial qui trouve tou- jours trop importantes les dépenses de l'Etat en faveur de la capitale.

Les exactions financières sont le plus souvent le fait de mercantis contre lesquels Synésios déploie sa hargne sans retenue. La race des hommes d'affaire est d'après lui « par-dessus tout vulgaire, méchante et absolument gros- sière. » Elle n'existe que dans les régimes politiques

138. *Ibid.*, 17, 9.
139. *Ibid.*, 22, 2.
140. *Ibid.*, 23, 1.
141. *Ibid.*, 25, 1.
142. Allusion à l'ambassade de Synésios à Constantinople.

tarés. Elle se vautre dans la matière, ce qui, pour un Néo-platonicien, est le reproche suprême[143]. Pour gouverner, il faut préférer le pauvre au riche, s'il est honnête. La vénalité des charges doit être éliminée sans pitié[144].

Toutes ces conditions étant remplies, l'Age d'or reviendra sur la terre, le Roi du ciel et celui de la terre seront unis par des liens indissolubles, c'est-à-dire que le *basileus* de Constantinople sera l'image vivante du Dieu des Chrétiens, pour le plus grand bien des sujets de l'Empire.

* *
*

En écrivant le *De regno*, Synésios de Cyrène s'est donc conformé à une ancienne tradition, illustrée en particulier par Dion Chrysostome. D'après Synésios, le Roi doit se soumettre à la philosophie, autrement dit à un art de vivre particulièrement rude, inspiré des cyniques, et accepter la critique. Il sera l'adepte d'une vertu virile, toute romaine, tempérée par la prudence. Sa philosophie s'épanouira dans la piété.

Le Roi peut, par son exemple, transformer ses sujets. Il est le lieutenant de Dieu sur la terre. Pour gouverner les autres, il doit d'abord instaurer la monarchie en lui-même, grâce à l'intelligence et à la raison. Il évitera la tyrannie en oeuvrant pour autrui et non pas pour lui. Il placera aussi la loi au-dessus de lui.

Le souverain discutera avec ses amis et leur déléguera une part de son autorité. Ayant des amis, il sera bon et imitera la bonté du souverain céleste. Il sera ainsi philanthrope et il aimera Dieu. Comme Dieu, le Roi sera au centre d'un « cosmos » constitué par ses conseillers, ses gouverneurs et ses soldats. Ces derniers sont en effet aussi ses amis. Il s'exercera avec eux et apprendra à les

143. *Royauté*, 25, 3.
144. *Ibid.*, 25, 4-5.

connaître. Surtout il recrutera des soldats autochtones et il extirpera les Barbares de l'armée et de l'administration. Il les utilisera tout au plus comme esclaves dans les champs.

Le Roi ne doit donc pas rester isolé dans son palais impérial au milieu du luxe et des plaisirs les plus vils. Il conservera en revanche les moeurs des Anciens : il sera simple, accessible, guerrier, dévoué à l'Etat, sage et naturel. Il accomplira des réformes, surtout financières, et ne demandera pas à ses sujets plus qu'ils peuvent donner. Par sa bonté, il sera Dieu sur la terre[145].

---

145. Sur le même sujet on pourra lire à propos de l'Empire d'Orient : Lester K. Born : « The perfect Prince according to the latin Panegyrists », *AJPh* 55, 1934, p. 20-35.

DISCOURS SUR LA ROYAUTÉ

DISCOURS SUR LA ROYAUTÉ

1. 1 Est-ce que, si l'on ne vient pas d'une cité importante et riche, et si l'on n'apporte pas des discours à la fois hautains et efféminés tels qu'en enfantent la rhétorique et la poésie, vulgaires produits d'un art vulgaire, on doit, en arrivant ici, courber la tête, comme si on ne jouissait pas de la liberté de s'exprimer dans la résidence impériale ? Ne doit-on pas avoir son franc-parler, si l'on ne possède qu'une modeste patrie[1], ni le droit de procurer le plaisir d'écouter d'agréables paroles consacrées par l'usage pour gagner, par des procédés teintés de démagogie, le Roi et ses assesseurs[2] ? 2 Ou bien accepterez-vous

---

1. Dès le début il importe de bien souligner, avec D. Roques (*Synésios,* p. 433-434) que, à propos de la prétendue décadence de cette province, « Synésios a cédé à l'exagération oratoire et (que) ses déclarations ont été tronquées par les modernes. L'étude des sources des IVᵉ-Vᵉ siècles montre l'importance fondamentale de l'élaboration rhétorique et, plus généralement, culturelle de la littérature de cette époque… Sur le plan économique la Cyrénaïque connaît une évidente vitalité, conformément à une vocation qui était la sienne depuis l'époque des Battiades. La *Correspondance* de Synésios, bien loin de traduire une péjoration écologique ou une décadence économique, révèle une permanence. »

ΕΙΣ ΤΟΝ ΑΥΤΟΚΡΑΤΟΡΑ
ΠΕΡΙ ΒΑΣΙΛΕΙΑΣ

1.1 (1) Ἆρα, εἰ μή τις ἐκ πόλεως ἥκοι μεγάλης τε καὶ πλουτούσης καὶ κομίζοι λόγους γαύρους τε καὶ χλιδῶντας, οἵους ῥητορικὴ καὶ ποιητικὴ τίκτουσι, πάνδημοι τέχναι πάνδημα ἔκγονα, τούτον, ὅταν ἐνθάδε γένηται, δεῖ κάτω νεύειν, ὡς οὐκ οὔσης αὐτῷ παρρησίας ἐν βασιλείοις οὔτε ἐρυγγάνειν, οὐκ ἔχοντι τῆς πατρίδος τὸν ὄγκον, οὔτε παρασχεῖν ἀκροαμάτων χαριέντων τε καὶ συνήθων ἡδονὴν καταδημαγωγησόντων βασιλέα τε καὶ τοὺς συνεδρεύοντας ; 2 Ἦ καὶ

Test. 1.1[2-3] γαύρους τε καὶ χλιδῶντας Th. M. 393, 5-6. — [3-4] ῥητορικὴ — τέχναι Neap. 78ʳ, 20 = Voss. 126ʳ, 11 (ambo τίκτουσι om.).

TITULUS. συνεσίου περὶ βασιλείας S εἰς τὸν αὐτοκράτορα ἢ π. β. A συν. κυρηναίου εἰς τὸν αὐτοκράτορα π. β. CO συν. π. β. εἰς ἀρκάδιον V' συν. ἐπισκόπου κυρήνης εἰς τὸν αὐτοκράτορα εἰς ἀρκάδιον ὁποῖον δεῖ εἶναι τὸν βασιλέα M πρὸς τὸν αὐτοκράτορα ἀρκάδιον π. β. B.
N.B. A titulo usque ad σωφρονισταὶ καί (i. e. fol. 1ʳ⁻ᵛ) def. V (suppl. V' manu recentiore uide supra vol. IV, *La Tradition manuscrite* p. xxv-xxvi).
1. 1[1] Ἆρα SACV'OB : Ἄρα M ‖ μή τις SACMOB : μήτε V' ‖ [4] τούτον SACMOB : τοῦτο V' ‖ [5-6] παρρησίας SACMOB : παρουσίας V' ‖ [6] οὔτε SACMOB Terz. : οὐδὲ Turn. Pet. Kr. om.V' ‖ οὐκ del. M om. S ‖ ἔχοντι SACV'MB : -τα Oᶜᵒʳʳ ‖ [7] ἀκροαμάτων SACMOB : ἀκρομάτων V' ‖ [8] τε om. A ‖ [8-9] καταδημαγωγησόντων SACMOᵃᶜB : -σάντων V'Oᵖᶜ.
2[1] καὶ om. A (rest. A²).

aussi la visite, un jour, de la philosophie, et ne la méconnaîtra-t-on pas, alors qu'elle a paru ici après un très long laps de temps[3], et lui donnera-t-on au contraire l'hospitalité, et proclamera-t-on le bien qu'elle peut faire auprès de ceux à qui il convient de le recevoir ? Elle vous demande en effet cette faveur, non pas pour elle, mais pour vous, de peur que, si elle est méprisée, elle ne vous soit d'aucun secours. 3 Certes elle vous adressera des discours, non pas de ces discours enjoués précisément qui disposent au plaisir les jeunes gens, car ils ne sont pas d'une moralité inconsistante, ni leur vocabulaire n'est une parure qui étale avec ostentation une fausse beauté : non, pour ceux qui peuvent atteindre un autre mode d'expression, le mode sérieux et divin, la philosophie tiendra des discours virils et majestueux qui repoussent comme une indignité l'achat, grâce à une flatterie servile[4], des faveurs des puissants. 4 Et ces discours sont donc si fermes, si audacieux en quelque façon, et pour ainsi dire si déplacés dans un palais impérial, qu'ils affirment même ne pouvoir se contenter qu'on leur concède de ne pas louer absolument tout ce qui se rapporte à la royauté et au Roi ; mais si cela leur est en quelque manière permis, ils tendent à blesser et menacent de « mordre le cœur »[5], non seulement à la surface, mais en plein milieu, si vraiment la souffrance peut être utile.

2. 1 Un discours indépendant serait certes d'un grand prix dans l'oreille d'un Roi. La louange répandue à tout

---

3. Διὰ πλείστου peut signifier « le plus longtemps possible, pendant très longtemps », ou bien « après un très long laps de temps ». Dans le premier cas, Synésios voudrait dire que la philosophie florissait sous Théodose et ses prédécesseurs, mais qu'elle a disparu sous Arkadios. Dans le deuxième cas, Synésios, après avoir constaté l'absence de véritable philosophie sous les règnes précédents, prétend la rétablir sous Arkadios. Nous choisissons ce deuxième sens. De toute façon, c'est un lieu commun à cette époque de prétendre que toute philosophie est abolie.

φιλοσοφίαν ποτὲ ἐπιδημοῦσαν προσήσεσθε, καί τις
αὐτὴν οὐκ ἀμφιγνοήσει δεῦρο διὰ πλείστου φανεῖσαν,
ἀλλὰ ξεναγήσει καὶ κατερεῖ τι αὐτῆς ἀγαθὸν πρὸς οὓς
ἄξιον ; Δεῖται γάρ που τούτων οὐχ ἑαυτῆς, ἀλλ᾽ ὑμῶν
ἕνεκα, μὴ καταφρονηθεῖσα ἀνόνητος ἂν γενέσθαι.
3 Αὐτὴ μέντοι παρέξεται λόγους, οὐ τοὺς ἱλαροὺς δὴ
τούτους καὶ διατιθέντας ἐν ἡδονῇ τὰ μειράκια, ὡς οὔτε
ἤθει διαρρέοντας οὔτε λέξεσι κομμωθέντας εἰς νόθου
κάλλους ἐπίδειξιν· ἀλλ᾽ ἕτερον τρόπον τοῖς ἐφικέσθαι
δυναμένοις, τὸν ἐμβριθῆ τε καὶ ἔνθεον, ἀρρενωποὺς καὶ
σεμνοὺς καὶ ἀπαξιοῦντας ἀνελευθέρου θωπείας χάριν
τὰ παρὰ τῶν (2) δυνατῶν ἐξωνεῖσθαι. 4 Οἳ δὲ οὕτως
ἄρα ἀστεμφῶς ἔχουσι, καί εἰσι πάντολμοι δή τινες, καὶ
ὡς ἐν βασιλείοις ἀλλόκοτοι ὥστε οὐδέ φασιν αὐτοῖς
ἀποχρήσειν εἴ τις ξυγχωρήσει μὴ πάντα ἐκ πάντων
ἐπαινεῖν τὰ βασιλέως καὶ βασιλέα· ἀλλ᾽ εἴ πῃ παρείκοι,
καὶ λυπήσειν ἀνατείνονται καὶ ἀπειλοῦσι δ ή ξ ε σ θ α ι
τ ὴ ν κ α ρ δ ί α ν οὐκ ἐν χρῷ μόνον, ἀλλὰ καὶ μέσην, εἰ
ἄρα τις ἀνιαθεὶς ὠφελήσοιτο.
2. 1 Πολλοῦ μεντἂν ἄξιος εἴη βασιλέως ἀκοῇ λόγος
ἐλεύθερος· ὁ δὲ ἐφ᾽ ἅπαντι γινόμενος ἔπαινος σὺν

Test. 1.4²⁻³ καὶ εἰσι (sic) — ἀλλόκοτοι NEAP. 78ʳ, 20-21 = VOSS.
126ᵛ, 11-12 (in NEAP. δὲ pro δὴ legitur).
Test. 2.1²⁻⁴ ὁ δὲ — ὀρέγουσιν NEAP. 78ʳ, 21-23 = VOSS. 126ᵛ, 12-15
(in quo ποιεῖ suprascripto δοκ pro δοκεῖ legitur).

³ ἀμφιγνοήσει SACMOB : ἀμφινοήσει V᾽ ‖ ⁴ ante τι add. ἔν V᾽ ‖ ⁶
ἀνόνητος SAᵖᶜCV᾽MOB : ἀνόητος Aᵃᶜ.
3¹⁻² τοὺς ἱλαροὺς — καὶ om. M (rest. M²ᵐᵍ) ‖ ⁴ τοῖς SACMOB :
τοι V᾽ ‖ ⁵ δυναμένοις SACMOB : –μένους V᾽ ‖ ante alt. καὶ add. τε
B.
4² ἄρα SACMOB : ἄρα V᾽ ‖ ³ φασιν SAV᾽MOB : φασι C ‖
αὐτοῖς codd. : αὑτοῖς Turn. ‖ ⁴ τις SACMOB : τε V᾽ ‖ ξυγχωρήσει
SACMOB : συγ– V᾽ ‖ μὴ SACMOB : ἢ V᾽ ‖ ⁵ βασιλέα SAC
MOB : –λείας V᾽ ‖ παρείκοι SAᶜᵒʳʳCV᾽MO : –ήκοι B ‖ ⁶ δήξεσθαι
SACMOB : δείξεσθαι V᾽ ‖ ⁸ ἄρα SACV᾽MB : ἄρα O.
2. 1² γινόμενος [γιγ– M] SCV᾽MOB : γεν– A.

propos, gâtée par le désir de plaire, me paraît semblable aux poisons enduits de miel que l'on tend aux condamnés. Ne sais-tu pas[6] que l'art culinaire, quand il prodigue les assaisonnements et éveille de faux appétits, nuit aux corps, et que la gymnastique et la médecine nous sauvent toutes deux bien que, sur le moment, elles nous fassent souffrir ?[7] 2 Or toi, je veux que tu sois sauvé, même si tu dois supporter avec peine le remède sauveur. En effet la viande n'est pas déchiquetée par l'amertume du sel, et le caractère d'un jeune Prince qui va s'élancer à l'aventure, aiguillonné par le pouvoir, est contenu par la sincérité des discours qu'on lui tient. 3 Ainsi donc, puissiez-vous supporter mes propos d'un genre insolite, mais qu'ils ne soient pas parmi vous taxés[8] de rusticité ni réduits au silence avant qu'ils aient pu tant soit peu se développer, parce qu'ils ne sont pas des serviteurs persuasifs, d'agréables compagnons de jeu pour des jeunes gens, mais des sortes de pédagogues confinés dans leur rôle de précepteurs, et d'un abord difficile. Et si vous pouvez avoir la patience de supporter une telle compagnie, si vos oreilles ne sont pas absolument faussées par les flatteries que vous êtes accoutumés à entendre,

« A présent me voici, moi, au milieu de vous »[9].

---

8. Bien que l'emploi de μή avec le futur de l'indicatif pour l'expression de la défense soit d'un usage douteux selon le *LSJ* qui, *s.v.* μή, A3, n'en cite que trois exemples (Lys., 29, 13 ; Démosth., 23, 117 ; Aristoph., *Pl.* 488), nous l'avons maintenu comme Terzaghi, à la suite de Krabinger qui l'a adopté à partir des *codices* S B Ξ Σ *T* e d. Mis à part les manuscrits qui figurent dans notre apparat, sur les 16 autres que nous avons examinés, un seul, le *Marcianus gr.* 422 (R), présente le subjonctif. L'hésitation demeure permise, car la confusion entre o et ω, qui apparaît dès le IIe s. av. J.C., est très fréquente dans les manuscrits. Par ailleurs, Terzaghi dans son apparat signale que deux manuscrits proposent en marge de lire, l'un, le *Laurentianus* 55, 8 (L), ἀλοῖεν, et l'autre, le *Marcianus gr.* 264, (Q), ἀλοῖεν ἢ ἀλῶσι (J.L.).

9. Hom. φ 207.

ἡδονῇ λυμαινόμενος ἐοικέναι μοι δοκεῖ τῶν φαρμάκων
ἃ μέλιτι δεύσαντες τοῖς ἀπολουμένοις ὀρέγουσιν. Οὐκ
οἶσθ᾽ ὅτι μαγειρικὴ μὲν κατακαρυκεύουσα καὶ νόθους
ὀρέξεις ἐκκαλουμένη λωβᾶται τοῖς σώμασι, γυμναστικὴ
δὲ καὶ ἰατρικὴ σῴζετον ἄμφω τὸ παραυτίκα λυποῦσαι ;
2 Σὲ τοίνυν ἐγὼ βούλομαι τῶν σῳζομένων εἶναι καὶ εἰ
μέλλεις δυσχεραίνειν ἐπὶ τῷ σῴζεσθαι. Κρέα μὲν γὰρ
οὐκ ἐᾷ διαρραγῆναι στυφότης ἁλῶν· νέου δὲ βασιλέως
γνώμην ὑπ᾽ ἐξουσίας ᾗ ἂν τύχῃ βαδιουμένην συνέχει
λόγων ἀλήθεια. 3 Οὕτως οὖν ἀνάσχοισθε τοῦ ξένου
γένους τῶν λόγων· ἀλλὰ μὴ ἀγροικίας ἐν ὑμῖν ἁλώσονται καὶ κατασιγασθεῖεν, πρὶν καὶ βραχὺ προχωρῆσαι,
ὅτι μή εἰσι θεραπευταὶ πειθοῦς, νέοις ἡδεῖς καὶ συμπαίστορες, ἀλλὰ παιδαγωγοί τινες ἀτεχνῶς σωφρονισταὶ καὶ βαρεῖς ἐντυχεῖν. Εἰ δὲ γένοισθε καρτεροὶ
συνουσίαν τοιάνδε βαστάσαι καὶ μὴ παντάπασιν ὑμῖν
ὑπὸ τῶν ἐπαίνων οὓς ἀκούειν εἰώθατε τὰ ὦτα ἐκδεδιήτηται,

ἔνδον μὲν δὴ ὅδ᾽ αὐτὸς ἐγώ.

Test. 2.2²⁻⁵ Κρέα — ἀλήθεια Μᴀᴄᴀʀ. 10ʳ, 6-9 (γὰρ om. et οι supra
τύχῃ legitur) ; Νᴇᴀᴘ. 78ʳ, 23-25 = Voss. 126ᵛ, 15-16 (ambo γὰρ et ὑπ᾽
ἐξουσίας om., in quibus διαρρυῆναι, οἷ et λόγον ἀλήθειαν pro
διαρραγῆναι, ᾗ et λόγων ἀλήθεια leguntur ; τύχοι in Voss.). —
3⁶⁻¹⁰ Εἰ δὲ — ἐγὼ Νᴇᴀᴘ. 78ʳ, 25-27 = Voss. 126ʳ, 17-18 (ambo καὶ
μή — ἐκδεδιήτηται om., pro γένοισθε legitur γένεσθε in Νᴇᴀᴘ. et
γένησθε in Voss.).

⁵ κατακαρυκεύουσα codd. : in cod. S Terz. ἐγ- legit compendio
κατα- male intellecto ‖ ⁷ σῴζετον SACVᴹOB : –ται Vʼ.
  2² μέλλεις AᵖᶜCMOB : –οις SAᵃᶜ (Vʼ legi nequit) ‖ ³ διαρραγῆναι SACVʼΜΒ Terz. : –ρυῆναι VʼᵍʳOᶜᵒʳʳ Turn. Pet. Kr. ‖ ⁴ τύχῃ
ACVʼΜ : –οι cett.
  3¹ ξένου SACVʼMOBᵖᶜ : νέου Bᵃᶜ ‖ ² ὑμῖν SACVʼMOBᵖᶜ : ἡμῖν
Bᵃᶜ ‖ ²⁻³ ἁλώσονται SAᵖᶜCVʼMᵃᶜOᵖᶜB Kr. Terz. : –σωνται AᵃᶜMᵖ⁻
ᶜOᵃᶜ Turn. Pet. uide adn. ‖ ⁴ μή εἰσι Pet. : μὴ εἰσὶ SACMOB Turn.
Kr. Terz. μὴ οἱ Vʼ ‖ ⁴⁻⁵ συμπαίστορες SACMOB : –πέστορες Vʼ.

3. 1 Cyrène m'envoie à toi, pour couronner ta tête d'une couronne d'or[10], et ton âme avec la philosophie, Cyrène, cité grecque au nom ancien et vénérable, célébrée en d'innombrables chants par les poètes d'autrefois[11]. Pauvre et abattue à présent, vaste champ de ruines[12], elle demande au Roi s'il a l'intention d'accomplir un acte digne de cette antique tradition. Cette détresse qui me tient à cœur, quand tu le voudras, tu pourras la guérir, et il dépend de ton bon vouloir que, de la part de ma patrie, dès lors grande et heureuse, je t'apporte une seconde couronne[13]. 2 Mais nos paroles n'attendent absolument rien à présent de notre cité ; elles peuvent ainsi être exprimées avec franchise et affronter résolument le Roi : la vérité en effet est la noblesse de tout discours, et ce n'est pas du tout son lieu d'origine qui rend un discours plus honteux ou plus glorieux. Il faut donc marcher avec l'aide de Dieu et entreprendre le plus beau des discours ou, pour parler plus vrai, la plus belle de toutes les actions. 3 En effet celui qui s'applique à rendre parfait un seul homme, le Roi, prend le chemin le plus court pour redresser toutes les familles, toutes les cités, toutes les provinces, petites et grandes, proches et lointaines qui toutes, nécessairement, participent aux états d'âme du Roi, quelles qu'elles soient[14]. 4 Veux-tu que nous procédions de la façon suivante, tout d'abord, afin que tu écoutes aussi patiemment mon discours : il

10. Allusion à l'*aurum coronarium* dont Synésios était porteur au nom de Cyrène. Sur l'*aurum coronarium* et sur les circonstances précises de son versement à l'empereur Arkadios par Cyrène avec quatre ans de retard, cf. D. Roques, *Synésios*, p. 162-163. Cf. aussi P. Petit, *Libanius et la vie municipale à Antioche au IVᵉ siècle après J.C.*, Paris, 1955, p. 146-148.

11. Cf. Pindare, *Pythiques*, IV, V, IX ; *Callimaque, Hym.* 2, 73, 94 ; *Ep.* 20, 5.

12. Sur cette exagération oratoire, cf. D. Roques, *op. cit.*, p. 27-40.

13. C'est-à-dire la couronne de la philosophie.

3. 1 Ἐμέ σοι πέμπει Κυρήνη, στεφανώσοντα χρυσῷ
μὲν τὴν κεφαλήν, φιλοσοφίᾳ δὲ τὴν ψυχήν, πόλις Ἑλ-
ληνίς, παλαιὸν ὄνομα καὶ σεμνὸν καὶ ἐν ᾠδῇ μυρίᾳ τῶν
πάλαι σοφῶν· νῦν πένης καὶ κατηφὴς καὶ μέγα ἐρείπιον
καὶ βασιλέως δεόμενον εἰ μέλλοι τι πράξειν τῆς περὶ
αὐτὴν ἀρχαιολογίας ἐπάξιον. Ταύτην μὲν δή μοι τὴν
ἔνδειαν, ὅταν αὐτὸς ἐθέλῃς, ἰάσῃ, καὶ ἐπὶ σοὶ βουλη-
θέντι παρὰ μεγάλης τε καὶ εὐδαίμονος ἤδη τῆς πατρίδος τὸν δεύτερόν με διακομίσαι σοι στέφανον.
2 Οἱ λόγοι δὲ οὐδὲ νῦν τι δέονται πόλεως ὥστε ἐλευθεροστομῆσαι καὶ βασιλέα θαρρῆσαι· ἀλήθεια γὰρ δὴ
λόγων εὐγένεια· καὶ διὰ τόπον (3) οὐδείς πω λόγος
αἰσχίων οὐδὲ κυδίων ἐγένετο. Ἰτητέον οὖν ἅμα τῷ θεῷ
καὶ ἐγχειρητέον τῷ καλλίστῳ τῶν λόγων, ἀληθέστερον
δὲ φάναι, τῶν ἔργων. 3 Ὁ γὰρ ἑνὸς ἀνδρός, τοῦ βασιλέως, ἐπιμεληθεὶς ὅπως ἂν ἄριστος εἴη, τὴν συν-
τομωτάτην ἐβάδισεν ἐπὶ τὸ πάντας μὲν οἴκους ἐπανορθοῦν, πόλεις τε πάσας, ἔθνη τε πάντα, καὶ μικρὰ καὶ
μείζω, καὶ τὰ γείτονα καὶ τὰ πόρρω, ἃ πάντα ἀπο-
λαύειν ἀνάγκη τῆς ὅπως ποτὲ ἐχούσης τοῦ βασιλέως
ψυχῆς. 4 Βούλει δὴ ποιῶμεν οὕτω τὴν πρώτην, ἵνα μοι
καὶ περιμείνῃς τὸν λόγον ; Σοφὸν γὰρ ἂν εἴη μὴ

Test. 3. 2²⁻⁴ ἀλήθεια — ἐγένετο Macar. 10ʳ, 9-11 (γὰρ om.). —
3¹⁻⁷ Ὁ γὰρ — ψυχῆς Macar. 10ʳ, 11-17 (τῆς pro τοῦ [l. 6] legitur). — 4¹⁻² Βούλει — λόγον Neap. 78ʳ, 27-28 = Voss. 126ʳ, 18-19 (in
quibus ποιοῦμεν legitur).

3. 1⁵ πράξειν SAVMOB : πρᾶξαι C ‖ ⁶ αὐτὴν SCVMOB :
αὐτῆς A ‖ ⁸⁻⁹ τῆς πατρίδος ἤδη C ‖ ⁹ με SCVMOB : μοι A.
2¹ post Οἱ add. δὲ B ‖ δὴ SACVMOBᵃᶜ : δὴ Bᵖᶜ ‖ οὐδὲ SACMOB
Turn. Pet. : οὐδὲν V²ˢˡ Kr. Terz. om. V ‖ ὥστε ACVMOB : ὅτι S ‖
¹⁻² ἐλευθεροστομῆσαι ACVMOB : –μίσαι S ‖ ² supra ἀλήθεια add.
ἡ A² ‖ ³ πω SAVMOB : που C ‖ ⁶ φάναι SCVOB : φάναι AM.
3³ τὸ SᵖᶜCVMOB : τῷ SᵃᶜA ‖ ⁵ ἃ πάντα ACVMOB : ἅπαντα S ‖
⁶ ὅπως ποτὲ SA : ὅπώς ποτε cett. Turn.
4¹ ποιῶμεν AV²ˢˡOB : ποιοῦ– SCVM ‖ ²⁻³ μὴ — εἴη om. V (rest.
V²ᵐᵍ).

serait sage en effet de ne pas se mettre prématurément en chasse. Disons donc ce que devrait faire un Roi et ce qu'il ne devrait pas faire, en opposant les nobles actions aux actes vils. Quant à toi, après avoir fixé ton attention sur les uns et sur les autres, lorsque tu auras appris à connaître ton devoir, chéris les premières, car elles sont approuvées par la philosophie, mais repousse les autres, et réfléchis donc afin de toujours mettre en œuvre les premières et de ne plus jamais pratiquer les autres à l'avenir. 5 Toutefois éventuellement, au fil de mon discours, à propos des mauvaises actions dont nous-même et toi-même nous prenons conscience, montre ton mécontentement envers toi-même et rougis, parce qu'est apparu comme tien ce qui n'est pas digne de l'être. Cette rougeur est une promesse de la vertu qui vient du repentir ; c'est une pudeur divine[15], et qui paraît telle à Hésiode[16]. 6 Cependant celui qui s'endurcit dans ses erreurs, parce qu'il a honte d'avouer sa faute, ne bénéficie d'aucune connaissance due au repentir et n'a pas besoin de discours pour le guérir[17], mais, dirait un sage, d'un châtiment. Ainsi, rude est la philosophie dès l'abord, et difficile à approcher.

4. 1 Je sens en effet que quelques-uns d'entre vous sont déjà profondément troublés et s'indignent de ma liberté de parole, mais j'avais promis d'agir ainsi, et il appartient évidemment à qui est prévenu d'avance de se retrancher fortement et de résister aux attaques. Cependant toi, tu te plais à écouter ces propos-là et tous tes courtisans les ont sans cesse à la bouche 2 Je conviens avec toi qu'aucun autre homme ne possède un tel Empire, des monceaux de richesses supérieurs à ceux de l'antique Darius[18], des myriades de chevaux montés par des archers et des cuirassiers[19] contre lesquels, s'il leur advient d'être bien commandés, toute résistance est vaine. Des cités dont le nombre défie l'imagination se

προσοβῆσαι τὴν θήραν. Λέγωμεν δὴ ἅ τε χρεὼν εἴη
βασιλέα ποιεῖν ἅ τε μὴ χρεών, ἀντιπαρατιθέντες
αἰσχρὰ καὶ σεμνά. Σὺ δὲ τοῖς ἐξ ἑκατέρας μερίδος
ἐφιστάμενος, ὅταν ἐπιγνῷς τί προσῆκον, τὸ μὲν
ἀγαπᾶν, ὡς ὑπὸ φιλοσοφίας ἐγκεκριμένον, τὸ δὲ ἀπο-
διοπομπεῖσθαι, καὶ διανοεῖσθαι δή, τὸ μὲν ὡς ἀεὶ
ποιήσων, τὸ δὲ ὡς οὐκέτ᾽ αὖθις. 5 Ἀλλὰ παρὰ τὸν
καιρὸν τῶν λόγων, ἐπὶ τοῖς μὴ χρεὼν οἷς ἡμεῖς τε σύ τε
σαυτῷ συνεπίστασαι, δυσχεραίνων τε φαίνου σαυτῷ
καὶ ἐρυθριῶν, ὅτι δὴ πέφηνε σὸν ὃ μὴ ἄξιον εἶναι σόν.
Τό τοι χρῶμα τοῦτο τὴν ἐκ μετανοίας ἀρετὴν
ὑπισχνεῖται· καὶ αἰδὼς αὕτη θεία τέ ἐστι καὶ Ἡσιόδῳ
δοκεῖ. 6 Ὁ δὲ ἐπὶ τοῖς ἁμαρτανομένοις ἰσχυρογνώμων,
αἰσχυνόμενος ὁμολογίαν ἀγνοίας, οὐ κερδαίνει γνῶσιν
ἐκ μετανοίας οὐδὲ δεῖται λόγων ἰατρῶν, ἀλλ᾽ ἀνὴρ ἂν
φαίη σοφὸς ὅτι κολάσεως. Οὕτω που τραχεῖά τε ἐκ
φροιμίου καὶ χαλεπὴ φιλοσοφία προσφέρεσθαι.

4. 1 Αἰσθάνομαι γάρ τοι ἐνίων ὑμῶν ἐκταραττομένων
τε ἤδη καὶ τὴν ἐλευθερίαν ἐν δεινῷ τιθεμένων· ἀλλ᾽
ὑπεσχόμην τε οὕτω ποιεῖν, καὶ τῶν προγόνων ἦν
δήπου φράξασθαι καρτερῶς καὶ ἀντέχειν ταῖς ἐμβο-
λαῖς· καίτοι ταῦτα σύ τε χαίρεις ἀκούων καὶ ἅπαντες
ὑμνοῦσι. 2 Κἀγώ σοι σύμφημι μέγεθος ἀρχῆς ἑνὶ μηδενὶ
τοσόνδε παρεῖναι, καὶ πλούτου θημῶνας ὑπὲρ τὸν
πάλαι Δαρεῖον, καὶ ἵππον πολλάκις μυρίαν, καὶ τοὺς
χρωμένους τοξότας τε καὶ θωρακοφόρους, πρὸς οὕς,
ἡγεμόνος τυγχάνοντος, ἀσθενὲς ἅπαν τὸ ἀνθιστάμενον.

[3] θήραν SACV[2mg]MO[pc]B : θύραν O[ac] Turn. ‖ Λέγωμεν SACVMB :
Λέγο– O ‖ [5] τοῖς SA[pc]CVMOB : τῆς A[ac] ut uid. ‖ [8] δή S[pc]CV
MO[pc]B : δεῖ S[ac]O[ac] (A non liquet) ‖ [9] ὡς om. S (rest. S[2sl]).

5[2] pr. τε om. C ‖ [5] τοι SAVMOB : τε C.

6[4] τε SACVMO : τ᾽ B.

4. 1[2] τε om. C ‖ [3] ποιεῖν SAVMOB : εἰπεῖν C ‖ [5] χαίρεις SAC
VMO : –οις B.

2[4] τε om. M ‖ [5] τυγχάνοντος SAVMOB : –τας C Turn. Pet.

prosternent devant toi, la plupart sans te voir, sans même s'attendre à te voir, toi, trop sublime spectacle pour être invoqué. Tout cela, nous pourrions te le dire nous aussi mieux que tout autre en vérité.[20] 3 Pourquoi donc ne sommes-nous pas d'accord avec tes courtisans ? Ces derniers, pour les raisons précédemment évoquées, te tressent des louanges et te proclament bienheureux. Moi, toutefois, je ne saurais te louer le moins du monde pour ces motifs, mais tout au plus pourrais-je t'en féliciter. La félicitation et la louange ne sont pas d'une seule et même nature, mais diffèrent l'une de l'autre[21]. 4 On félicite quelqu'un de ses biens extérieurs ; on le loue de ses biens intérieurs, sur lesquels trône le bonheur. Les premiers constituent un don incertain de la Fortune, les seconds un bien personnel de la conscience. Ainsi ce dernier est fiable par lui-même, tandis que la Bonne Fortune est chose instable et souvent se change totalement en son contraire. Pour la conserver, il faut l'aide de Dieu même, il faut l'aide de l'intelligence, il faut celle du savoir-faire, il faut celle du moment opportun, il faut celle d'une activité multiple, en tous lieux, et multiforme, que personne n'ait expérimentée et difficile à tenter. 5 Non, de fait, ce n'est pas sans effort, comme ils l'ont obtenue, que les

---

20. On peut lire ce genre de flatterie, par ex., dans le *Panégyrique de Théodose* de Pacatus prononcé en 389 (cf. E. Galletier (*CUF*), *Panégyriques latins*, t. 3, Paris, 1955, p. 89).

21. Cf. Arist., *Eth. Nic.*, 1,12 ; *Pol.* 7, 12 ; *Rhét.*, 1,9 ; 2, 1. On trouvera dans L. Pernot, *op. cit.*, p. 117-127, une étude sur l'*épainos* et l'*enkômion*. A propos de *makarismos* et d'*épainos*, cf. *ibid.* p. 511, n. 101 : « Chez beaucoup d'auteurs...le *makarismos* est au contraire une forme inférieure de célébration... On oppose alors *épainos* = éloge des qualités morales et *makarismos* ou *eudaimonizein* = félicitations pour la possession des biens extérieurs : cf. *Rhét. Alex.*, 35, 4 ; Hérodien, V, 1, 5 ; Lib., *Epist.*, 324, 1 ; Synés., *De regno*, 4, 4 ».

Πόλεις δὲ ἀριθμὸν νικῶσαι προσκυνοῦσιν, οὐδὲ ὁρώμε-
νον αἱ πλείους (4) οὐδὲ ἰδεῖν προσδοκῶσαι τὸ κρεῖττον
εὔχεσθαι θέαμα. Ταῦτά σοι καὶ παρ' ἡμῶν ἅπαντος ἂν
μᾶλλον ἀληθῆ λέγοιτο. 3 Τί οὖν τὸ μὴ συμβαῖνον ἡμῶν
ἐκείνοις ; Οἱ μὲν ἐντεῦθέν σοι πλέκουσιν ἔπαινον καὶ
καλοῦσιν εὐδαίμονα, ἐγὼ δὲ ἥκιστα μὲν ἂν ἐντεῦθεν
ἐπαινέσαιμι· μάλιστα δὲ ἂν μακαρίσαιμι. Ἔστι δὲ οὐ
μία φύσις, ἀλλ' ἕτερον ἑκάτερον, μακαρισμὸς καὶ ἔπαινος. 4 Μακαρίζεται μὲν γάρ τις ἐπὶ τοῖς ἔξωθεν·
ἐπαινεῖται δὲ ἐπὶ τοῖς ἔνδοθεν, ἐφ' ὧν εὐδαιμονία τὴν
ἕδραν ἴσχει. Κἀκεῖνο μέν ἐστι τύχης ἀτέκμαρτον δῶρον,
τοῦτο δὲ γνώμης οἰκεῖον ἀγαθόν. Ταύτῃ καὶ τὸ μέν ἐστι
παρ' ἑαυτοῦ βέβαιον, εὐτυχία δὲ πλάνον καὶ πολλάκις
γε ἀντιπεριϊστάμενον εἰς τοσοῦτον τὸ ἀντικείμενον. Καὶ
δεῖ μὲν ἐπὶ τὴν φυλακὴν αὐτοῦ θεοῦ, δεῖ δὲ νοῦ, δεῖ δὲ
τέχνης, δεῖ δὲ καιροῦ, δεῖ δὲ ἔργων πολλῶν, καὶ πολλαχοῦ καὶ παντοδαπῶν δὲ τούτων ὧν οὔτε πεῖρά τις
οὔτε ἔχει πειρωμένοις εὐμάρειαν. 5 Οὐ γὰρ ὥσπερ
παραγίνεται τοῖς ἀνθρώποις μακαρισμός, οὕτως ἀπραγ-

Test. 4. 3⁴-5⁹ οὐ μία φύσις — γενέσθαι Macar. 10ʳ, 18-10ᵛ, 16 (3⁵
ante καὶ add. τε ; 4¹ μὲν et τις om. ; ⁴ ὅτι pro ἐστι legitur ; ⁵ pro
εὐτυχία legitur εὐτυχί [sic] ; ⁹ οἷς pro τις legitur ; 5⁶ καὶ om.). — 4¹⁻
² Μακαρίζεται — ἔνδοθεν Neap. 78ʳ, 28-29 = Voss. 126ʳ, 19-20
(ambo τις om.). — 5¹⁻³ Οὐ γὰρ — διασῴζεται Neap. 78ʳ, 29-30 =
Voss. 126ʳ, 20-22.

⁷ post κρεῖττον in extrema linea add. ἢ C² ‖ ⁸ ἅπαντος C : ἄ παντὸς
cett. ‖ ⁹ λέγοιτο SACᵖᶜVMOᵃᶜ Kr. suadente Boiss. (*Anecd. gr.* IV 283
adn. 2) : –οιντο CᵃᶜOᵖᶜB Turn. Pet.
3¹⁻² ἡμῶν ἐκείνοις codd. : ἡμῖν τε κἀκείνοις Vᵐᵍ ‖ ² οἱ μὲν om.
B ‖ ἔπαινον SACVOB : στέφανον M ‖ ⁴ δὲ SACVMO : γὰρ B ‖
⁵ ante καὶ add. τε SM²ˢˡ.
4¹ μὲν om. SACO ‖ τις om. SACO (rest. C²ᵐᵍ) ‖ ² εὐδαιμονία
SACᵖᶜVMOB : ἡγεμονεία Cᵃᶜ eiusque apographum λ ‖ ⁶ Καὶ om. S
(rest. S²) ‖ ⁹ πεῖρά τις Terz. : πεῖρα [πεῖρα A] οἷς SACᵃᶜVMOB
πεῖρα ἴσῃ Cᵖᶜ post οἷς add. τισι M²ˢˡ πεῖρά τίς ἐστιν Pet. πεῖρά
ἐστιν Turn. Kr. ‖ ¹⁰ οὔτε post πεῖρα transp. O² signis transpositionis
s. l. additis.

hommes peuvent conserver la félicité, mais tu vois de quels genres d'existence les scènes tragiques se nourrissent : ce n'est pas des malheurs dont souffrent les particuliers ou les pauvres, mais des malheurs des puissants, des potentats locaux et des tyrans. C'est qu'une humble maison ne peut contenir un malheur insigne et que la pauvreté ne peut assumer l'ampleur des revers de fortune. Toutefois il est possible que celui qui s'est illustré par ses succès devienne fameux par ses échecs et par le revirement de son génie[22]. 6 Mais souvent aussi la vertu a été à l'origine du bonheur et la louange a introduit la félicité chez les hommes, comme si la Fortune rougissait de ne pas rendre témoignage aux vertus remarquables. Et s'il faut confirmer mes dires par des exemples, point n'est besoin d'aller ailleurs : remonte à ton père et tu verras que l'Empire lui a été donné comme prix de sa vertu[23]. La Fortune n'est pas la cause de la vertu, mais certains, grâce à leurs actes vertueux, ont déjà su attirer en sus la Fortune. 7 Puisses-tu être au nombre de ces derniers, ô Roi, afin qu'ici la philosophie ne parle pas en vain ! Puisse la royauté être pour toi vénérable parce qu'elle exerce ta vertu et qu'elle la fait grandir, cette vertu, qui a besoin d'une matière suffisante pour sa propre grandeur et qui ne saurait progresser dans une condition de vie inférieure à la royauté !

5. 1 Tu dois donc exercer ton âme à se comporter d'une façon royale et assurer la défense de la Fortune,

---

23. Il s'agit de l'empereur Théodose I (*ca* 346-395). Il accéda à l'Empire en 379. Auparavant il s'était distingué en Bretagne et contre les Sarmates (Pacatus, *op. cit.*, 8-10). La louange du père et de la famille de l'empereur est un lieu commun de tous les panégyriques et de tous les traités sur la royauté de l'époque.

ματεύτως διασώζεται· ἀλλ᾽ ὁρᾷς γὰρ τίσι βίοις αἱ
τραγῳδῶν σκηναὶ κεχορήγηνται, οὐκ ἀφ᾽ ὧν δυστυχοῦ-
σιν ἰδιῶται καὶ πένητες, ἀλλ᾽ ἀφ᾽ ὧν ἰσχυροὶ καὶ δυνάσ-
ται καὶ τύραννοι. Οὐ γὰρ χωρεῖ μέγεθος συμφορᾶς
οἰκία μικρὰ οὐδὲ ὄγκον ἀτυχημάτων πτωχεία· τὸν δὲ
λαμπρὸν ταῖς τύχαις, τοῦτον ἔστι καὶ κινδύνοις ἐπι-
φανῆ γενέσθαι καὶ θατέρᾳ μερίδι τοῦ δαίμονος. 6 Ἀλλὰ
καὶ πολλάκις μὲν ἤρξατο εὐτυχίας ἀρετὴ καὶ ἔπαινος
ἡγήσατο μακαρισμοῦ τοῖς ἀνθρώποις, ὥσπερ αἰσχυνο-
μένης τῆς τύχης ἀρεταῖς ἐπιδήλοις μὴ μαρτυρῆσαι.
Κἂν δεήσῃ τοῦτο πιστώσασθαι παραδείγμασι, μὴ
θύραθεν αὐτὸ μετίωμεν· ἀναπέμπασαι δὲ τὸν πατέρα
καὶ ὄψει τὴν ἀρχὴν αὐτῷ μισθὸν ἀρετῆς δοθεῖσαν. Τύχη
δὲ ἀρετῆς ἀναίτιος· ἀλλὰ τῶν γε κατ᾽ ἀρετὴν ἔργων
ἤδη πού τινες καὶ τύχην συνεπεσπάσαντο. 7 Τούτοις
ἐναρίθμιος εἴης, ὦ βασιλεῦ, ἵνα μὴ μάτην δεῦρο φιλοσοφία φθέγγηται. Εἴη σοι τὸ βασιλεύειν ταύτῃ σεμνόν,
ὅτι τὴν ἀρετὴν ἐγύμνασεν καὶ προήγαγεν δεομένην
ὕλης ἀποχρώσης οἰκείῳ μεγέθει, καὶ οὐκ ἂν χωρη-
θεῖσαν ἐν ὑποθέσει βίου βασιλείας ἐλάττονι.

5. 1 (5) Ἀσκητέον οὖν τὴν ψυχὴν ἔχειν βασιλικῶς
καὶ ἀπολογητέον ὑπὲρ τῆς τύχης, ἵνα μὴ ἀλογίας

Test. 4. 5⁶⁻⁷ Οὐ γὰρ χωρεῖ — μικρά Νεαρ. 78ʳ, 30-31 = Voss. 126ʳ,
22-23. — 6² πολλάκις — ἀρετή Νεαρ. 78ʳ, 31-32 = Voss. 126ʳ, 23
(ambo γὰρ pro μὲν praebent). — ³⁻⁴ ὥσπερ — μαρτυρῆσαι Νεαρ.
78ʳ, 32 = Voss. 126ʳ, 23-24. — 6 ἀναπέμπασαι δὲ τὸν πατέρα Τη. Μ.
8, 11-12 (δὲ om.).
Test. 5. 1¹⁻³ Ἀσκητέον — διώκηται Νεαρ. 78ᵛ, 1-2 = Voss. 126ᵛ,
1-2.

5³ γὰρ om. C (rest. C²ˢˡ) ‖ ⁵ post ἰσχυροὶ add. τε Β ‖ ⁷ δὲ SA
COB : δὴ Μ (V legi nequit) ‖ ⁸ καὶ om. SACVMO (rest. C²ᵐᵍ O²ˢˡ) ‖
⁹ καὶ ΑΜ : ἐν S del. CV om. OB.
6⁴ ἀρεταῖς SACᵖᶜVMOB : –τῆς Cᵃᶜ eiusque apographum λ.
7⁵ καὶ codd. : ὡς V²ˢˡ.

pour qu'on ne la taxe pas d'irrationalité, car pour toi et
pour ton père la vie ne s'est pas déroulée à partie des
mêmes prémices. A lui le commandement militaire pro-
cura la royauté[24] ; toi, la royauté t'enrôla comme soldat
et tu dois ton mérite à la Fortune ; lui a acquis ses biens
au prix de ses efforts ; toi, tu en as hérité sans effort[25].
Il faut déployer tes efforts pour les conserver. 2 Et c'est
le point sur lequel j'insiste à nouveau, la difficulté qui
exige une surveillance de tous les instants, de peur que,
selon son habitude, la Fortune ne revienne sur ses pas au
milieu du chemin, comme de méchants compagnons de
voyage : c'est à eux en vérité que les sages comparent
son inconstance. 3 Tu vois que ton père aussi, bien qu'il
ait été clairement proclamé empereur à cause de ses succès, n'a pas été laissé en paix, même dans sa vieillesse,
par l'envie. Dans ces conditions Dieu n'a pas laissé non
plus ses vieux jours sans succès : après avoir marché
contre deux tyrans, et les avoir abattus tous les deux, aussitôt après son second trophée il perd la vie, n'ayant
reculé devant aucun homme[26], mais devant la nature,
adversaire contre lequel aucune arme n'est puissante ni
aucune intelligence n'est habile. Comme linceul, il eut sa
vertu. Il vous a laissé une royauté incontestée[27]. Puisse la
vertu vous la garder et, grâce à elle, Dieu vous la conserver ! 4 On a partout besoin de Dieu, et surtout chez ceux
qui loin de combattre pour édifier de leurs mains leur
Fortune, en ont hérité comme vous. Quiconque en a reçu
un lot aussi grand de la divinité et qui, encore tout jeune
enfant[28], a été favorisé du titre de grand Roi doit choisir

---

24. Après la défaite et la mort de Valens à Andrinople sous les
coups des Goths, le jeune empereur Gratien, âgé de dix-neuf ans, trans-
mit la succession de Valens à Théodose avec le titre d'Auguste (379).
Mais en fait Théodose mènera d'abord envers les Goths une politique
d'attentisme. Cf. A. Piganiol, *L'Empire chrétien (325-395)*, Paris,
1972, p. 232-236.
    28. Cf. la n. 25.

διώκηται, ὡς οὐχ ὁμοίοις φροιμίοις σοί τε καὶ τῷ πατρὶ
προῆλθεν ὁ βίος. Τῷ μὲν ἡ στρατεία βασιλείαν πρού-
ξένησεν, σὲ δὲ στρατεύει τὸ βασιλεύειν, καὶ ὀφείλεις
ἀρετὴν τῇ τύχῃ· ὁ μὲν τἀγαθὰ πόνοις ἐκτήσατο, σὺ δὲ
αὐτὰ ἀπόνως ἐκληρονόμησας· δεῖ δὴ πόνων ἐπὶ τὴν
φυλακήν. 2 Καὶ τοῦτ᾽ ἔστιν ὃ πάλαι λέγω, τὸ χαλεπὸν
καὶ μυρίων ὀμμάτων δεόμενον, μή, ὅπερ εἴωθεν ἡ τύχη
ποιεῖν, ἀνακάμψῃ μεταξὺ τῆς ὁδοῦ, καθάπερ οἱ μοχθη-
ροὶ τῶν συνοδοιπόρων· τούτοις γέ τοι τὸ ἀστάθμητον
αὐτῆς οἱ σοφοὶ προσεικάζουσιν. 3 Ὁρᾷς ὅτι καὶ τῷ
πατρί, καίτοι σαφῶς ἐπὶ κατορθώμασι γενομένης τῆς
ἀναρρήσεως, οὐδὲ τὸ γῆρας ἀκόνιτον ἀφῆκεν ὁ φθόνος·
οὐκοῦν οὐδὲ ὁ θεὸς ἀστεφάνωτον· ἀλλ᾽ ἐπὶ δύο τυράν-
νους ἐλθὼν καὶ ἄμφω βαλών, ἐπὶ τῷ δευτέρῳ τροπαίῳ
καταλύει τὸν βίον, ἀνθρώπων μὲν οὐδενί, τῇ δὲ φύσει
παραχωρήσας, πρὸς ἣν οὔτε ὅπλον ἰσχυρόν, οὔτε νοῦς
εὐμήχανος· ἐντάφιόν τε ἔσχε τὴν ἀρετήν, ἀδήριτον ὑμῖν
τὴν βασιλείαν καταλιπών, ἣν σῴζοι μὲν ὑμῖν ἀρετή,
σῴζοι δὲ διὰ τῆς ἀρετῆς ὁ θεός. 4 Ὡς ἁπανταχοῦ δεῖ
θεοῦ, καὶ οὐχ ἥκιστα παρὰ τοῖς οὐκ ἀθληταῖς οὐδὲ
αὐτουργοῖς, ἀλλ᾽, ὥσπερ ὑμῖν, κληρονόμοις τῆς τύχης.
Ἧς ὅτῳ πλεῖστον ἔνειμεν ὁ θεός, καὶ ὃν ἔτι κομιδῇ
παῖδα μέγαν βασιλέα καλεῖσθαι πεποίηκεν, τοῦτον δεῖ

Test. 5. ⁵⁻⁶ σὲ δὲ — τύχῃ Neap. 78ᵛ, 2-3 = Voss. 126ᵛ, 2-3. — 4⁵-
6. 2¹⁰ τοῦτον δεῖ — ἀρχόμενον Macar. 10ᵛ, 16-11ᵛ, 4 (τὸν βασιλέα
pro τοῦτον [4⁵] praebet, ὀλίγων [l. 7], τις om. [l. 8], ante προβάτων
[5³] add. τῶν, pro κατακόψων [l. 4] praebet ἐγκόψων [compendio
κατα- male intellecto ?], pr. καὶ om. [l. 5], post Ἄρχουσι [6. 1³] add.
γάρ, βιωτεύωσι [l. 6], ἐμπιπλᾶν [2²], αὐτοῦ [l. 3]).

5. 1⁶ ἀρετὴν codd. : ἀρχὴν prop. Kr. ‖ ⁷ ἀπόνως SACᵍʳVMOB :
καὶ χωρὶς πόνων C eiusque apographum λ.

3⁴ ὁ θεὸς om. M (rest. Mˢˡ) ‖ ⁵ τροπαίῳ om. C (rest. C²ᵐᵍ) ‖ ⁷ ἣν
codd. : ἕν fort. typothetae errore Garz. ‖ ⁸ τε SACVMOᵃᶜB : γε Oᵖᶜ ‖
ἔσχεν ἀρετὴν B τὴν omisso.

4⁵ μέγαν SCᵖᶜVᵖᶜMOᵖᶜB : μέγα ACᵃᶜVᵃᶜOᵃᶜ ‖ καλεῖσθαι SACV
MO²ˢˡB : –σθε O ‖ πεποίηκε καλεῖσθαι VM.

toutes les fatigues et bannir toute facilité ; il doit peu se livrer au sommeil et se consacrer surtout aux soucis, s'il veut[29] que la dénomination de Roi s'attache à lui à juste titre[30]. 5 Il a raison, l'antique adage, quand il affirme que ce n'est pas la foule des sujets qui fait le Roi, pas plus que le tyran[31], puisque ce n'est pas non plus la foule des brebis qui fait le berger, pas plus que le boucher qui les pourchasse pour les mettre en pièces, afin de s'en rassasier lui-même et de les vendre aux autres pour un festin[32].

6. 1 Une même frontière, je l'affirme, sépare le Roi et le tyran ; cependant la Fortune leur attribue à tous deux les mêmes dons. L'un et l'autre commandent un grand nombre d'hommes. Mais celui qui s'assigne comme but le bien manifeste de ses sujets et qui veut peiner pour que rien ne leur soit pénible, s'exposer au danger pour qu'ils vivent en sécurité, veiller sur leurs soucis et s'en nourrir avec eux, afin que nuit et jour ils se reposent de leurs difficultés, celui-là, parmi les brebis, est un berger, et parmi les hommes, un Roi. 2 Mais quiconque tire profit du pouvoir pour satisfaire sa sensualité, et dissipe dans les plaisirs son autorité parce qu'il estime qu'il lui faut rassasier tous ses appétits égoïstes, objets de lamentation pour ses

---

29. Nous gardons μέλλοι, que présentent tous les manuscrits examinés ; le présent μέλλει qu'adoptent Krabinger et à sa suite Terzaghi, sur le témoignage du *Baroccianus* 219 (*T*), ne semble pas s'imposer : l'emploi de l'optatif dans la protase placée ici après une apodose au présent de l'indicatif n'est pas rare dans la prose attique et traduit une indétermination que l'on peut rendre par : « au cas où, dans l'hypothèse où, etc. » (J.L.).

30. Thèmes classiques de tous les traités sur la royauté idéale. Cf. de nombreuses références dans Chr. Lacombrade, *op. cit.*, p. 38, n. 27.

31. En réalité, dans B, se trouvent deux emplacements raturés, l'un au début de la ligne 24 où devait se lire βασιλέα, l'autre, plus ample, entre μάγειρος et ὅς, dans lequel, par suite d'un saut du même au même, devait être transcrit οὐ μᾶλλον ἢ τύραννον. Un correcteur a rétabli βασιλέα οὐ μᾶλλον ἢ τύραννον dans la marge de la ligne 24 en empiétant sur la partie raturée (J. L.).

32. Cf. Plat., *Rép.*, 343 b, 345 c.

πάντα μὲν πόνον αἱρεῖσθαι, πᾶσαν δὲ ῥᾳστώνην ἀπο-
λιπεῖν, ὕπνου μὲν ὀλίγον, φροντίδων δὲ πλεῖστον μετα-
λαγχάνοντα, εἰ μέλλοι τις τὸ βασιλέως ὄνομα προσῆκον αὐτῷ περικεῖσθαι. 5 Εὖ γὰρ ὁ παλαιὸς ἔχει λόγος,
ὡς οὐ τὸ πλῆθος τῶν ὑπηκόων ποιεῖ βασιλέα, οὐ
μᾶλλον ἢ τύραννον, ἐπεὶ μηδὲ πλῆθος προβάτων ποιεῖ
ποιμένα, οὐ μᾶλλον ἢ μάγειρον ὃς ἐλαύνει κατακόψων
αὐτὰ καὶ ἐμφορηθησόμενός τε αὐτὸς καὶ ἄλλοις δεῖ-
πνον ἀποδωσόμενος.

6. 1 Ἴσοις ὅροις φημὶ βασιλέα τε καὶ τύραννον διε-
στάναι· καίτοι τὰ παρὰ τῆς τύχης ἀμφοῖν ὅμοια.
Ἄρχουσιν ἑκάτερος ἀνθρώπων πολλῶν. (6) Ἀλλ' ὃς
μὲν ἂν ἑαυτὸν συντάττῃ τῷ φαινομένῳ τῶν ἀρχομένων
καλῷ καὶ ἐθέλῃ μοχθεῖν ἵνα μηδὲν ἐκείνοις ᾖ μοχθερόν,
καὶ προκινδυνεύειν ἵνα ἐπ' ἀδείας ἐκεῖνοι βιοτεύωσι καὶ
ἀγρυπνεῖν καὶ συνεστιᾶσθαι μερίμναις ἵνα νύκτωρ καὶ
μεθ' ἡμέραν σχολάζωσι δυσχερῶν, οὗτός ἐστιν ἐν
προβάτοις μὲν ποιμήν, ἐν ἀνθρώποις δὲ βασιλεύς.
2 Ὅστις δὲ ἀπολαύει τῆς ἡγεμονίας εἰς τρυφὴν καὶ
καθηδυπαθεῖ τὴν ἐξουσίαν, οἰόμενος δεῖν ἐμπιπλάναι
τὰς αὐτὸς αὑτοῦ πάσας ὀρέξεις, ὅθεν οἰμώξεται τὸ
ἀρχόμενον, τοῦτο κέρδος τοῦ πολλῶν ἄρχειν τιθέμενος,

Test. 5. 5¹⁻⁴ Εὖ γὰρ — μάγειρον ΝΕΑΡ. 78ᵛ, 3-5 = Voss. 126ᵛ, 3-5.

5-6 μὲν post τοῦτον transp. A sicut eius apographum μ ‖ ⁸ μέλλοι
codd. Turn. Pet. : μέλλει Kr. ex Oxon. Baroc. 219 Terz. uide adn. ‖
⁹ αὐτῷ codd. Kr. : αὑτῷ Turn. Pet. Terz.
5¹ γὰρ SACVMOBᵖᶜ : δὲ Bᵃᶜ ut uid. ‖ ²⁻³ βασιλέα οὐ μᾶλλον ἢ
τύραννον om. B (rest. B²ᵐᵍ) uide adn. ‖ ⁵ pr. καὶ del. S.
6. 1¹⁻² διεστάναι SACMᵖᶜO : –εστᾶναι VMᵃᶜB ‖ ⁴ ἂν om. C ‖
συντάττῃ SᵖᶜAVMOB : –ει Sᵃᶜ C ‖ ⁵ ἐθέλῃ SACVMO : –ει B ‖
post ἐθέλῃ add. ἂν C ‖ ⁶ βιοτεύωσι [–ιν A] SᵖᶜACVMO : –σωσι
SᵃᶜB.
2¹ τῆς om. B (rest. B²ˢˡ) ‖ ² ἐμπιπλάναι SACVMO : ἐκπιμπ– B ‖
³ αὐτὸς om. C ‖ αὑτοῦ AVᵖᶜB : αὐτοῦ SCVᵃᶜMO ‖ ⁴ τιθέμενος
SACVᵖᶜMOB : θέμενος Vᵃᶜ.

sujets, parce qu'il regarde comme un avantage procuré
par la domination sur la multitude que cette multitude
prenne soin des plaisirs de son âme, et pour tout dire en
un mot, quiconque n'engraisse pas son troupeau, mais
consent à être lui-même engraissé par lui, je l'appelle
boucher, s'il s'occupe de bestiaux, je le dénonce comme
un véritable tyran lorsqu'un peuple doué de raison est
victime de son autorité[33]. 3 Voilà pour toi le seul critère
de la royauté. Attache-toi, dès à présent, à cette pierre de
touche : si tu es en harmonie avec elle, utilise, en toute
justice, cette vénérable dénomination d'une fonction
vénérable ; dans le cas contraire, efforce-toi de redresser
tes déviations et de rester uni à la règle. 4 Je ne désespère
pas en effet de voir la jeunesse progresser en tout point,
si seulement on l'excite à déployer son zèle pour la vertu.
Impétueuse est la jeunesse sur l'une et l'autre pente,
comme les fleuves se précipitent avidement sur les issues
qui leur sont offertes. Voilà pourquoi aussi le jeune
Prince a besoin d'une philosophie qui le prenne sous sa
protection ou qui le retienne de se jeter sur chacune des
deux pentes. A chaque vertu son vice voisin : aucune
vertu ne glisse vers une autre, elle glisse vers son voisin.
La royauté habite à côté de la tyrannie[34], elles sont tout à
fait porte à porte, comme l'audace et le courage, la pro-

---

33. Cf. Arist., *Eth. Nic.*, 8, 12, 1160 b. — N. Terzaghi a supprimé
sans explication l'article τόν qu'on lit dans la quasi-totalité des manuscrits ainsi que chez Petau et Krabinger. A. Garzya l'a rétabli et s'en est
expliqué dans un article (« Varia philologa », IX, Ἀθηνᾶ, 73-74,
1973, p. 363-365), où il démontre qu'il n'y a pas symétrie (ABAB),
mais chiasme (ABBA) dans les deux membres de phrase : τοῦτον
(objet) καλῶ μάγειρον (attribut) et τοῦτον (attribut) ἀποφαίνω τὸν
τύραννον (objet). A vrai dire, l'article devant l'attribut peut ici se jus-
tifier si l'on admet qu'il a un sens générique et prend une valeur
emphatique : il s'agit du τύραννος en tant que type : le Tyran (J. L.).

34. Cf. Arist., *Eth. Nic.*, 8, 11, 1160 a 36 : « La déviation de la
royauté est la tyrannie. Toutes deux sont des monarchies, mais elles
diffèrent du tout au tout » (Trad. J. Tricot, Paris, 1972, p. 412).

τὸ παρὰ πολλῶν αὐτῷ θεραπεύεσθαι τῆς ψυχῆς τὸ
ἡδόμενον· καὶ καθάπαξ εἰπεῖν, ὅστις οὐ πιαίνει τὴν
ἀγέλην, ἀλλ᾽ αὐτὸς ὑπὸ τῆς ἀγέλης θέλει πιαίνεσθαι,
τοῦτον καλῶ μάγειρον ἐπὶ βοσκημάτων, τοῦτον ἀποφαίνω τὸν τύραννον ὅταν ᾖ δῆμος ἔλλογος τὸ ἀρχόμενον. 3 Εἷς οὗτος βασιλείας σοι γνώμων. Σὺ δὲ ἤδη
σαυτὸν πρόσαγε τῷ βασανιστηρίῳ· κἂν μὲν ἐφαρμόζῃς,
χρῆσθαι δικαίως τῇ σεμνῇ προσηγορίᾳ τοῦ σεμνοῦ
πράγματος· ἀφαρμόζων δέ, ἐπανορθοῦν πειρῶ τὰ διά-
στροφα καὶ τῷ κανόνι προσφύεσθαι. 4 Οὐ γὰρ ἀπο-
γινώσκω τῆς ἡλικίας χωρῆσαι πᾶσαν ἐπίδοσιν, μόνον
εἴ τις αὐτὴν εἰς ζῆλον ἀρετῆς μυωπίσειεν· ἰσχυρὸν γὰρ
ἡ νεότης ἐφ᾽ ἑκατέρᾳ ῥοπῇ, ὥσπερ οἱ ποταμοὶ ταῖς
δοθείσαις ὁδῶν ἀφορμαῖς ἀπληστότερον ἐπεξέρχονται.
Ταύτῃ καὶ δεῖ τῷ νέῳ βασιλεῖ φιλοσοφίας ἢ προσλαμβανούσης αὐτὸν ἢ ἀνθελκούσης ἀπὸ τῆς εἰς ἑκάτερον
ἐκροῆς· ἄλλαι μὲν γὰρ ἄλλαις ἀρεταῖς κακίαι γείτονες,
καὶ ἀφ᾽ ἑκάστης ὄλισθος οὐκ εἰς ἑτέραν, ἀλλ᾽ εἰς τὴν
γείτονα. Βασιλείᾳ δὲ τυραννὶς παροικεῖ καὶ μάλα ἀγχίθυρος, καθάπερ ἀνδρείᾳ μὲν θρασύτης, ἐλευθεριότητι δὲ

Test. 6. 2⁹⁻¹⁰ ὅταν — ἀρχόμενον Suda s.u. ἔλλογος (II, 249,
19). — 3¹⁻³ Σὺ δὲ — προσηγορίᾳ Neap. 78ᵛ, 5-7 = Voss. 126ᵛ, 5-7
(in quibus ἐφαρμόζῃ legitur, ambo σεμνῇ om.). — 4³⁻⁵ ἰσχυρὸν —
ἐπεξέρχονται Neap. 78ᵛ, 7-9 = Voss. 126ᵛ, 7–9 ; ⁴⁻⁵ ὥσπερ — ἐπεξέρχονται Lex. Vind. 62, 17-18. — ⁸⁻¹⁰ ἄλλαι — ἀγχίθυρος Neap.
78ᵛ, 9-11 = Voss. 126ᵛ, 9-11.

⁸ supra καλῶ add. ἐγώ V ‖ ⁹ τὸν SCMB Turn. Pet. Kr. Garz. : del.
AV²O² (rest. V³) Terz. uide adn.
3¹ βασιλείας σοι VMOB : σοι βασιλείας S² βασιλεῦ σοι AʳᵃˢC
βασιλέας Cʸʳ ‖ ⁴ ἀφαρμόζων SACᵖᶜVMOB : ἐφ– Cᵃᶜ.
4³ μυωπίσειεν SAᵖᶜCVMB : –πήσειεν AᵃᶜO ‖ ⁴ ἐφ᾽ ἑκατέρᾳ
ῥοπῇ codd. Terz. : ἐφ᾽ ἑκάτερα ῥοπῇ Turn. Pet. Kr. ‖ ⁵ ἐπεξέρχονται SAC²ˢˡVMOB : διεξ– C ‖ ⁶⁻⁷ προσλαμβανούσης codd. Terz. :
προ– Turn. Pet. Kr. e recc. (Matr. 4759) ‖ ⁹ ἀφ᾽ SCVMOB : ἐφ᾽ A ‖
¹¹ ἀνδρείᾳ ACVMO : ἀνδρίᾳ SBᶜᵒʳʳ.

digalité et la libéralité. L'homme généreux, s'il n'est pas retenu par une philosophie dans les limites de la vertu, penche vers la chute, et devient un fanfaron et un esprit faible au lieu d'un être généreux. 5 Ne crains donc pas une autre maladie que celle qui affecte la royauté, la tyrannie, et reconnais-la grâce à ses caractéristiques, celles que j'ai présentées dans mon discours : la plus importante, c'est que la loi détermine le genre de vie du Roi, tandis que le genre de vie du tyran détermine la loi[35]. Le pouvoir constitue leur commune substance, bien que leurs vies soient opposées.

7. 1 Ce sont donc les cimes de la félicité et du bonheur que foule tout homme quand il voit tout naturellement soumis à sa volonté, mais la volonté obéit à la prudence, et bien qu'elle règne sur l'extérieur, elle cède son autorité à sa compagne qui lui est supérieure et reçoit d'elle des mots d'ordre pour agir. Le pouvoir en effet ne suffit pas pour être heureux et ce n'est pas dans la force que Dieu a placé la félicité : il faut au contraire la présence de la prudence, ou plutôt sa présence anticipée, pour utiliser au mieux le pouvoir. 2 Je proclame qu'il est parfait et qu'il

---

35. Cf. déjà Xén., *Cyr.*, I, 3, 18.

ἀσωτία· καὶ ὁ μεγαλόφρων, ἢν μὴ παρὰ φιλοσοφίας
εἴσω τῶν τῆς ἀρετῆς ὅρων φυλάττηται, προκύψας
ἀλαζών ἐστι καὶ φαῦλος τὴν γνώμην ἀντὶ τοῦ μεγαλόφρονος. 5 Μὴ τοίνυν ἄλλην, ἀλλὰ τὴν βασιλείας
νόσον, τυραννίδα, δείδιθί τε καὶ διαγίνωσκε χαρακτῆρ-
σι τοῖς τεθεῖσιν ὑπὸ τοῦ λόγου χρώμενος· μεγίστῳ δέ,
ὅτι βασιλέως μέν ἐστι τρόπος ὁ νόμος, τυράννου δὲ ὁ
τρόπος νόμος· ἡ δὲ ἐξουσία κοινή τίς ἐστιν ὕλη, καὶ
μαχομένων τῶν βίων.

7. 1 (7) Εὐμοιρίας μὲν οὖν καὶ εὐδαιμονίας τὰ ἄκρα
πατεῖ πᾶς ὅτῳ φύσει πάντα μὲν ἔπεται τῇ βουλήσει·
ἔπεται δὲ ἡ βούλησις τῇ φρονήσει, καὶ δεσπότις οὖσα
τῶν ἔξω, παραχωρεῖ τῆς ἀρχῆς τῇ συνοίκῳ τῇ κρείττονι
καὶ δέχεται παρ' αὐτῆς τῶν πρακτέων συνθήματα. Οὐ
γὰρ ἀπόχρη δυναστεία πρὸς εὐδαιμονίαν οὐδὲ ἐν ἰσχύϊ
τὸ μακάριον ἔθηκεν ὁ θεός, ἀλλὰ δεῖ παρεῖναι, μᾶλλον
δὲ προεῖναι τὴν φρόνησιν ἥτις ἂν κάλλιστα τῷ δύνα-
σθαι χρήσαιτο. 2 Καὶ τοῦτον ἐγὼ τελεώτατον ἄνδρα καὶ

Test. 6. 5⁴⁻⁶ βασιλέως — βίων Νεαρ. 78ᵛ, 11-13 = Voss. 126ᵛ, 11-
13 ; βασιλέως — ὕλη Μακαρ. 11ᵛ, 4-6 (ἐστιν om.) ; ἔστι γὰρ βασιλέως μὲν τρόπος ὁ νόμος, τυράννου δὲ νόμος ὁ τρόπος Joannes
Lydus, de magistrat., I, 3.

---

¹² ἢν SACVMO : εἰ B ‖ ¹³ τῶν om. B (rest. B²ˢˡ) ‖ ¹⁴ ἐστι ACV
MOB : ἔσται S Turn. Pet. ‖ ¹⁴⁻¹⁵ ἀντὶ τοῦ μεγαλόφρονος τὴν
γνώμην O (signis transpositionis s. l. additis uerborum ordinem rest.
O²).
    5¹ ante βασιλείας add. τῆς V² ‖ βασιλείας SAC²ˢˡVMOB : βασί-
λειον C eiusque apographum λ ‖ ² ante τυραννίδα add. τὴν C Turn.
Pet. ‖ δείδιθί SAᵖᶜOB : δέδιθί AᵃᶜCVM ‖ ³ λόγου SACVM²ˢˡ
OB : νόμου M (del. M²) ‖ μεγίστῳ SACᵖᶜVMOB : μέγιστος Cᵃᶜ ‖
⁴⁻⁵ νόμος ὁ τρόπος C eiusque apographum λ ‖ ὁ τρόπος // νόμος S
sicut Matr. 4759.
    7. 1⁵ συνθήματα CVMO²ˢˡB : -θέματα SAO ‖ ⁶ οὐδὲ codd. : οὐδ᾽
edd. ‖ ⁸ προεῖναι SAᵖᶜCVMOB : προσ– Aᵃᶜ ut uid. sicut eius apographum μ.

mène une vie parfaite, l'homme qui concilie force et prudence et qui ne rompt pas l'équilibre pour l'une des deux,
l'homme dont le lot est de gouverner après l'avoir appris,
car c'est un gage d'invincibilité que l'union de la force et
de la sagesse ; mais si on les sépare l'une de l'autre, la
force sans la science et la sagesse sans la force deviennent faciles à soumettre[36]. 3 Pour moi, voici ce que
j'admire chez les sages d'Egypte : à propos d'Hermès,
les Egyptiens donnent une double représentation de cette
divinité : ils dressent un jeune homme à côté d'un
vieillard, car ils estiment que, si l'un d'eux avait l'intention de bien gouverner, il devrait être raisonnable et fort.
En effet il n'est d'aucune utilité que l'une des deux repré-
sentations soit séparée de l'autre. 4 C'est aussi pourquoi
la Sphinge est dressée sur les avant-cours de leurs
temples, symbole sacré de l'union de ces vertus, la
Sphinge, bête féroce par sa force, mais humaine par sa
sagesse. La force en effet, dépourvue d'un sage directeur,
se laisse stupidement emporter, mêlant et bouleversant
toutes choses. Quant à l'intelligence, elle est inutile pour
l'action si elle ne dispose pas de bras pour l'assister[37].
5 La parure d'un Roi, ce sont toutes les vertus ; la prudence est, de toutes, la plus royale. Fais-en, je t'en prie,

---

36. Cf. Plat., *Rép.*, 5, 473 c-d. Cf. Syn., *Réc. ég.,* I, 10, 11 ; *Disc. à
Pai.*, 2, 5.
    37. Cf. Syn., *Réc. ég.*, I, 10, 11.

βίον ἀναγορεύω, τὸν ἄρτιον ἀπ' ἀμφοῖν καὶ οὐ θατέρᾳ
σκάζοντα, ὃς ἄρχειν ἔλαχεν, ἄρχειν εἰδώς· ὡς ἔστιν
ἄμαχον ὅταν ἰσχὺς καὶ σοφία συγγένωνται· διαληφθεῖσαι δὲ ἀπ' ἀλλήλων, ῥώμη τε ἀμαθὴς καὶ φρόνησις
ἀσθενὴς εὐχείρωτοι γίνονται. 3 Καὶ ἐγὼ τοῦτο τῶν
σοφῶν Αἰγυπτίων ἐθαύμασα· τὸν Ἑρμῆν, Αἰγύπτιοι
διπλῆν ποιοῦσι τὴν ἰδέαν τοῦ δαίμονος, νέον ἱστάντες
παρὰ πρεσβύτῃ, ἀξιοῦντες, εἴπερ τις αὐτῶν μέλλοι
καλῶς ἐφορεύσειν, ἔννουν τε εἶναι καὶ ἄλκιμον, ὡς ἀτελὲς εἰς ὠφέλειαν θάτερον παρὰ θάτερον. 4 Ταῦτ' ἄρα
καὶ ἡ Σφὶγξ αὐτοῖς ἐπὶ τῶν προτεμενισμάτων ἱδρύεται,
τοῦ συνδυασμοῦ τῶν ἀρετῶν ἱερὸν σύμβολον, τὴν μὲν
ἰσχὺν θηρίον, τὴν δὲ φρόνησιν ἄνθρωπος. Ἰσχύς τε γὰρ
ἔρημος ἡγεμονίας ἔμφρονος ἔμπληκτος φέρεται, πάντα
μιγνῦσα καὶ ταράττουσα πράγματα, καὶ νοῦς ἀχρεῖος
εἰς πρᾶξιν ὑπὸ χειρῶν οὐχ ὑπηρετούμενος. 5 Κόσμος
μὲν οὖν βασιλέως ἀρεταὶ πᾶσαι· φρόνησις δὲ ἁπασῶν
βασιλικωτέρα. Ταύτην μοι ποιῆσαι πάρεδρον· ἕψεται

Test. 7. 3²⁻⁶ τὸν Ἑρμῆν — alt. θάτερον MACAR. 11ᵛ, 6-10. — 3²-
4⁴ τὸν Ἑρμῆν — ἄνθρωπος NEAP. 78ᵛ, 13-18 = VOSS. 126ᵛ, 13-18 (in
quibus ἱστῶντες [l. 3], πρεσβύτερον [l. 4], προτενισμάτων [4²] et
ἀλκὴν pro ἰσχὺν [4⁴] leguntur, ambo ὡς ἀτελὲς — alt. θάτερον [3⁶]
om. ; in VOSS. καλλῶς [l. 5], Σφὶξ [4²], συνδιασμοῦ [4³] leguntur ;
post θηρίον [4⁴] def. VOSS., rursus incipit post θηρίον [in 10. 2⁷],
quod uerbum initio linearum 18 et 21 in NEAP. inest). — 5¹⁻³ Κόσμος
— βασιλικωτέρα MACAR. 11ᵛ, 11-12 (K om. rubricator, οὖν om.).

2² ἀπ' SACVMᵃᶜO : ἐπ' MᵖᶜB ‖ οὐ θατέρᾳ CM²ˢˡB : οὐθ' ἑτέρᾳ
SAMO οὐδετέρᾳ V ‖ ⁴⁻⁵ διαληφθεῖσαι SACOB : –λειφθεῖσαι
MO²ˢˡ (V legi nequit).

3²-4⁷ τὸν Ἑρμῆν — ὑπηρετούμενος uide opusculum de Proui-
dentia 11. 1²-2⁷ ubi eadem fere uerba leguntur ‖ ³ διπλῆν SAVMOB :
διπλοῦν C ‖ ⁶ παρὰ θάτερον om. C eiusque apographum λ (rest.
C²ᵐᵍ).

4² προτεμενισμάτων SCVMOBʳᵃˢ : προτενισμάτων A ‖ ⁶ μιγνῦσα SAVMB Terz. : –νύουσα CM²ˢˡO Turn. Pet. Kr.

5³ μοι om. O ‖ ποιῆσαι SACVMO : –σον B.

ton associée. Les trois autres sœurs suivront leur aînée et tu les auras toutes aussitôt comme camarades de tente et de combat[38].

8. 1 Je vais prononcer des paroles étranges à la première écoute, mais chargées sans aucun doute, de tout le poids de la vérité. Quand je compare la faiblesse à la force, la pauvreté à la richesse, et l'extrême pénurie à l'extrême abondance, si, séparés de la sagesse, purs de tout mélange, ces biens et ces maux pouvaient être jugés les uns par rapport aux autres, la pauvreté, la faiblesse et la vie privée en comparaison du pouvoir suprême paraîtraient procurer plus de bonheur[39] à ceux qui possèdent très peu d'intelligence et de sagesse. En effet leurs fautes seraient moins graves puisque leur incapacité de jugement ne se prolongerait pas dans leurs actes. 2 Car les biens qui nous sont extérieurs, qu'Aristote et Platon, mes maîtres, avaient coutume de qualifier d'instruments, peuvent obéir aux vices aussi bien qu'aux vertus[40]. Ainsi, ni ces deux philosophes ni tous ceux qui, tels des torrents de philosophie, ont pris chez eux leur source n'ont jugé ces biens dignes d'une meilleure appellation ni ne les ont condamnés à une pire : ils les qualifient d'instruments, tantôt bons, tantôt mauvais, en les colorant de l'état d'âme de ceux qui les utilisent[41]. 3 Alors, de même qu'il est souhaitable que ces instruments soient hors de la portée du méchant, afin que sa perversité demeure inactive, de même il est désirable qu'ils soient à la disposition de

38. Force, tempérance, justice et prudence constituent les quatre vertus fondamentales pour Platon. Cf. *Rép.*, 433 b-c ; 487 a ; *Phéd.,* 114 e ; *Lois,* 964 b, 965 d. Cf. *Discours de Julien César, Eloge de Constance*, éd. J. Bidez (*CUF*), Paris, 1932, 7, p. 21, et *Constance ou de la royauté*, 23, p. 153. On voit que, comme Platon, Synésios prône la recherche de la vertu totale, et non pas d'un ou plusieurs éléments de la vertu : cf. Plat., *Lois*, éd. Des Places (*CUF*), t. 2, Paris, 1968, p. 10, n. 3.

41. Cf. Julien, *Constance ou de la royauté*, éd. J. Bidez, 33, p. 170, l. 27-35.

γὰρ ἡ τριττὺς τῇ πρεσβυτέρᾳ τῶν ἀδελφῶν, καὶ πάσας
εὐθὺς ἕξεις συσκήνους καὶ συστρατιώτιδας ἐπὶ σοί.

8. 1 Λόγον ἐρῶ τοῦτον ἄτοπον ὡς εὐθὺς ἀκοῦσαι,
παντὸς δὲ δήπου τῆς ἀληθείας ἐχόμενον. Ὅταν ἀσθένειαν ἐγὼ πρὸς δύναμιν ἐξετάζω καὶ πενίαν πρὸς
πλοῦτον καὶ τὰς ἐν ἅπασι μειονεξίας πρὸς τὰς ἐν
ἅπασι πλεονεξίας, εἰ δίχα φρονήσεως καθαραὶ πρὸς
ἀλλήλας κρίνοιντο, πενία τε καὶ ἀδυναμία καὶ βίος
ἰδιώτης ἀντὶ τῆς μεγίστης ἡγεμονίας εὐτυχέστεραι
παρεῖναι τοῖς ἥκιστα ἐπηβόλοις νοῦ καὶ φρονήσεως·
ἐλάττω γὰρ ἂν ἐξαμάρτοιεν, (8) τῆς ἐν τῇ γνώμῃ
κακίας οὐχ εὑρισκούσης πρόοδον εἰς ἐνέργειαν. 2 Τὰ
γὰρ θυραῖα τῶν ἀγαθῶν, ἅπερ ὀργανικὰ καλεῖν ἔθος
Ἀριστοτέλει καὶ Πλάτωνι, τοῖς ἐμοῖς ἡγεμόσιν, ὑπη-
ρετεῖν οἶδε κακίαις οὐ μεῖον ἢ ἀρεταῖς. Ταύτῃ καὶ τὼ
ἄνδρε τούτω καὶ ὅσοι γε ἀπὸ τούτων ῥύακες φιλοσοφίας ἐρρύησαν, οὔτε τῆς ἀμείνονος αὐτὰ προσηγορίας ἠξίωσαν οὔτε τῇ χείρονι κατεδίκασαν, ἀλλ᾽
ὀργανικὰ καλοῦσι, νῦν μὲν ἀγαθά, νῦν δὲ κακά, ταῖς
τῶν χρωμένων ἕξεσιν αὐτὰ χρωματεύοντες. 3 Ὥσπερ
οὖν εὐχῆς ἄξιον ἀπεῖναι τοῦ φαύλου τὰ ὄργανα, ὅπως
ἀνενέργητον ἔχῃ τὴν μοχθηρίαν, οὕτω παρεῖναι τῷ
καλῶς χρησομένῳ, οὗ πάντες ἂν καὶ πόλεις καὶ ἰδιῶται

Test. 8. 1^(1-2) Λόγον — ἐχόμενον NEAP. 78ᵛ, 18-19 (post δήπου add.
μᾶλλον), om. VOSS. in lacuna. — 1^(1)-3^(7) Λόγον — δύναμιν MACAR.
11ᵛ, 12-12ʳ, 17 (καὶ pro εἰ [1⁵], ἐπιβόλοις [1⁸], ἄρα pro ἂν [1⁹] praebet).

⁵ ἕξεις εὐθὺς C (signis transpositionis s. l. additis uerborum ordinem
rest. C²).
8. 1¹ post ἄτοπον add. μὲν V²ˢˡ ‖ ² παντὸς SV²ˢˡOB : πάντως AC
VM ‖ ⁸ ἐπηβόλοις SACVMBᵖᶜ : ἐπι– OBᵃᶜ ‖ ⁹ γὰρ ἂν AᵖᶜCVM :
γὰρ ἄρα SAᵃᶜO Turn. Pet. Kr. ἄρα B C²ˢˡ del. C³.
2⁴ κακίαις SACVMO²ˢˡB : κακίας O.
3⁴ πόλεις SACB : πόλις cett.

celui qui en fera un bon usage, dont toutes les cités et tous les particuliers pourraient profiter, afin que la nature de la vertu, rendue inutile et inactive, ne se consume pas dans l'indifférence, mais dépense sa force au service des hommes. 4 Utilise ainsi, je t'en prie, les biens qui se présentent à toi ; c'est seulement ainsi, en effet, que tu pourras en disposer. Que les familles, les cités, les peuples, les provinces et les continents jouissent de ta royale providence et de ta sage sollicitude, sollicitude que Dieu lui-même, qui s'est établi comme le modèle primitif parmi les intelligibles, donne comme image de sa providence, puisqu'il veut que les réalités d'ici-bas soient réglées selon l'imitation du monde hypercosmique[42]. 5 Il est donc l'ami du grand Roi[43], celui qui, ici-bas, porte le même nom que lui, s'il ne dément pas ce nom — mais il ne le dément pas, lors même que quelque autre dénomination de Dieu s'applique à lui — Avant de parler de cela, il ne serait pas inopportun de discourir sur quelque considération philosophique préliminaire propre à éclaircir ici ma pensée.

9. 1 Aucun nom n'est encore jamais apparu qui pût s'adapter à l'essence de Dieu, mais parce que les hommes sont privés de son image, ils veulent, à travers ses émanations parvenir jusqu'à lui. Qu'on l'appelle père, créateur[44] ou autrement ou principe ou cause, toutes ces dénominations désignent des manières d'être qui lui sont propres par rapport à ce qui procède de lui. Et si d'autre part on l'appelle Roi, c'est à partir des sujets sur qui il règne, mais on n'a pas tenté d'appréhender sa nature face à face. 2 A présent donc je vais parler aussi de ses autres appellations, comme je vous l'avais promis ; toutefois j'ai différé l'accomplissement de cette promesse jusqu'à la présente occasion. Eh bien ! voici la qualité qui ne fait

42. Allusion aux thèmes rebattus par tous les panégyristes de la bienfaisance royale et de l'ὁμοίωσις θεῷ chère aux Pythagoriciens et aux Platoniciens. Cf. les nombreuses références de l'éd. de Chr. Lacombrade, p. 42, n. 38 et 39.

ὀνίναιντο, ἵνα μὴ ἀχρεία καὶ ἄπρακτος ἀρετῆς φύσις
ἀγνοουμένη μαραίνηται, ἀλλ᾽ εἰς ἀνθρώπων εὐεργεσίας
δαπανήσῃ τὴν δύναμιν. 4 Οὕτω μοι χρῶ τοῖς προκει-
μένοις ἀγαθοῖς· καὶ γὰρ μόνως ἂν οὕτως ἀγαθοῖς χρή-
σαιο. Ἀπολαυόντων οἴκοι καὶ πόλεις καὶ δῆμοι καὶ
ἔθνη καὶ ἤπειροι προνοίας βασιλικῆς καὶ κηδεμονίας
ἔμφρονος, ἣν ὁ θεὸς αὐτὸς ἑαυτὸν ἐν τοῖς νοητοῖς στήσας ἀρχέτυπον δίδωσιν εἰκόνα τῆς προνοίας, καὶ ἐθέλει
τὰ τῇδε τετάχθαι κατὰ μίμησιν ὑπερκόσμιον. 5 Φίλος
οὖν τοῦ μεγάλου βασιλέως ὁ δεῦρο ὁμώνυμος, ἂν μὴ
ψεύδηται τοὔνομα· οὐ ψεύδεται δὲ ἂν καὶ θάτερον
παρῇ τῶν ὀνομάτων τοῦ θεοῦ. Ὁ πρὶν εἰπεῖν, οὐκ ἂν
ἄκαιρον εἴη διαλεχθῆναί τι τῶν παρὰ φιλοσοφίας
ἐνθάδε σαφήνειαν προοικονομούμενον.

9. 1 Οὐδὲν οὐδαμῇ πω πέφηνεν ὄνομα τῆς οὐσίας
ἁπτόμενον τοῦ θεοῦ· ἀλλ᾽ ἀτευκτοῦντες αὐτοῦ τῆς
ἐμφασέως ἄνθρωποι, διὰ τῶν ἀπ᾽ αὐτοῦ ψαύειν ἐθέλου-
σιν αὐτοῦ. Κἂν πατέρα κἂν ποιητὴν κἂν ὁτιοῦν εἴπῃς,
κἂν ἀρχὴν κἂν αἴτιον, ταῦτα πάντα σχέσεις εἰσὶν αὐτοῦ
πρὸς τὰ παρ᾽ αὐτοῦ. Καὶ βασιλέα τοίνυν εἰπών, ἀπὸ
τῶν βασιλευομένων, ἀλλ᾽ οὐκ αὐτοπροσώπως ἐπεχεί-
ρησας τῆς φύσεως αὐτοῦ δράξασθαι. 2 Νῦν οὖν ἐρῶν
ἔρχομαι καὶ τὸ λοιπὸν τῶν ὀνομάτων, ὅπερ ὑποσχόμενος ὑμῖν εἰς καιρὸν τοῦτον ἀνήρτησα. Καίτοι τοῦτ᾽ ἔστι
τὸ συντεταγμένον καὶ συγγενόμενον τῷ δεῦρο βασιλεῖ,

---

5 ὀνίναιντο SCM^{pc}O^{pc}B : ὀνή– AO^{ac} ὀνήσαιντο VM^{ac} ‖ ἀχρεία SA
CV^{pc}MO : ἀχρεῖα V^{ac}B ‖ ante φύσις add. ἡ C.

4² μόνως ACVMO : μόνος S (B non liquet).

5$^{4-5}$ ἂν om. B (post ἄκαιρον rest. B²).

9. 1¹ πέφηνεν SACVMO : πέφυκεν B ‖ ⁴ alt. κἂν A^{pc}CV^{ras} Kr.
Terz. : τὸν SA^{ac}MOB Turn. Pet. ‖ εἴπῃς SACVMO : –οις B ‖ ⁵ σχέσεις ACVMOB : –σις S.

2³ καίτοι SAVMOB : καὶ τί C Turn. et Pet. Kr. qui ambo post
ψευδώνυμον signo interrogationis dist. ‖ ⁴ τὸ SAVMOB : ὃ C.

qu'un avec le Roi d'ici-bas, qui naît avec lui, qui, ainsi que je l'ai dit, lui confère sa légitimité, lorsqu'il lui arrive de se manifester, et le garde de l'inauthenticité[45] : c'est la bonté de Dieu[46], je pense, que célèbrent partout tous les peuples, civilisés et non-civilisés, et ainsi, ils sont d'accord entre eux et sont tous à l'unisson, eux qui par ailleurs ne le sont pas sur la conception de la divinité et sont séparés à propos de la pureté et de l'indivisibilité de sa nature par des opinions divergentes. 3 Cependant même ce bien, ce bien incontesté ne nous révèle pas encore la place de Dieu dans l'être : on met à contribution les événements qui en découlent. On n'entend pas prononcer le terme de « bien » dans l'absolu, mais c'est un bien pour ceux qui l'expérimentent et qui en jouissent. En effet le sens, l'intention de cette appellation, c'est de faire comprendre que Dieu est la cause des biens. Les prières sacrées de nos pères qui, dans les saints mystères, invoquent à grands cris le Dieu suprême, ne glorifient pas sa puissance, mais rendent hommage à sa sollicitude[47]. 4 Ainsi Dieu est prodigue des dons qui conviennent à Dieu, de la vie, de l'être et de l'intelligence, et de tous les dons secondaires en vérité qui ne sont pas indignes de provenir du premier principe. Pour toi, il serait bon que tu n'abandonnes pas le poste qui t'a été assigné et que tu ne déshonores pas les dénominations qui te sont communes avec Dieu, mais que tu t'appliques à l'imiter, à inonder les cités de tous les bienfaits et à répandre tout le

---

45. De cette phrase diversement transmise Petau et Krabinger ont fait une interrogative en adoptant, au lieu de καίτοι, la leçon καὶ τί fournie par le *Laurentianus* 80, 19 (C) et son apographe, le *Vaticanus gr.* 435 (λ). Tandis que le relatif ὅ manque dans les manuscrits les plus anciens, καί devant ἀποφαίνειν est attesté partout et τυχόντα ne fait place à τυγχάνοντα que dans le *Monacensis gr.* 476 (B) et ses apographes (1 et W). Enfin, certains manuscrits (V M *A P* et γ f selon Krabinger) ajoutent ὄντα après ψευδώνυμον. Au lieu de supprimer καί comme le propose N. Terzaghi, qui fait ainsi de l'infinitif κυροῦν un participe, et en conservant ὅ et τυχόντα nous pensons obtenir un texte qui offre un sens satisfaisant (J.L.).

ὃ κυροῦν ἔφην αὐτὸν (9) καὶ ἀποφαίνειν τυχόντα καὶ
οὐ ψευδώνυμον. Ἀγαθόν που τὸν θεὸν ὑμνοῦσιν ἅπαντες ἁπανταχοῦ καὶ σοφοὶ δῆμοι καὶ ἄσοφοι· καὶ ταύτῃ
συγχωροῦσιν ἀλλήλοις καὶ ὁμοφωνοῦσιν ἅπαντες, οἱ
τὰ ἄλλα διαστάντες περὶ τὰς ὑπολήψεις τοῦ θείου, καὶ
τὴν ἀκήρατον αὐτοῦ καὶ ἀμερῆ φύσιν δόξαις ἑτερογνώ-
μοσι μερισάμενοι. 3 Ἀλλά τοι καὶ τοῦτο τὸ ἀγαθὸν τὸ
ἀναμφισβήτητον οὔπω μηνύει τοῦ θεοῦ τὴν ἐν τῷ εἶναι
ἕδραν, ἠράνισται δὲ ἀπὸ τῶν ὑστέρων. Οὐ γὰρ ἀπόλυ-
τον εἰς ἀκοὴν ἔρχεται τἀγαθόν, ἀλλ᾽ ἐκείνοις ἀγαθὸν ὧν
ἐστι πρακτικὸν καὶ οἷς ἐστιν ἀπολαυστόν· τοῦτο γὰρ ἡ
διάνοια βούλεται τοῦ ὀνόματος, ἐφερμηνεύειν τὸν θεὸν
αἴτιον ἀγαθῶν· ἱεραί τε ἐν τελεταῖς ἁγίαις εὐχαὶ πατέ-
ρων ἡμῶν ἐκβοῶσαι πρὸς τὸν ἐπὶ πᾶσι θεόν, οὐ τὴν
δυναστείαν αὐτοῦ κυδαίνουσιν, ἀλλὰ τὴν κηδεμονίαν
προσκυνοῦσιν. 4 Ὅ τε οὖν θεὸς δωρητικός ἐστιν ὧν
προσήκει θεῷ, ζωῆς καὶ οὐσίας καὶ νοῦ, καὶ εἰ δή τι τῶν
ὑστέρων οὐκ ἀνάξιον ἥκειν παρὰ τοῦ πρώτου· σοὶ δ᾽ ἂν
προσήκοι μὴ λιπεῖν τὴν τάξιν καθ᾽ ἣν ἐτάχθης μηδὲ
αἰσχύνειν τὰς ὁμωνυμίας, ἀλλ᾽ ἐπιτίθεσθαι τῇ μιμήσει,
ἐπικλύζειν μὲν ἀγαθοῖς ἅπασι τὰς πόλεις, καταχεῖν δὲ
εὐδαιμονίαν ὅση δυνατὴ τῶν ἀρχομένων ἑκάστῳ.

5 ὃ om. SACO (rest. A²ˢˡ) ‖ pr. καὶ codd. Turn. Pet. Kr. : del. Terz.
uide adn. ‖ τυχόντα SACVMO Turn. Pet. : τυγχάνοντα B Kr. Terz.
‖ 6 post ψευδώνυμον add. ὄντα VM (del. V²) ‖ 7 ταύτῃ SAVMOB :
ταῦτα C ‖ 9 διαστάντες SAC²ᵞᵖVMOB : –στατοῦντες C eiusque
apographum λ.

3¹ τὸ ἀγαθὸν SACMOB : τἀγαθὸν V ‖ 4 ἀκοὴν SACOB : ἀκοὰς
VM ‖ τἀγαθόν SACVᵖᶜOB : τὸ ἀγαθόν VᵃᶜM ‖ 4-5 ἐκείνοις — ἐστι
om. A (rest. A²ᵐᵍ) ‖ 5 ἀπολαυστόν codd. Turn. Pet. Terz. : ἀπολαυσ-
τικόν Kr. e Mon. gr. 481 ‖ 7 ἀγαθῶν SACVᵖᶜMOB : –θὸν Vᵃᶜ ‖
εὐχαὶ ἁγίαις C ‖ 8 ἐκβοῶσαι SACVMBᶜᵒʳʳ : –βοῶσι O ‖ πᾶσι SA
VMOB : πάντων C.

4² δή SAᵃᶜVMOB : δεῖ AᵖᶜC ‖ 3 ante σοὶ add. καὶ C ‖ δ᾽ S : τ᾽
BV²ˢˡ om. ACVMO ‖ 4 προσήκοι SᵖᶜACVMOB : –κει Sᵃᶜ ut uid.
–κοι Sᵐᵍ ‖ καθ᾽ ἣν AᵖᶜVᵖᶜBᵖᶜ Kr. Terz. : καθὼς SAᵃᶜCVᵃᶜMOBᵃᶜ
Turn. Pet. ‖ 5 αἰσχύνειν SACVᶜᵒʳʳO²ˢˡB : –ναι M –νην O.

bonheur possible sur chacun de tes sujets. 5 Ainsi, puissions-nous dire vrai en te donnant le titre de « grand Roi », sans t'honorer par habitude, sans te courtiser par intérêt, sans chercher à détourner ta colère, et en acquiesçant au jugement même de notre âme et user de notre langue comme d'un loyal interprète de notre pensée. Allons, je vais, à ton intention, décrire dans mon discours le souverain, en dresser comme une statue[48] ; toi, tu me montreras cette statue-là en mouvement et douée de vie. 6 Je recueillerai donc en même temps pour exécuter cette œuvre, s'il en est besoin, les idées venues à l'esprit des Anciens et des hommes bienheureux. Quant à toi, ne chéris pas ces idées non moins que les autres, chéris les même encore davantage car, incontestablement, elles conviennent à un Roi et, à leur sujet, les sages d'autrefois et ceux d'aujourd'hui sont d'accord.

10. 1 Posons d'abord la piété[49] comme le socle immuable sur lequel se dressera la statue inébranlable : ainsi la tempête ne pourra jamais la renverser si elle repose sur ce socle. Cette piété naturellement s'élèvera avec toi et sera partout visible, et surtout sur les sommets. 2 « A partir de là »[50], j'affirme qu'il faut, sous la conduite de Dieu, que le Roi règne d'abord sur lui-même et qu'il établisse la monarchie dans son âme[51]. Sachez-le bien en effet : l'homme n'est pas chose simple ni uniforme, et Dieu a fait cohabiter, pour constituer un seul

---

48. Cf. *infra*, 18, 3.

49. Cf. Julien, *Constance ou de la royauté*, p. 139, 1. 29 (Bidez). Arkadios se montra fidèle à la politique religieuse de son père. Dès 395, il renouvelle les lois rendues par son père au sujet des sacrifices et des idoles (*Code Théod.*, XVI, 10,13) ; en 399 il interdit à nouveau les sacrifices (*ibid.*, 14) ; en 408, tous les sanctuaires païens sont affectés à des services publics (*ibid.*, 19).

50. Cf. Hom. θ 500.

51. On pense à Auguste dans Corneille, *Cinna*, v. 1696 : « Je suis maître de moi comme de l'univers. » Cf. Platon, *Rép.*, 606 d ; Isocrate, *Nicoclès*, 26.

5 Οὕτω βασιλέα μέγαν ὀνομάζοντες ἐπαληθεύοιμεν, τὴν τιμὴν οὐκ ἔθει διδόντες, οὐ θεραπεύοντες χρείαν, οὐκ ὀργὴν παραιτούμενοι, ἀλλ᾽ αὐτῷ τῷ κρίνοντι τῆς ψυχῆς ἐπινεύοντες, ἀδόλῳ γνώμης ἑρμηνεῖ τῇ γλώττῃ χρώμενοι. Φέρε δή σοι γράψω λόγῳ τὸν βασιλέα, ὥσπερ ἄγαλμα στήσας· σὺ δέ μοι τὸ ἄγαλμα τοῦτο κινούμενον ἐπιδείξεις, καὶ ἔμπνουν γενόμενον. 6 Οὐκοῦν συμπαραλήψομαι μὲν εἰς δημιουργίαν, εἰ τοῦτο δέοι, τῶν τοῖς παλαιοῖς τε καὶ μακαρίοις ἀνδράσιν ἐπὶ νοῦν ἐλθόντων· σὺ δὲ μηδὲν ἧττον αὐτὰ τῶν ἄλλων, ἀλλὰ μᾶλλον ἀγαπᾶν, ὡς ἀδηρίτως προσήκοντα βασιλεῖ, περὶ ὧν ὁμοίως φρονοῦσι παλαιοί τε καὶ νέοι σοφοί.

10.1 Εὐσέβεια δὲ πρῶτον ὑποβεβλήσθω κρηπὶς ἀσφαλής, ἐφ᾽ ἧς ἑστήξει τὸ ἄγαλμα ἔμπεδον· καὶ οὐ μήποτε αὐτὸ περιτρέψῃ χειμὼν τῆς κρηπῖδος ἐχόμενον. Αὕτη μὲν δὴ (10) καὶ συναναβήσεται καὶ πολλαχοῦ φανεῖται, πρὸς τῇ κορυφῇ δὲ οὐχ ἥκιστα. 2 Ἔνθεν ἑλών, φημὶ δεῖν, ἡγουμένου θεοῦ, τὸν βασιλέα πρῶτον αὐτὸν αὑτοῦ βασιλέα εἶναι καὶ μοναρχίαν ἐν τῇ ψυχῇ καταστήσασθαι. Εὖ γὰρ ἴσθι τοῦτο, ὡς οὐχ ἁπλοῦν τι χρῆμα οὐδὲ μονοειδὲς ἄνθρωπος, ἀλλὰ συνῴκισεν ὁ

Test. 10. 2⁴⁻⁸ οὐχ ἁπλοῦν — ἀτοπώτερον Neap. 78ᵛ, 20-21 (συνῴκισεν — alt. καὶ [l. 5-8] om. itaque ἀλλ᾽ ἐσμεν [l. 7] legitur), ab ἀτοπώτερον denuo inc. Voss.

5¹ ἐπαληθεύοιμεν SAVB : –ομεν cett. ‖ post ἐπαληθεύοιμεν add. ἂν A²V² (del.V³) ‖ ⁴ γνώμης SACᵖᶜCʸᵖVMOB : γλώττης Cᵃᶜ eiusque apographum λ ‖ ⁵ ante λόγῳ add. τῷ A²ˢˡCV²ˢˡ ‖ ⁶ μοι om. CO (rest. C²ˢˡ) Turn. Pet. ‖ ⁷ ἐπιδείξεις SACMO : –οις VB –αις O²ˢˡ.

6² τοῦτο SACVᵃᶜMOB : τούτου Vᵖᶜ ‖ ³⁻⁴ τῶν…ἐλθόντων SAV MOB : τὰ… ἐλθόντα C eiusque apographum λ.

10. 1² οὐ om. S ‖ ³ κρηπῖδος SAVBᵖᶜ Pet. Kr. : –ίδος CMOBᵃᶜ Turn. Terz. ‖ ⁴ δὴ SACᵃᶜVMOB : οὖν Cᵖᶜ.

2¹⁻² Ἔνθεν ἑλών SACʸᵖVMOB : Ἐνθένδε λῶον C eiusque apographum λ ‖ ³ αὐτὸν om. O ‖ αὑτοῦ SCVᵖᶜMᵖᶜOB : αὐτοῦ AVᵃᶜ Mᵃᶜ ‖ ⁵ χρῆμα SACVMO : πρᾶγμα B.

être vivant, une foule confuse et dissonante de facultés :
nous sommes un monstre plus étrange qu'une hydre, à
mon avis, et doué de beaucoup plus de têtes[52]. Ce n'est
évidemment pas à l'aide du même organe que nous pensons, que nous désirons et que nous nous affligeons, ni
non plus au moyen du même que nous nous irritons, ni
non plus à partir du même que nous éprouvons du plaisir
et de la crainte. 3 Tu vois au contraire qu'il existe en tout
cela un principe mâle et un principe femelle, l'un hardi,
l'autre timide, qu'il existe en eux des oppositions de
toutes sortes, une certaine faculté naturelle intermédiaire
entre tous ces éléments, que nous appelons l'intelligence,
laquelle, à mon avis, est apte à régner dans l'âme du souverain, après avoir éliminé la domination de la foule des
passions, et leur démocratie[53]. C'est en effet « en com-
mençant par Hestia[54] » que le Roi pourrait régner en utilisant le principe naturel de l'autorité ; 4 car quiconque,
après avoir rendu dociles et apprivoisées les parties irrationnelles de l'âme, les a soumises à la raison et a rangé
leur multitude sous une seule autorité raisonnable, celui-
là est l'homme divin, qu'il soit particulier ou Roi[55], mais
de préférence s'il est Roi, parce qu'il communique sa
vertu à toutes les provinces et qu'un grand nombre tire
profit des biens prodigués par un seul[56]. 5 Il lui faut en
effet mener une vie intérieure exempte de dissensions et
garder une sérénité divine jusque sur son visage. Ce n'est
pas un spectacle redoutable, mais tout à fait admirable

52. Cf. Plat., *Rép.*, 588 c.
53. Cf. Thémistios, éd. Schenkl/Downey, *Or. II*, 35 b, I, p. 48.
54. Cf. Aristoph., *Les Guêpes*, 846 ; Plat., *Euthyphron.*, 3 a. Il
s'agit d'un proverbe grec. Dans les prières à plusieurs dieux on com-
mençait par Hestia (cf. éd. Garzya, p. 401, n. 29). Voir notre expression : « commencer par le commencement. »
55. D'après les Stoïciens, le sage est celui qui dompte ses passions
au point de jouir de l'*ataraxie*. Son rang social n'importe guère.
56. Nouvelle affirmation de la valeur exemplaire des hauts personnages.

θεὸς εἰς ἑνὸς ζῴου σύστασιν ὄχλον δυνάμεων παμμιγῆ
τε καὶ πάμφωνον· καί ἐσμεν ὕδρας, οἶμαι, θηρίον
ἀτοπώτερον καὶ μᾶλλόν τι πολυκέφαλον. Οὐ γὰρ
ταὐτῷ δήπου νοοῦμεν καὶ ὀρεγόμεθα καὶ λυπούμεθα
οὐδὲ ταὐτῷ καὶ θυμούμεθα οὐδὲ ὅθεν ἡδόμεθα καὶ
φοβούμεθα. 3 Ἀλλ᾽ ὁρᾷς ὡς ἔνι μὲν ἄρρεν ἐν τούτοις,
ἔνι δὲ θῆλυ, καὶ θαρραλέον τε καὶ δειλόν, ἔνι δὲ τὰ παν-
τοδαπῶς ἀντικείμενα, ἔνι δέ τις ἡ μέση διὰ πάντων
φύσις, ἣν νοῦν καλοῦμεν, ὃν ἀξιῶ βασιλεύειν ἐν τῇ τοῦ
βασιλέως ψυχῇ τὴν ὀχλοκρατίαν τε καὶ δημοκρατίαν
τῶν παθῶν καταλύσαντα. Ἀφ᾽ἑστίας γὰρ ἂν οὗτος
βασιλεύσειεν τῇ κατὰ φύσιν ἀρχῇ τῆς ἡγεμονίας
χρησάμενος· 4 ὡς ὅστις γε τὰς ἀλόγους τῆς ψυχῆς
μοίρας τιθασοὺς καὶ χειροήθεις ποιήσας κατηκόους τῷ
λόγῳ παρέσχετο, εἰς μίαν ἡγεμονίαν ἔμφρονα συντάξας
τὸ πλῆθος, οὗτός ἐστιν ὁ θεῖος καὶ ἰδιώτης καὶ βασι-
λεύς· μᾶλλον δὲ βασιλεύς, ὅτι τὴν ἀρετὴν οὗτος ἔθνεσιν ὅλοις κοινοῦται, καὶ τῶν ἑνὸς ἀγαθῶν πολλοὶ
ἐπαυρίσκονται ἄνθρωποι. 5 Τούτῳ γὰρ ἀνάγκη τὸ
ἔνδοθεν ἀστασίαστον διάγειν καὶ μέχρι προσώπου
γαλήνην ἔνθεον· καὶ ἔστιν οὐ φοβερόν, ἀλλ᾽ ὑπέρσεμ-
νον θέαμα ἐν αἰδοῦς ἀκύμονι διαθέσει, φίλους μέν,

Test. 10. 5⁴⁻⁶ φίλους — καταπλήττων ΝΕΑΡ. 78ᵛ, 21-22 = Voss. 126ᵛ,
18-20.

⁸ post γὰρ add. ἔνι μέρει Β ‖ ⁹ ταὐτῷ SAᵖᶜCVᵖᶜOB : ταὐτὸ AᵃᶜVᵃᶜ
M ‖ ⁸⁻¹¹ Οὐ γὰρ ταὐτῷ ἡδόμεθα καὶ φοβούμεθα δήπου ἢ καὶ νοοῦμεν καὶ ὀρεγόμεθα καὶ λυπούμεθα· οὐδὲ ταὐτῷ καὶ θυμούμεθα
οὐδὲ ὅθεν. Ἀλλ᾽ ὁρᾷς C eiusque apographum λ ‖ ¹⁰ ταὐτῷ ACVᵖᶜ
OB : αὐτῷ S ταὐτὸ VᵃᶜM.
3² ἔνι δὲ θῆλυ, καὶ θαρραλέον COB : καὶ θῆλυ, ἔνι δὲ θαρραλέον cett. ‖ ⁶ ἂν om. S.
4¹ τῆς om. Β ‖ ² τιθασοὺς SAᵖᶜOᵃᶜ : τιθασσοὺς AᵃᶜCVMOᵖᶜB ‖
⁴ supra pr. καὶ add. κἂν A² ‖ ⁵⁻⁶ ὅλοις ἔθνεσι S.
5¹ Τούτῳ SACVMOᵖᶜB : Τοῦτο Oᵃᶜ ‖ ⁴ μέν SACᵖᶜVMOB : δέ
Cᵃᶜ ut uid. eiusque apographum λ.

dans sa calme ordonnance pleine de dignité, de le voir frapper d'admiration ses amis, c'est-à-dire les gens de bien, et d'effroi ses ennemis et les méchants. Le repentir n'entre pas en son âme, car il fait tout ce qu'il fait en accomplissant les décisions de toutes les parties de son âme sans exception, en les maintenant toutes en harmonie selon un seul principe, sans ignorer l'existence de ces parties et en les faisant converger vers une unité absolue[57]. 6 Celui qui brise leur élan commun en leur permettant d'agir en ordre dispersé et qui veut persuader l'animal en toutes ses parties l'une après l'autre, tu le verras tantôt l'esprit exalté, tantôt exténué, troublé tantôt par ses élans, tantôt par ses faux-fuyants, par ses chagrins, par ses plaisirs et par d'étranges désirs. Il n'est même jamais d'accord avec lui-même :

« Oui, je sens le forfait que je vais perpétrer ;
Mais la passion prévaut sur mes résolutions »[58],

a dit quelqu'un qui avait reconnu les différences et les divergences de nos facultés malgré leur égalité. 7 Voilà en vérité l'essentiel et la qualité royale par excellence : régner sur soi-même[59], après avoir placé l'intelligence au-dessus de la bête qui cohabite avec elle, et ne pas juger convenable de dominer des milliers et des milliers de personnes et d'être soi-même l'esclave des maîtres les plus vils, le plaisir et la douleur, et de toutes les bêtes sauvages de la même espèce qui habitent dans l'être vivant.

11. 1 A partir de là le Roi, progressant désormais dans son propre entourage, rencontrera d'abord ses proches et

---

57. Les Stoïciens affirment que l'âme est une : l'*hêgémonikon*, ou partie directrice, régente les cinq sens, la partie reproductrice et la parole.
58. Eurip., *Méd.*, 1078-79.
59. Cf. n. 51.

ταὐτὸν δὲ εἰπεῖν, ἀγαθοὺς ἐκπλήττων, τοὺς δὲ ἐχθρούς
τε καὶ πονηροὺς καταπλήττων. Μετάνοια δὲ οὐκ ἐμβα-
τεύει τῇ τούτου ψυχῇ· πράττει γὰρ ὅ τι ἂν πράττῃ
δεδογμένα ἅπασι τοῖς μέρεσι τῆς ψυχῆς πράττων, τῷ
πάντα πρὸς μίαν ἀρχὴν κεκοσμῆσθαι καὶ μὴ ἀπα-
ξιῶσαι μέρη τε εἶναι καὶ εἰς ἓν τὸ ὅλον συννεῦσαι.
6 Ὅστις δὲ διοικίζει τὴν προσβολὴν τῶν μερῶν τούτων,
ἐνδοὺς αὐτοῖς εἰς ἐνέργειαν πολλοῖς εἶναι, καὶ ἀνὰ
μέρος ἐθέλει ἀναπείθειν τὸ ζῷον, τοῦτον ὄψει νῦν μὲν
ὑψοῦ τὴν γνώμην, νῦν δὲ ὕπτιον· τεταραγμένον νῦν μὲν
ὁρμῇ, (11) νῦν δὲ φυγῇ καὶ λύπαις καὶ ἡδοναῖς καὶ
ἀτόποις ὀρέξεσιν. Ὁμολογεῖ δὲ οὐδέποτε οὗτος αὐτὸς
ἑαυτῷ·

καὶ μανθάνω μὲν οἷα δρᾶν μέλλω κακά,
θυμὸς δὲ κρείσσων τῶν ἐμῶν βουλευμάτων,

ἔφη τις, ἐπιγνοὺς τὴν ἑτερότητα καὶ διχόνοιαν τῶν ἴσων
δυνάμεων. 7 Τοῦτό τοι πρῶτον καὶ σφόδρα βασιλικόν,
αὐτὸν ἑαυτοῦ βασιλεύειν τὸν νοῦν ἐπιστήσαντα τῷ
συνοίκῳ θηρίῳ καὶ μὴ κρατεῖν ἀξιοῦντα πολλάκις
μυρίων ἀνθρώπων, ἔπειτα αὐτὸν δοῦλον εἶναι δεσ-
ποινῶν αἰσχίστων, ἡδονῆς καὶ λύπης καὶ ὅσοι σύγγο-
νοι θῆρες ἐνδιαιτῶνται τῷ ζῴῳ.
11. 1 Ἐντεῦθεν δὲ ἤδη παρ' ἑαυτῷ προϊὼν ὁ βασιλεὺς
πρώτοις ἐντεύξεται τοῖς πέλας τε καὶ φίλοις, μεθ' ὧν

5-6 ἐκπλήττων...καταπλήττων ACVMO^{ac}B : –πλήττον...–πλῆττον
SO^{pc} ‖ τοὺς δὲ — καταπλήττων om. M (rest. M²) ‖ 7 πράττῃ
SACVMO : –τοι B ‖ 8 τῷ SAC^{pc}VMO^{corr}B : τοῦ C^{ac} ‖ 9 κεκοσμῆ-
σθαι ACVMOB : κεκομῆσθαι S.

6³ ἐθέλει S^{pc}C^{pc}V^{pc}B : –λειν S^{ac}AC^{ac}V^{ac}MO Turn. ‖ 5 ὁρμῇ SAV
MOB^{corr} : ὀργῇ C ‖ 6 αὐτὸς codd. Turn. Kr. : om. Pet. Terz.

7² ἐπιστήσαντα SAVMOB : –στατήσαντα C ‖ 4 αὐτὸν SA^{pc}
CVMOB : αὐτῶν A^{ac}.

11. 1¹ ἑαυτῷ SACO Terz. : –τοῦ M^{corr}B (V legi nequit) Turn. Pet.
Kr.

ses amis. C'est en leur compagnie qu'il délibérera sur tous sujets. Il les appellera ses amis sans employer ironiquement cette dénomination, sans agir non plus comme ceux qui corrigent la rudesse et la raideur effective du despotisme par une appellation plus bienveillante que véridique. 2 Existe-t-il en effet un bien aussi royal que la présence d'un ami ? Un compagnon plus agréable dans le bonheur, plus solide pour supporter une mauvaise inclination de la fortune ? Qui est plus franc dans la louange ? Moins désagréable dans une admonestation qui porte ? [60] Quel témoignage plus visible, pour la foule, de la bienveillance d'un Roi s'il fait en sorte que ses proches paraissent toujours dignes d'envie ? Voilà en effet comme il pourrait être aimé par ceux qui sont loin de lui, et les gens de bien formeraient des vœux pour obtenir l'amitié du Roi. 3 Il en va tout autrement pour les tyrans, qui ont inspiré le spirituel proverbe : « Loin de Zeus et de sa foudre.[61] » Il signifie que, à cause de ceux qui traitent avec hostilité leur entourage, la sécurité procurée par l'inaction est plus sûre que les dangers liés à une vie exposée au grand jour. En fait, on n'a pas plus tôt été envié à cause de l'amitié d'un tyran qu'on est plaint à cause de sa haine. 4 Mais le Roi, lui, sait bien que l'autosuffisance est en Dieu et que l'essence originelle, c'est Dieu, qui est au-dessus de ses sujets. Et pour l'homme

---

60. Le culte de l'amitié était très répandu chez les Anciens, en particulier chez les Stoïciens : voir le *Lysis* de Platon, les livres 8 et 9 de l'*Eth. Nic.* d'Aristote, étude définitive sur la question, le *De amicitia* de Cicéron et, plus près de Synésios, *La consolation à lui-même pour le départ de l'excellent Salluste* de Julien César. Dans la plupart de ces œuvres, le devoir de « correction fraternelle » est souvent rappelé. Cf. J.C. Fraisse, *Philia, la notion d'amitié dans la philosophie antique. Essai sur un problème perdu et retrouvé*, Paris, 1974.

61. D'après Chr. Lacombrade, *DR*, p. 46, n. 57, « les vieux proverbes, recueillis par les parémiographes, constituent, au temps de Synésios, un des éléments importants du culte du passé. La sagesse des philosophes (cf. Plotin, *Enn.*, 3,7,1) comme le purisme des écrivains y trouvent également leur compte. »

συνεστώτων περὶ τῶν ὅλων βουλεύσεται. Τούτους προσ-
ερεῖ φίλους, οὐ κατειρωνευόμενος τοῦ ὀνόματος οὐδὲ
ὥσπερ οἱ κολάζοντες τὸ τραχὺ καὶ πρόσαντες τῆς δεσ-
ποτείας ἔργῳ φιλανθρωποτέρῳ τῆς ἀληθείας ὀνόματι.
2 Τί γὰρ κτῆμα βασιλικὸν οὕτως ὥσπερ ὁ συνὼν
φίλος ; Τίς εὐτυχίας κοινωνὸς ἡδίων ; Τίς δὲ διενεγκεῖν
χείρω τύχης ῥοπὴν ἀσφαλέστερος ; Τίς ἀδολώτερος εἰς
ἔπαινον ; Τίς εἰς πλήττουσαν νουθεσίαν ἀλυπότερος ;
Εὐγνώμονος δὲ βασιλέως ποῖον ἐπιδηλότερον τῷ πλήθει
τεκμήριον ἢ εἰ φαίνοιτο ζηλωτοὺς ποιῶν ἀεὶ τοὺς
συνόντας ; Οὕτω γὰρ καὶ τοῖς πόρρωθεν ἐραστὸς ἂν εἴη
καὶ γένοιτο ἂν ἀγαθοῖς εὐχὴ τεύξασθαι φιλίας βασι-
λικῆς· 3 ὧν τἀναντία τοῖς τυράννοις ὑπάρχει, δι᾽ οὓς ἡ
κομψὴ παροιμία, πόρρω Διός τε καὶ κεραυνοῦ,
διὰ τοὺς ἐπιβούλως τοῖς συνοῦσι χρωμένους ἀδεέστερον εἶναι λέγουσα τὴν μετ᾽ ἀπραγμοσύνης ἀσφάλειαν
τῶν ἐν ἐπιφανεῖ βίῳ κινδύνων. Οὐ γὰρ ἔφθασέ τις μακα-
ρισθῆναι τῆς τοῦ τυράννου φιλίας καὶ ἠλεήθη τῆς
ἔχθρας. 4 Ἀλλ᾽ ὅ γε βασιλεὺς οἶδεν ὡς τὸ μὲν αὔταρκες
ἐν θεῷ καὶ ἀρχαία θεὸς οὐσία τῶν ἀρχομένων ὑπερκεί-
μενος· ἀνθρώπῳ δὲ ἀνθρώπων ἄρχοντι πολλῶν καὶ

Test. 11. 2⁵-3⁷ Εὐγνώμονος — ἔχθρας MACAR. 12ʳ, 18-12ᵛ, 8 (δὲ [2⁵]
om., ἢ pro εἴη [2⁷], ἐπιβούλους [3³] leguntur ; 3¹⁻² δι᾽οὓς — κεραυνοῦ NEAP. 78ᵛ, 22-23 = VOSS. 126ᵛ, 20-21 ; ²⁻⁵ πόρρω — κινδύνων
SUDA s. u. πόρρω (IV, 177, 13) ; post διὰ add. τό, ἐπιβούλους [3³]
legitur, κινδυνευόντων pro κινδύνων praebet ; ⁵⁻⁷ Οὐ γὰρ — ἔχθρας
NEAP. 78ᵛ, 23-24 = VOSS. 126ᵛ, 21-22.

³ βουλεύσεται SAC²ˢˡVMOB : –λεύεται C ‖ ⁴ οὐ κατειρωνευόμενος SCVMOB : οὐκ in ras. ἀντειρωνευόμενο// A² (οὐκαντει–μ) ‖ ⁶
ἔργῳ SCVMOB : –ον Aᶜᵒʳʳ.
    2¹ κτῆμα om. S (rest. S²ᵐᵍ) ‖ ⁶ ἀεὶ ποιῶν C eiusque apographum
λ ‖ ⁷ εἴη Vᶜᵒʳʳ Ath. Iviron 137 in corr. edd. post Turn. : ἢ cett. ‖
⁸ γένοιτο ἂν SACVMO : γένοιτ᾽ ἂν B ‖ τεύξασθαι SACMO :
–ξεσθαι C²ˢˡVB.
    3⁵ ἐν om. V (rest.V²ᵐᵍ) ‖ ⁶ τοῦ om. C (rest. C²ˢˡ).

qui commande à beaucoup d'hommes, ses semblables, sa nature ne suffit pas pour la parfaite intelligence de toute entreprise. Il remédie donc à l'insuffisance de sa nature en formant une seule essence avec ses amis et en multipliant à son profit ses propres facultés. Ainsi c'est avec les yeux de tous qu'il verra, avec les oreilles de tous qu'il entendra, avec les avis de tous, qui convergeront vers l'unité, qu'il prendra ses décisions.

12. 1 Il faut veiller cependant et vraiment avec toute son intelligence et, si du moins on le peut, utiliser dans ce but toutes les armes disponibles dans les Cours, il faut veiller à ce que la flatterie ne s'infiltre pas subrepticement, enveloppée du masque de l'amitié[62]. Par elle seule assurément, malgré la vigilance des gardes, la royauté est mise à sac. La flatterie s'introduit en effet, si elle n'est pas contenue et même fermement, au plus profond des trésors royaux et s'en prend à ce qui, dans les Rois, est l'essentiel, à leur âme même. C'est que l'amour de ses compagnons n'est pas la moindre vertu d'un Roi : 2 voilà ce qui rendit le fameux Cyrus et Agésilas les plus célèbres des Rois, tant chez les Grecs que chez les Barbares[63]. Le Roi décidera donc ce qu'il faut accomplir et fera prévaloir sa volonté parmi ses amis. Mais pour passer aux actes, il lui faut une multitude de bras.

13. 1 Mon discours, en progressant, fait sortir le Roi de son palais et, après ses amis, le confie aux soldats : à un moindre degré en réalité ils sont ses amis. Il descend dans la plaine et inspecte les hommes, les chevaux et les armes. Et là, il ira à cheval avec le cavalier, il courra avec

---

62. D'après O. Navarre, Théophraste, *Caractères, Commentaire* (*CUF*), Paris, 1924, p. 14-15, le type du flatteur a dû se développer « comme de juste, à la cour des princes : les flatteurs de Denys, tyran de Sicile, étaient restés célèbres sous le nom de Διονυσοκόλακες (Athénée, 6, 249 f ; 10, 435 e). » La comédie moyenne l'a souvent décrit. Quant à Aristote, il s'applique à distinguer le flatteur de l'ami : cf. *Eth. Nic.*, 4, 1125 a 1-2 ; 8, 9, 1159 a 14-16 etc.

63. Cf. Xén., *Anab.*, I,9,20.

ὁμοίων οὐκ αὐτάρκης ἡ φύσις εἰς ἅπαντος ἔργου περι-
νόησιν. Ἰώμενος οὖν τὴν τῆς φύσεως ἔνδειαν, συνου-
σιοῦται τοῖς φίλοις τὴν δύναμιν ἑαυτῷ πολυπλα-
σιάζων. Οὕτω γὰρ τοῖς ἁπάντων μὲν ὀφθαλμοῖς ὄψεται,
(12) ταῖς ἁπάντων δὲ ἀκοαῖς ἀκούσεται καὶ ταῖς
ἁπάντων γνώμαις εἰς ἓν ἰούσαις βουλεύσεται.

12. 1 Παραφυλακτέον μέντοι, καὶ μάλα ὅλῃ τῇ
γνώμῃ, καί, εἴ γε δυνάμεθα, ἅπασι τοῖς ἐν ταῖς αὐλαῖς
ὅπλοις ἐπὶ τούτῳ χρῆσθαι, μὴ λάθῃ παρεισδῦσα κολακεία τὸ φιλίας πρόσωπον περικειμένη. Ὑπὸ μόνης
γέ τοι ταύτης, καὶ ἀγρυπνούντων τῶν δορυφόρων, λησ-
τεύεται βασιλεία. Εἰσφέρεται γάρ, ἢν μὴ καὶ πάνυ
ἐρύκηται, μάλα ἐνδοτέρω τῶν ταμιείων καὶ ἐπιχειρεῖ τῷ
κυριωτάτῳ τῶν βασιλέων, αὐτῇ τῇ ψυχῇ· ἐπεὶ τό γε
φιλέταιρον οὐχ ἥκιστα ἀρετὴ βασιλέως. 2 Τοῦτό γέ τοι
καὶ Κῦρον τὸν πάνυ καὶ Ἀγησίλαον ὀνομαστοτάτους
βασιλέων ἐν Ἕλλησι καὶ βαρβάροις ἐποίησε. Γνώσεται
μὲν δὴ τὰ ποιητέα καὶ γνώμην ἐν τοῖς φίλοις κυρώσει·
ἵνα δὲ ἔργα γένηται, χειρῶν αὐτῷ δεῖ πολλῶν.

13. 1 Ὁ δὲ λόγος βαδίζων ἐξάγει τὸν βασιλέα τῶν
βασιλείων, καὶ μετὰ τοὺς φίλους τοῖς στρατιώταις
δίδωσι, δευτέροις δὴ τούτοις φίλοις. Καὶ καταβιβάσας
εἰς τὸ πεδίον ἐξεταστὴν ἀνδρῶν καὶ ἵππων καὶ ὅπλων
ποιεῖ· ἔνθα καὶ ἱππεῖ συνιππεύσει, καὶ πεζῷ συνθευ-

Test. 13. 1¹⁻² Ὁ δὲ — βασιλείων Neap. 78ᵛ, 24-25 = Voss. 126ᵛ, 22-
23 ‖ ⁵⁻⁶ ἔνθα — συνθευσεῖται Lex. Vind. 100, 7-8.

4⁶ ἑαυτῷ SACVMO : –τοῦ B ‖ ⁷ post Οὕτω add. μὲν O (del. O²) ‖
⁸ ταῖς ἁπάντων — καὶ om. A (rest. A²ᵐᵍ) sicut eius apographum μ.
12. 1¹ μάλα SACVMO : μάλιστα CʸᵖB ‖ ² ἅπασι SACVᵃᶜMOB :
πάσι Vᵖᶜ ‖ ³ τούτῳ SACVᵖᶜOB : τοῦτο VᵃᶜM ‖ κολακεία παρεισδῦσα M ‖ ⁴ πρόσωπον SACVMᵃᶜOB : –πεῖον Mᵖᶜ ‖ ⁶ μὴ om. S
(rest. S²ˢˡ) ‖ καὶ del. et post ἐρύκηται transp.V² ‖ ⁷ ἐνδοτέρω SAᵖᶜC
VMOB : ἐν δευτέρῳ (sic) Aᵃᶜ sicut eius apographum μ ‖ ⁹ φιλέταιρον [–ταῖρ– CMᵖᶜB] CVMᵃᶜOB : –αίτερον SA.
13. 1⁵⁻⁶ συνθευσεῖται ACVMOB : –θεύσεται S Turn.

le fantassin, il sera hoplite avec l'hoplite, peltaste avec le peltaste, il lancera ses traits avec les troupes légères. Par cette communauté d'activité, il entraînera chacun d'eux avec une vivante amitié, pour n'user d'aucun faux-semblant quand il les qualifiera de « compagnons d'armes », et pour qu'ils l'approuvent quand il les haranguera et qu'ils témoignent que l'emploi de cette expression est en vérité fondé sur des faits. 2 Tu t'irrites peut-être parce que nous t'enjoignons de te donner de la peine, mais, crois-moi, la fatigue s'attaque très peu au corps d'un Roi. En effet, qui peine ouvertement est très rarement vaincu par sa peine. Le Roi qui exerce son corps, qui campe en plein air et qui passe sa jeunesse au milieu des armes a ses peuples de tous lieux pour spectateurs. Il attire en effet les regards de tous les présents et personne ne peut souffrir de regarder ailleurs quand un Roi agit au vu et au su de tout le monde ; les oreilles des absents résonnent de tout acte du Roi, devenu un hymne. 3 Cette accoutumance au spectacle non rare du Roi par les soldats peut susciter de la bienveillance à son égard, bienveillance considérablement renforcée dans leur âme. Et quelle royauté est plus sûre que celle dont l'amour est le rempart ? Quel particulier, même peu actif, est moins exposé à la peur et moins contesté que ce Roi qui n'est pas craint

σεῖται, καὶ συνοπλιτεύσει τῷ ὁπλίτῃ καὶ τῷ πελταστῇ
συμπελτασθήσεται καὶ συνακοντιεῖ τῷ γυμνῆτι, τῇ
κοινωνίᾳ τῶν ἔργων εἰς ἔμψυχον ἑταιρίαν ἕκαστον προσ-
αγόμενος, ἵνα μηδὲ πρὸς τούτους εἴρων ἢ συστρατιώ-
τας καλῶν, ἀλλὰ δημηγοροῦντα ἐπιγινώσκωσιν αὐτὸν
καὶ μαρτυρῶσιν ὡς ἐκ τῶν ἔργων ἄρα τὸ ὄνομα λέγεται.
2 Δυσχεραίνεις ἴσως ὅτι σοι πονεῖν ἐπιτάττομεν· ἀλλ᾽
ἐμοὶ σὺ πείθου, βασιλικοῦ σώματος ἐλάχιστα πόνος
ἅπτεται. Ὅστις γὰρ οὐ λανθάνει πονῶν, τοῦτον ἥκιστα
πόνος νικᾷ. Βασιλέως δὲ σωμασκοῦντος καὶ θυραυ-
λοῦντος καὶ ὅπλοις ἐννεάζοντος οἱ πανταχοῦ δῆμοι
θέατρόν εἰσι. Τῶν τε γὰρ παρόντων ἐπιστρέφει τὰ
ὄμματα καὶ οὐδεὶς ἀλλαχόσε βλέπειν ἀνέχεται, βασιλέως ἐν ἀπόπτῳ τι δρῶντος· καὶ τῶν ἀπόντων ἐνηχεῖ τὰ
ὦτα πᾶν ἔργον βασιλέως ᾠδὴ γενόμενον. 3 Δύναται δὲ
ὁ συνεθισμὸς οὗτος, τὸ μὴ σπάνιον εἶναι τὸν βασιλέα
θέαμα στρατιώταις, εὔνοιάν τε αὐτοῦ καὶ μάλα ἐρρωμένην δημιουργεῖν τῶν στρατιωτῶν ταῖς ψυχαῖς.
(13) Καὶ τίς ἐχυρωτέρα βασιλείας τῆς ἔρωτι τετειχισ-
μένης ; Τίς δὲ ἰδιώτης καὶ μικρὰ πράττων ἀδεέστερός

Test. 13. 2³⁻⁴ ὅστις — νικᾷ MACAR. 12ᵛ, 8-9 (γὰρ om.). —

⁶ συνοπλιτεύσει SACVᵖᶜMᵖᶜOB : –τεύειVᵃᶜMᵃᶜ ‖ ⁷ γυμνῆτι
SᵖᶜACVMOᵖᶜ : –νήτῃ SᵃᶜM²ˢˡOᵃᶜ –νίτῃ B ‖ ⁸ ἑταιρίαν SCVMOB :
–ρείαν A Turn. Pet. ‖ ⁹ τούτους CVᵖᶜMB : τούτοις SAVᵃᶜO ‖ ¹⁰ ἐπιγινώσκωσιν [–γε–Vᵃᶜ] SACVᵖᶜMᵖᶜB : –κουσιν VᵃᶜMᵃᶜO.
2⁸ τι om. V (rest. V²) ‖ ἀπόντων AᵖᶜVᵖᶜOB Kr. Terz. : ἁπάντων
SAᵃᶜCVᵃᶜM Turn. Pet. ‖ ⁹ initio folii 118ᵛ in cod. M (post βασιλέως
in extrema folii 118ʳ linea) uerba ὃν διὰ τοὺς ζωγράφους ἐπιγινώσκουσιν οἱ προπολεμοῦντες ab 13. 3¹³⁻¹⁴ sumpta primum leguntur,
deinde delentur ‖ ᾠδὴ SACVOB : ᾠδὶ M ᾠδῇ Mʸᵖ ‖ γενόμενον
SACVMOB : γιν– M²ˢˡ.
3² τὸ SACVᵃᶜMOB Kr. Terz. : τῷ Vᵖᶜ Turn. Pet. ‖ ³ αὐτοῦ SAV
MOB : αὐτῷ C ‖ ⁴ δημιουργεῖν ἐρρωμένην S ‖ ⁵ ἐχυρωτέρα [–ο–
AVᵃᶜO Turn. Pet.] SACVᵖᶜOB : ὀχυροτέρα M ‖ βασιλείας codd. :
–λεία Turn. Kr. Terz. (Vat. gr. 435 et Urb. gr. 129) βασιλέα Pet.

par ses sujets, mais pour lequel ils sont dans l'anxiété ? Cette catégorie des militaire est assurément simple, généreuse et susceptible d' être gagnée aisément par un commerce assidu. Platon appelle « gardiens » la classe des combattants et la compare de très près à un chien[64], animal qui, par sa connaissance ou son ignorance, distingue l'amical de l'hostile. Que pourrait-t-il y avoir de plus honteux qu'un Roi connu en peinture par ceux qui se battent pour lui ?[65] 4 Le Roi bénéficiera, grâce à cette étroite communion, non seulement de la cohésion de l'armée autour de lui, comme un seul corps qui lui est connaturel, mais aussi de nombreux avantages qui se manifestent dans les circonstances suivantes : tantôt dans la pratique des travaux guerriers, tantôt dans l'initiation[66] et dans certains modes de préparation au commandement, qui poussent à des actions plus amples et sérieuses. 5 Il n'est certes pas sans importance en effet, quand le déroulement du combat le requiert, d'appeler par son nom un général,

---

64. Plat., *Rép.*, 375 a .

65. Cf. A. Piganiol, *op. cit.*, p. 339 : « L'image du Prince figure dans les chapelles des camps et dans le bureau des hauts fonctionnaires, comme sur un autel ; après sa mort elle continue d'être vénérée dans les temples. »

66. A la forme προτέλειαι que donnent la plupart des manuscrits et qu'a retenue N. Terzaghi en invoquant le témoignage du *PFlor*. 296, 47, VIᵉ s. ap. J.C. (cité par *LSJ* avec le sens de « previous payment, advance ») et celui, possible, de la *Souda* (*s.v.* προτέλεια), nous avons préféré garder, comme les éditeurs antérieurs, la leçon (τὰ) προτέλεια (attestée au singulier, plutôt rare, dans *Dion, 11.* 4) qu'on lit dans les *Vaticani gr.* 91 (V) et *Urb.* 129 (Y), ainsi que dans l'*Oxoniensis Bodl. Barocci* 219 (T) selon Krabinger. La confusion peut résulter soit de l'influence de la finale du mot suivant, παρασκευαί, soit de l'erreur, assez commune dans la minuscule ancienne, qui consiste à prendre pour un iota l'appendice relevé de l'alpha final (cf. ὁρώμενα dans *Calv.*, **22.** 3) (J.L.).

τε καὶ ἀνεπιβουλευτότερος ἐκείνου βασιλέως οὐχ ὃν
δεδίασιν, ἀλλ᾽ ὑπὲρ οὗ δεδίασιν οἱ ὑπήκοοι ; Τὸ δή τοι
στρατιωτικὸν τοῦτο φῦλον ἁπλοϊκόν τέ ἐστι καὶ
γενναῖον καὶ ὑπὸ συνηθείας ἁλώσιμον· καὶ Πλάτων
φύλακάς τε καλεῖ τὸ μαχητικὸν γένος καὶ κυνὶ μάλιστα
προσεικάζει, θηρίῳ γνώσει καὶ ἀγνοίᾳ κρίνοντι τό τε
φίλιον καὶ τὸ πολέμιον. Τί δ᾽ ἂν αἴσχιον γένοιτο βασιλέως ὃν διὰ τῶν ζωγράφων ἐπιγινώσκουσιν οἱ προπολεμοῦντες ; 4 Ὀνήσεται δὲ οὐ μόνον τοῦτο τῆς πυκνῆς
ἐπιμιξίας, τὸ καθάπερ ἓν σῶμα συμφυὲς τὸ στράτευμα
περικεῖσθαι, ἀλλὰ καὶ πολλὰ τῶν ἐν τοῖς τοιοῖσδε
καιροῖς γινομένων, τὰ μέν ἐστι μελέτη πολεμικῶν
ἔργων, τὰ δέ ἐστι στρατηγίας προτέλεια καὶ παρασκευαί τινες, ἃ πρὸς τὰ μείζω τε καὶ σπουδαῖα διεγεί-
ρει. 5 Οὐ γάρ τοι σμικρὸν ἐν χρείᾳ δορὸς ὀνομάσαι μὲν
στρατηγόν, ὀνομάσαι δὲ ὑποστράτηγον καὶ ἰλάρχην
καὶ ταγματάρχην καὶ σημαιοφόρον, εἰ τύχοι, καί τινας

Test. 13. 3[7-8] βασιλέως — ὑπήκοοι ΝΕΑΡ. 78[v], 25-26 = Voss. 126[v],
23-24. [10-12] Πλάτων — θηρίῳ ΝΕΑΡ. 78[v], 26-27 = Voss. 126[v], 24-26.
— [13-15] Τί δ᾽ ἂν — προπολεμοῦντες ΜΑCAR. 12[v], 9-10 ; ΝΕΑΡ. 78[v],
28-29 = Voss. 126[v], 26-27[r],1 (ambo ἂν et γένοιτο om., τοὺς ζωγράφους praebent ; in Voss. πολεμοῦντες legitur).

[7] τε om. B ‖ [8] τοι SAVMOB : τι C ‖ [9] καὶ om. A ‖ [11] μαχητικὸν
codd. : μαχηματικὸν S[2sl]S[γρ] ‖ μάλιστα om. M ‖ [12] τε om. B ‖
[13] φίλιον SCVMOB : φίλον A Turn. ‖ τὸ om. B ‖ [14] τῶν ζωγράφων
SC[pc]V[2sl]B Terz. : τοὺς –φους AC[ac]VMO Turn. Pet. Kr. ‖ [14-15] προπολεμοῦντες S[pc]ACVMOB : πολεμοῦντες S[ac].

4[2] συμφυὲς om. C (rest. C[2mg]) ‖ [3] τῶν om. SAVMO (rest. V[2]M[2]) ‖
ἐν om. SACVMO Turn. Pet. ‖ τοῖς om. S Pet. ‖ [4] πολεμικῶν SAC
VOB : τῶν πολεμίων M ‖ [5] ἐστι SACVMO : ἐπὶ B ‖ προτέλεια V
Turn. Pet. Kr. ex Oxon. Baroc. 219 : προτέλειαι SACMOB Terz.
uide adn.

5[1] δορὸς SCVMOB : δουρὸς A sicut eius apographum μ ‖ [2] ἰλάρχην [ἰ̄– V ἰ̆– CM] S[pc]CVM : εἰ̄– S[ac]AO ‖ [3] σημαιοφόρον CV[2sl] :
σημειο– AB[ac] σημεια– SVOB[pc] σημαια– M.

un général en second, un commandant d'unité de cavalerie, un commandant de corps de troupe, un vexillaire, à
l'occasion, et de nommer et d'exhorter en connaissance
de cause certains briscards, je veux dire les chefs d'uni-
tés, dans chaque corps de cavalerie et d'infanterie. Homère
ayant fait intervenir un dieu dans la bataille soutenue par
les Achéens[67], raconte que d'un coup de son sceptre il
remplit les jeunes

> « ... d'une fougue puissante, [68] »

de sorte que leur âme

> « sentit l'envie grandir en elle de guerroyer et de se
> battre,[69] »

et que ni leurs jambes ni leurs bras ne pouvaient supporter d'être inactifs. En effet le vers :

> « Voici, sous moi, mes pieds, et — en remontant — mes
> bras qui déjà frémissent d'ardeur[70] »

dépeint les jeunes gens qui s'élancent spontanément vers
les travaux guerriers. A mon avis, le Roi aussi obtiendrait
ce même résultat en appelant chaque homme par son
nom ; il réveillerait chez l'indifférent à l'appel de la
trompette l'amour de l'honneur et aiguiserait l'ardeur du
combatif. Tout le monde en effet désire se donner de la
peine avec le Roi pour témoin. 6 Le poète en tout cas

---

67. Hom. N 43.
68. *Ibid.*, 60.
69. *Ibid.*, 74.
70. *Ibid.*, 75.

τοῦ πρεσβυτικοῦ σὺν ἐπιγνώσει καλέσαι τε καὶ προτρέ-
ψαι, τοὺς ἐν τέλει λέγω καθ᾽ ἕκαστον ἱππικόν τε καὶ
πεζικὸν σύστημα. Ὅμηρος μὲν γάρ τινα θεῶν παρα-
στήσας τῇ μάχῃ τῶν Ἀχαιῶν, πληγῇ σκήπτρου φησὶν
αὐτὸν πιμπλάναι τοὺς νέους

                    ... μένεος κρατεροῖο,

ὡς τήν τε ψυχὴν

    μᾶλλον ἐφωρμῆσθαι πολεμίζειν ἠδὲ μάχεσθαι,

καὶ μηδὲ τὼ πόδε μηδὲ τὼ χεῖρε ἀτρέμας ἔχειν ἀνέχε-
σθαι· τὸ γάρ,

    μαιμώωσι δ᾽ ἔνερθε πόδες καὶ χεῖρες ὕπερθεν,

ἄττουσίν ἐστιν αὐτοκέλευστοι περὶ τὰ ἔργα τῆς μάχης.
Ἐμοὶ δὲ ταὐτὸ τοῦτο ἂν ποιῆσαι καὶ βασιλεὺς ὀνο-
μαστὶ καλέσας, καὶ τὸν ἀπερισάλπιστόν τε ἂν εἰς φιλοτιμίαν ἐγεῖραι καὶ τὸν ἀγωνιστὴν ἂν ἐπιθήξαι. Πᾶς γὰρ
ἐθέλει πονεῖν ὑπὸ μάρτυρι βασιλεῖ. ὁ Ὅ τοι ποιητὴς

Test. 13. 5^18-19 Πᾶς — βασιλεῖ Macar. 12^v, 12 (Ἅπας legitur, γὰρ
om.).

---

5 λέγω SAVMOB : λέγων C ‖ 6 πεζικὸν SACVMO : πεζὸν
B ‖ 8 πιμπλάναι [–ᾶ– M] ACVMOB : πιπ– S ‖ 11 ἐφωρμῆσθαι
codd. : –μᾶται Homeri codd. ‖ 14 μαιμώωσι S^pcVM Homeri codd. :
μαιμόωσι S^acA^2slB μεμόωσι ACO ‖ ἔνερθε ACVMO : –θεν SB ‖
χεῖρες καὶ πόδες B ‖ χεῖρες SACV^pcMOB : χείρεσι V^ac ‖ 16 τοῦτο
om. V (rest. V^2mg) ‖ ποιήσαιVM^pc : ποιῆσαι SACM^acO ambos
accentus praebet B ‖ ποιῆσαι ἂν S ‖ 18 ἐγεῖραι C^2slVM : –ρας SACO
ambos accentus praebet B ‖ ἀγωνιστὴν SACVMB : ἀνταγ– O ‖ ἂν
om. C ‖ ἐπιθήξαι CV^pcM : –θῆξαι SAV^acO ambos accentus praebet
B ‖ 19 ἐθέλει codd. : ἂν ἐθέλοι V^2sl ‖ post μάρτυρι add. δὲ SAVMO
(del. VMO) ‖ ante βασιλεῖ coni. τῷ Kr.

6^1.2 Ὅ — βασιλεῖ om. A (rest. A^2mg) ‖ τοι A^2mgCVMOB : τι S τε
Turn. Pet. e recc.

semble juger ainsi que cette attitude présente un immense avantage pour le Roi, soit en paix, soit en guerre. Il a bien compris que c'est précisément une question primordiale, influant très fortement sur le courage manifesté par les soldats, que le Roi n'ignore pas même les hommes de troupe, et il n'a pas seulement représenté Agamemnon appelant ses soldats par leur nom[71] : Agamemnon, d'après le poète, rappelle aussi à son frère de nommer chaque homme en mentionnant en outre son père et sa lignée, en partant des origines, et de les honorer tous, sans morgue[72]. D'autre part honorer, c'est aussi dire du bien, si l'on a appris que quelqu'un a soit accompli soit, grâce à la chance, réussi à accomplir une action d'éclat. Tu vois Homère ? Il fait louer le peuple par le Roi. Et qui ne serait prodigue de son sang après avoir été félicité par le Roi ? 7 Cet avantage te parviendra donc aussi du commerce assidu que tu entretiendras avec les soldats, et de plus tu connaîtras leur caractère, leur genre de vie et quelle place convient à chacun en chaque occasion. Examine donc encore ceci, en effet : le Roi est le spécialiste de la guerre comme le cordonnier est celui de la chaussure[73]. Or ce dernier est risible quand il ne connaît pas les instruments de sa spécialité ; comment le Roi sera-t-il capable d'utiliser ses soldats comme des instruments s'il ne les connaît pas[74] ?

73. Ce rapprochement entre le bon général et le bon cordonnier était déjà chez Aristote, *Eth. Nic.*, 1, 11, 1101 a, 3-5.

74. Les manuscrits divergent, que ce soit sur la forme verbale, sujette à l'iotacisme (γινώσκει, γινώσκῃ, γινώσκοι), ou sur le mot qui l'introduit (ἅ, ἄν). Les uns proposent de lire ἄν μὴ γινώσκει (Ψ μ) ou γινώσκοι (μ[sl] 11) ; les autres ont le relatif ἅ, tantôt avec γινώσκει (λ *O P*), tantôt avec γινώσκῃ (B + *R* 1), tantôt avec γινώσκοι (SACMO + R r ν σ *R*[sl] *Y* Z Md). Alors que Petau conserve ἅ μὴ γινώσκοι, nous devons la correction ἄν μὴ γινώσκῃ à Krabinger qui, sans doute sur le modèle de ὅταν ἀγνοῇ, adopte ἄν qu'il trouve dans les *Monacenses gr.* 490 (d) et 515 (e), et γινώσκῃ dans *Monacensis gr.* 476 (B) et *Vind. phil. gr.* 38 (W). Tout en acceptant la correction de Krabinger, Terzaghi se demande s'il ne faut pas écrire ἄν μὴ γινώσκῃ. (J.L.)

οὕτως ἔοικεν κρίνειν πάμμεγα ὄφελος εἶναι βασιλεῖ καὶ
εἰρηνικῷ καὶ πολεμικῷ· ὃς αὐτό που τοῦτο πρῶτον
κατανοήσας, ὅτι πλείστην ἔχει ῥοπὴν εἰς εὐψυχίαν
ἀνδρῶν τὸ μηδὲ τοὺς ἀγελαίους ἀγνοεῖσθαι τῷ βασιλεῖ,
οὐκ ὀνόματι μόνον καλοῦντα τοὺς στρατιώτας πεποίηκεν Ἀγαμέμνονα, (14) ἀλλ' οὗτος αὐτῷ καὶ τὸν ἀδελφὸν νουθετεῖ πρὸς τῇ προσηγορίᾳ πατρόθεν καὶ ἐκ
γενεῆς ἄνωθεν ὀνομάζειν ἄνδρα ἕκαστον καὶ
πάντας κυδαίνειν μηδὲ μεγαλίζεσθαι. Καὶ τὸ
κυδαίνειν δὲ αὖ εὖ λέγειν ἐστίν, εἴ τῷ τι ἀγαθὸν ἢ πραχ-
θὲν ἢ εὐτυχηθὲν συνηπίστατο. Ὁρᾷς Ὅμηρον ; Ἐγκω-
μιαστὴν ποιεῖ τὸν βασιλέα δημότου. Καὶ τίς οὐκ ἂν
αἵματος ἀφειδήσειεν βασιλέως αὐτὸν ἐπαινέσαντος ;
7 Καὶ τοῦτο οὖν ἥξει σοι τἀγαθὸν ἀπὸ τοῦ θαμὰ ὁμιλεῖν
στρατιώταις· καὶ πρὸς εἰδήσεις αὐτῶν ἤθη καὶ βίους
καὶ τίς ἑκάστῳ τάξις ἐν καιροῖς ἑκάστοις προσήκουσα.
Θέα γὰρ δὴ καὶ τόδε. Τεχνίτης ἐστὶν ὁ βασιλεὺς
πολέμων, ὥσπερ ὁ σκυτοτόμος ὑποδημάτων. Ἐκεῖνός
τε οὖν γελοῖος, ὅταν ἀγνοῇ τῆς τέχνης τὰ ὄργανα, ὅ τε
βασιλεὺς πῶς ἐπιστήσεται χρῆσθαι στρατιώταις ὀργά-
νοις, ἂν μὴ γινώσκῃ ;

Test. 13. 7⁴⁻⁵ Θέα — ὑποδημάτων Neap. 78ᵛ, 29-30 = Voss. 127ʳ,
1-2 (in Neap. Θ om. rubricator).

² οὕτως SACOB : οὗτος VM ‖ ⁴⁻⁵ εὐψυχίαν δρῶν S ‖ ⁷ οὗτος
SᵖᶜACVMOB : οὐ Sᵃᶜ ‖ ⁷⁻⁸ νουθετεῖ καὶ τὸν ἀδελφὸν B ‖ ⁸ καὶ om.
C (rest. C²) ‖ ⁹ ἄνωθεν om. B (rest. B²ˢˡ) ‖ ¹¹ αὖ om. B.
    7¹ τοῦτο οὖν AVMOB : τοῦτ' οὖν C τοῦτο τὸ (sic) οὖν S ‖
² στρατιώταις om. C ‖ πρὸς εἰδήσεις AVMOᵖᶜB Turn. Pet. Terz. :
προσειδήσεις SCOᵃᶜ Kr. γνώσῃ B²ˢˡ ‖ ante ἤθη add. καὶ B Kr. ‖
⁴ καὶ om. SC (rest. S²) ‖ ⁵ ὁ S Turn. Pet. Kr. : om. cett. Terz. ‖
⁶ ἀγνοῇ codd. : ἀγνοεῖ O²ˢˡ ‖ ⁸ ἂν Kr. e Mon. gr. 490 et 515 Terz. :
ἃ SACMO Turn. Pet. ἃ// B ἃ (sic) V ἂν prop. Terz. ‖ γινώσκῃ B Kr.
Terz. : –οι cett. Turn. Pet. uide adn.

14. 1 Mais parvenu à ce point, si je ramenais l'argumentation générale de mes propos à leur sujet présent, peut-être ne m'écarterais-je pas de mon but :

> « Qui sait si, le Ciel m'aidant, je n'ébranlerai pas ton cœur
> Par mes avis ? Les avis ont du bon venant d'un homme sincère.[75] »

2 J'affirme en effet que rien auparavant n'a causé plus de tort aux Romains que la solennité théâtrale qui entoure la personne royale et que le culte qu'ils célèbrent comme des prêtres, pour vous, dans le secret, ainsi que l'exposition en public, à la manière barbare, de ce qui vous concerne. Ostentation et vérité ne font pas en effet bon ménage. Mais ne sois pas fâché, au moins, car ce mal ne vient pas de toi, mais de ceux qui ont introduit cette maladie et ont transmis à la succession des temps ce fléau jalousement entretenu[76]. 3 Voilà pourquoi cette majesté et la crainte de vous humaniser en devenant un objet de spectacle habituel vous maintient enfermés et assiégés par vous-mêmes ; vous ne voyez que très peu et n'écoutez que très peu ce qui constitue une sagesse pratique, et

75. Hom. O 403 et 404. Cf. aussi Λ 792 et 793.

14. 1 Ἀλλ' ἐνταῦθα γενόμενος, εἰ τὸ κοινὸν τῶν λόγων εἰς τὴν παροῦσαν τῶν λόγων ὕλην καταβιβάσαιμι, τάχα ἂν οὐκ ἀπὸ σκοποῦ βάλοιμι·

τίς δ' οἶδ' εἴ κέν τοι σὺν δαίμονι θυμὸν ὀρίνω
παρειπών ; Ἀγαθὴ δὲ παραίφασις ἀνδρὸς ἀληθοῦς.

2 Φημὶ γὰρ οὐδὲν οὕτως ἔμπροσθεν ἄλλο χείρω ποιῆσαι τὰ Ῥωμαίων, ὡς τὴν περὶ τὸ βασιλικὸν σῶμα σκηνὴν καὶ θεραπείαν, ἣν ὥσπερ ἱερουργοῦντες ὑμῖν ἐν ἀπορρήτῳ ποιοῦνται, καὶ τὸ βαρβαρικῶς ἐκτεθεῖσθαι τὰ καθ' ὑμᾶς· ὡς οὐ φιλεῖ συγγίνεσθαι φαντασία τε καὶ ἀλήθεια. Ἀλλὰ σύ γε μὴ δυσχεράνῃς, ὡς τοῦτό γε οὐκ ἔστι σόν, ἀλλὰ τῶν ἀρξάντων τῆς νόσου καὶ παραδόντων τῇ διαδοχῇ τοῦ χρόνου ζηλούμενον τὸ κακόν. 3 Τοιγαροῦν ἡ σεμνότης αὕτη καὶ τὸ δεδιέναι μὴ ἐξανθρωπισθείητε σύνηθες γενόμενοι θέαμα κατακλείστους ποιεῖ πολιορκουμένους ὑφ' ἑαυτῶν, ἐλάχιστα μὲν ὁρῶντας, ἐλάχιστα δὲ ἀκούοντας ἀφ' ὧν πρακτικὴ φρόνησις συναθροίζεται, μόνας ἡδομένους τὰς τοῦ

Test. **14.** 3¹⁻² ἡ σεμνότης — ἐξανθρωπισθείητε Νεαρ. 78ᵛ, 30-31 = Voss. 127ʳ, 2-3 (in Νεαρ. ἐξανθρωπησθείητε, in Voss. ἐξαθρωπεισθείητε (sic) leguntur).

14. 1¹ εἰ ACVMOB : εἰς S ‖ ¹⁻² τῶν λόγων om. B (rest. B²ˢˡ) del. C ‖ ² εἰς ACᵖᶜVMOBᵖᶜ : εἰ SCᵃᶜBᵃᶜ ‖ ³ τάχα ἂν SAVMOB : τάχ' ἂν C ‖ οὐκ ἀπὸ Turn. Pet. Terz. : οὐκ ἄπο SAVMOB Kr. οὐκάπω (sic) C ‖ βάλοιμι SVMOB : βάλλοιμι AC ‖ ⁴ τοι codd. : οἱ Homeri codd. ‖ ⁵ ἀνδρὸς ἀληθοῦς codd. : ἐστιν ἑταίρου Homeri codd.

2¹ post ἔμπροσθεν add. ἐν VM ‖ ³ ante καὶ add. τε V²ˢˡ ‖ ὑμῖν AᵖᶜVMB²ˢˡ Kr. Terz. : ἡμῖν SAᵃᶜOB Turn. Pet. ‖ ⁵ ὑμᾶς ACᵖᶜV MOBᵖᶜ : ἡμᾶς SCᵃᶜBᵃᶜ ‖ ⁶ δυσχεράνῃς SAᵖᶜCVMOB : –ραίνης Aᵃᶜ sicut eius apographum μ ‖ ⁶⁻⁷ οὐκ ἔστι σόν SCʳᵃˢV²ˢˡB : οὐκ εἴη σόν VM οὐκ εἰς σε Aᶜᵒʳʳ οὐκ ει///σεν (sic) O ‖ ⁸ τοῦ χρόνου om. A sicut eius apographum μ.

3² γενόμενοι SCVMOB : –μενον A.

n'éprouvez que les plaisirs corporels, et parmi ceux-ci les plus matériels, ceux que procurent tout à la fois le toucher et le goût[77], vivant ainsi une vie de mollusque marin[78]. Dès lors, tant que vous méprisez la condition d'un homme, vous n'atteignez même pas la perfection humaine. 4 En effet, ceux que votre genre de vie, ou toute autre cause, vous amène à fréquenter et qui ont accès au Palais avec moins d'anxiété que les généraux et les capitaines, ces gens que vous vous conciliez donc, pourvus d'une tête légère et d'un jugement étroit, que la nature, par méprise, marque d'une fausse empreinte, comme les banquiers falsifient la monnaie[79] — et on fait don d'un fou au roi, cadeau d'autant plus important que le personnage est plus fou[80] —, ces gens-là éprouvent l'envie de rire et de pleurer dans le même temps, inconsidérément, et par leurs gestes, leurs cris et tous les autres moyens en leur pouvoir, ils agissent en bouffons, gaspillent avec vous le temps et accroissent l'obscurité de l'âme qui est votre partage[81] à cause de votre vie contre nature, en les affligeant d'un plus grand mal. Leurs réflexions et leurs expressions à courte vue conviennent mieux à vos oreilles qu'une pensée philosophique exprimée en une langue très claire et précise. Voilà le profit

77. Cf. Arist., *Eth. Nic.*, 3, 13, 1118 a, 25 - 1118 b 7 ; 7,6,1148 a 7 ; 7,8,1150 a 8.

78. Cf. Plat., *Philèbe.*, 21 c.

79. D'après A.Piganiol (*op. cit.*, p. 323-330), il ne faut pas dresser un tableau trop sombre de la situation monétaire au IVe siècle : « Les désastres du IIIe s. ont failli détruire l'économie monétaire ; Aurélien et Dioclétien l'ont restaurée, et elle a résisté jusqu'à la fin du IVe s. à de terribles secousses » (p. 328). « La banque a même perfectionné sa technique…Mais l'Etat contrôle étroitement les opérations des banquiers (*collectarii*). A Rome, ils sont tenus de livrer des *solidi* contre des pièces de cuivre au cours fixé par l'Etat. On essaie de sanctionner par des peines très dures la limitation du taux de l'intérêt » (p. 329).

80. Voir la note 82 de la traduction de Chr. Lacombrade, qui souligne l'engouement de la haute société romaine et des empereurs pour les bouffons.

81. Cf. Syn., *Réc. ég.*, I, 14, 6.

σώματος ἡδονάς, καὶ τούτων γε τὰς ὑλικωτάτας,
ὅσας ἁφή τε καὶ γεῦσις πορίζουσι, βίον ζῶντας
θαλαττίου πνεύμονος. Ἕως οὖν ἀπαξιοῦτε τὸν ἄνθρωπον, (15) οὐδὲ τῆς ἀνθρώπου τυγχάνετε τελειότητος.
4 Καὶ γὰρ οἷς σύνεστε παρὰ δίαιτάν τε καὶ ἄλλως, καὶ
οἷς ἐστιν εἰς τὰ βασίλεια πάροδος ἀδεέστερον ἢ
στρατηγοῖς τε καὶ λοχαγοῖς, τούτους οὓς χαρίεντας
ἄρα παρασκευάζεσθε, τοὺς μικροκεφάλους τε καὶ ὀλιγογνώμονας, οὓς ἡ φύσις ἁμαρτάνουσα παραχαράττει,
καθάπερ ἀδικοῦντες οἱ τραπεζῖται τὸ νόμισμα — καὶ
γίνεται βασιλεῖ δῶρον ἀπόπληκτος ἄνθρωπος, καὶ
μεῖζον ὅσον ἀποπληκτότερος —, οὗτοι γελασείοντες ἐν
ταὐτῷ καὶ κλαυσείοντες ἀτελῶς καὶ σχήμασι καὶ
ψόφοις καὶ ἅπασιν ὅσοις οἷόν τε βωμολοχοῦντες συν-
διαφθείρουσιν ὑμῖν τὸν χρόνον, καὶ τῆς ψυχῆς τὴν
ἀχλύν, ἣν ἐκ τοῦ μὴ φύσει ζῆν ἔχετε, κακῷ μείζονι
παραμυθοῦνται. Τούτων τὰ κολοβὰ διανοήματα καὶ
ῥήματα ταῖς ἀκοαῖς ὑμῶν ἐναρμόζεται μᾶλλον ἢ νοῦς
ἐκ φιλοσοφίας ἐν γλώττῃ περιτράνῳ τε καὶ στρογγύλῃ.

Test. 14. 3⁷⁻⁸ βίον — πνεύμονος Neap. 78ᵛ, 31-32 = Voss. 127ʳ, 3-4
(in quibus ζῶντες θαλασσίου legitur). — ⁸⁻⁹ Ἕως — τελειότητος
Macar. 12ᵛ, 13-14 (οὖν om., τυγχάνεται praebet). — 4⁴⁻⁵ τούς
μικροκεφάλους τε καὶ ὀλιγογνώμονας Neap. 78ᵛ, 32 = Voss. 127ʳ,
4 (in quo ὁμοιογνώμονας legitur ὀλίγο suprascripto). — ⁶⁻⁸ καὶ γίνεται — ἀποπληκτότερος Neap. 79ʳ, 1-2 = Voss. 127ʳ, 4-6 (in Neap. K
om. rubricator).

⁷ ἁφή SCVᵖᶜMB : ἀ- AVᵃᶜO ‖ ζῶντας CᵖᶜVMB : –τες SACᵃᶜV²ˢˡO ‖
⁸ πνεύμονος SᵖᶜACVMOBᵖᶜ : πνεύματος SᵃᶜBᵃᶜ ut uid.
   4² πάροδος SACᵍʳVMB : πρόοδος CO ‖ ⁶ τὸ νόμισμα ACV
MOB : τὰ νομίσματα S quod malit Kr. ‖ ⁹ ἀτελῶς SAVMOB : παντελῶς C ‖ ¹⁰ ἅπασιν ὅσοις SACᵖᶜVMOB : ἅπασι καὶ ὅσοις Cᵃᶜ ‖
¹¹ ὑμῖν SCVOB : ἡμῖν AM ‖ ¹⁴ ἐναρμόζεται SACVOB : –ζετε M ‖
¹⁵ τε om. B ‖ στρογγύλῃ SACVMOB²ˢˡ : –λῳ B.

que vous retirez de cette étonnante retraite, en vous
défiant de la partie sensée du peuple et en vous magni-
fiant devant elle, en introduisant d'autre part les sots
auprès de vous et en vous mettant à nu devant eux. 5 Il
faudrait bien se convaincre que toute réalité est formée et
développée à partir des mêmes ressources. Même si tu
parcours par l'esprit les endroits quels qu'ils soient de la
terre où un Empire s'est étendu, celui des Parthes, celui
des Macédoniens, celui des Perses, celui des antiques
Mèdes ou celui dans lequel nous vivons, tu verras des
hommes du peuple et des soldats monter le plus souvent
ensemble la garde aux portes et coucher à terre avec les
troupes de ligne, sans amoindrir leurs peine et sans
accroître leurs plaisirs ; ils ont poussé chaque Empire à
un haut degré de puissance, ont acquis tous leurs avantages grâce à leurs soins et, devenus dignes d'envie, ils
conserveraient encore difficilement leur rang sans la
sagesse. La prospérité paraît être en effet un fardeau bien
plus lourd que le plomb ! Elle renverse effectivement qui
l'a chargée sur ses épaules si d'aventure il n'est pas des
plus robustes.

15. 1 La nature nous promet la force d'âme, mais
l'entraînement l'accomplit, et c'est vers lui, Roi, que te

Ὁ δὲ τῆς θαυμαστῆς οἰκουρίας ἀπολελαύκατε, τοῦ
δήμου τὸ μὲν φρόνιμον ὑποπτεύοντες καὶ πρὸς ἐκείνους
ἀποσεμνυνόμενοι, τὸ δὲ ἀνόητον εἰσαγόμενοι καὶ πρὸς
ἐκείνους ἀπογυμνούμενοι. 5 Ἔδει μὲν εἰδέναι καλῶς ὅτι
ταῖς αὐταῖς παρασκευαῖς ἕκαστον αὔξεται καὶ συγκροτεῖται. Ἀλλ᾽ ἂν ἐπιδράμῃς τῷ νῷ τὴν ὅποι ποτὲ τῆς
γῆς ἐκταθεῖσαν ἀρχήν, εἴτε τὴν Παρθυαίων, εἴτε τὴν
Μακεδόνων, εἴτε τὴν Περσῶν, εἴτε τὴν παλαιτάτων
Μήδων, εἴτε τὴν ἐν ᾗ ζῶμεν, ἄνδρες δημοτικοί τε καὶ
στρατιῶται, καὶ τὰ πολλὰ συνθυραυλοῦντές τε καὶ
χαμευνοῦντες τοῖς ἐν ταῖς φάλαγξι καὶ οὔτε μειονεκ-
τοῦντες πόνων οὔτε πλεονεκτοῦντες ἡδονῶν, ἑκάστην
ἐπικράτειαν ἐπὶ μέγα προήγαγον, δι᾽ ἐπιμελείας
ἄνθρωποι κτώμενοι τἀγαθὰ καὶ γενόμενοι ζηλωτοί,
χαλεπῶς ἂν ἔτι τὴν τάξιν τηροῖεν ἄνευ φρονήσεως.
Ἔοικε γὰρ εὐτυχία φορτίον μολίβδου περιβριθέστερον.
Περιτρέπει γοῦν τὸν ἀναθέμενον, ἢν μὴ πάνυ ῥωμαλέος
ὢν τύχῃ.

15. 1 Ψυχῆς δὲ ῥώμην ὑπισχνεῖται μὲν φύσις, τελειοῖ
δὲ ἄσκησις, εἰς ἥν σε, βασιλεῦ, προτρέπει φιλοσοφία

Test. 14. [16] Ὁ δὲ — ἀπολελαύκατε ΝΕΑΡ. 79ʳ, 2 = Voss. 127ʳ, 6 (in
ΝΕΑΡ. pro Ὁ δὲ lapsu rubricatoris οὐδὲ legitur). — 5[13] Ἔοικε —
περιβριθέστερον ΝΕΑΡ. 79ʳ, 3 = Voss. 127ʳ, 6-7. — [13-15] Ἔοικε —
τύχῃ ΜΑϹΑR. 12ᵛ, 14-16 (γὰρ om., ῥωμαλαῖος legitur).
Test. 15. 1[1-2] Ψυχῆς — ἄσκησις ΝΕΑΡ. 79ʳ, 3-4 = Voss. 127ʳ, 7-8.

[17] μὲν τὸ M ‖ [18] εἰσαγόμενοι SACVMO : –άγοντες B Kr.
5[1] post μὲν add. οὖν C ‖ [2-3] συγκροτεῖται codd. : –κρα– V²ˢˡ ‖
[4] ἐκταθεῖσαν CᵖᶜVMOB : –τεθεῖσαν SACᵃᶜ ‖ pr. τὴν SVMB nos :
τῶν cett. edd. ‖ alt. τὴν SAVMOB nos : τῶν C edd. ‖ [5] pr. τὴν codd.
Turn. : τῶν Pet. Kr. Terz. ‖ alt. τὴν V²ˢˡ nos : τῶν SACVOB edd. τὴν
τῶν M ‖ [9] πόνων — πλεονεκτοῦντες om. C (rest. C²ᵐᵍ) ‖ [11] ante
ἄνθρωποι add. δὲ C ‖ κτώμενοι SCVMOB : κατακτώ– A sicut eius
apographum μ ‖ [12] ἂν om. B ‖ ἔτι om. S ‖ τηροῖεν ACVMOBᵖᶜ :
ἐπιτηροῖεν SBᵃᶜ ‖ [14] γοῦν SAVMOB : οὖν C.
15. 1[1] Ψυχῆς — φύσις om. V (rest. V²ᵐᵍ).

pousse la philosophie qui se tient en garde contre les suites des discours : toute réalité en effet est détruite par les forces contraires à celles qui l'ont mise en place. 2 Je n'accepte pas que l'empereur des Romains transgresse les institutions des ancêtres. Par institutions romaines, entends, non pas celles qui se sont introduites tout récemment dans notre régime politique déjà infidèle à ses coutumes, mais celles avec lesquelles les Romains ont acquis leur Empire. Eh bien allons ! au nom du Dieu des Rois, essaie de me supporter patiemment ; mes paroles en effet mordent le cœur[82]. 3 Quand, à ton avis, l'Etat romain fut-il à son apogée ? Depuis que vous êtes tout couverts de pourpre et d'or, que vous placez ces pierres précieuses, extraites des montagnes et des mers barbares, les unes sur vos têtes, les autres sur vos pieds, d'autres autour de vos tailles, tandis que vous en suspendez sur vos personnes, que vous en agrafez sur vous-mêmes et que vous en enchâssez dans vos trônes ? [83] Ainsi vous offrez dans sa perfection un spectacle des plus chatoyants et des plus multicolores, comme les paons, en attirant sur vous-mêmes la malédiction homérique de la « tunique de pierre »[84]. 4 Pourtant même cette tunique ne vous suffit pas ; vous ne pouvez, en effet, accéder au Sénat des Pairs, lorsque vous exercez votre charge consulaire, soit qu'on élise des magistrats, soit qu'on siège pour tout autre motif, si vous n'êtes pas vous aussi enveloppés d'une robe semblable[85]. Et précisément vous êtes regar-

---

82. Cf. Hom. Θ 185.

83. « On sait que le costume impérial ainsi d'ailleurs que le cérémonial aulique, symbole apparent de l'absolutisme des temps nouveaux, se trouvent fixés dans leurs grandes lignes depuis Dioclétien (Cf. Eutrope, *IX*,16 : *Ornamenta gemmarum vestibus calceamentisque indidit ; nam prius imperii insigne in chlamyde purpurea tantum erat*) » (Chr. Lacombrade, *DR*, p. 53, n. 84). Cf. les ornements de l'usurpateur Maxime décrits par L. Pacatus, *Panégyrique de Théodose,* in *Panégyriques latins*, éd. E. Galletier (*CUF*), Paris, 1955, t. 3, XLV, p. 111.

φυλαττομένη γενέσθαι τὸ ἐκ λόγου συμβαῖνον· τοῖς
γὰρ ἐναντίοις τῶν συνιστάντων ἕκαστον φθείρεται.
2 Καὶ οὐκ ἀξιῶ παραβαθῆναι τῷ βασιλεῖ Ῥωμαίων τὰ
πάτρια. Πάτρια δὲ ἡγοῦ Ῥωμαίων οὐ τὰ χθὲς καὶ
πρώην εἰς ἐκδεδιητημένην ἤδη παρελθόντα τὴν πολιτείαν, (16) ἀλλ᾽ ἐν οἷς ὄντες ἐκτήσαντο τὴν ἀρχήν.
Ἐπεὶ φέρε πρὸς τοῦ βασιλείου θεοῦ· καί μοι πειρῶ
διαμεῖναι, θυμοδακὴς γὰρ ὁ μῦθος. 3 Πότε κάλ-
λιον ἔχειν ἡγῇ τὰ Ῥωμαίων πράγματα ; Ἀφ᾽ οὗ περι-
πόρφυροί τέ ἐστε καὶ περίχρυσοι καὶ λίθους ἐξ ὀρῶν τε
καὶ θαλαττῶν βαρβάρων τοὺς μὲν ἀναδεῖσθε, τοὺς δὲ
ὑποδεῖσθε, τοὺς δὲ περίκεισθε, τοὺς δὲ ἐξαρτᾶσθε, τοὺς
δὲ περονᾶσθε, τοῖς δὲ ἐφιζάνετε ; Τοιγαροῦν ἀπετελέσ-
θητε θέαμα ποικιλώτατον καὶ πάγχρουν, ὥσπερ οἱ ταῷ,
τὴν Ὁμηρικὴν ἀρὰν ἐφ᾽ ἑαυτοὺς ἕλκοντες, τὸν χιτῶνα
τὸν λάϊνον. 4 Ὑμῖν δὲ οὐδὲ χιτὼν οὗτος ἀποχρῶν· οὐ
γὰρ εἰσιτητὸν εἰς τῶν ὁμοτίμων τὸ βουλευτήριον, ἡνίκα
ἂν τὴν ἐπώνυμον ἀρχὴν ἄρχητε οὔτε ἀρχαιρεσιαζόντων
οὔτε ἐπ᾽ ἄλλῳ τῳ συνεδρευόντων, ἢν μὴ καὶ πέπλον

Test. 15. 3⁸⁻⁹ τὴν Ὁμηρικὴν — λάϊνον NEAP. 79ʳ, 4-5 = VOSS. 127ʳ,
8-9 (in quo χιτόνα et λάιον leguntur).

³ λόγου SᵖᶜACVMOB : λογίου Sᵃᶜ.
2¹ παραβαθῆναι SACᵖᶜVMOB : παραθῆναι Cᵃᶜ ‖ ³ εἰς om. A
(rest. Aˢˡ) ‖ ⁶ γὰρ om. C (rest. Cˢˡ) ‖ ὁ SCᵖᶜVᵖᶜB : om. ACᵃᶜVᵃᶜMO
sicut recte Homeri codd.
3² οὗ SCVMOB : οὗπερ A sicut eius apographum μ ‖ ⁴ θαλαττῶν
SAVM : –σσῶν cett. ‖ ante βαρβάρων add. τῶν S ‖ βαρβάρων
SCVMOB : βάρων (sic) A sicut eius apographum μ ‖ ⁵ περίκεισθε
SᵖᶜCᵖᶜVMOB : –κεῖσθε SᵃᶜACᵃᶜ Kr. ‖ ⁶ ἐφιζάνετε SᵃᶜACVMOB :
–νεσθε Sᵖᶜ ‖ ⁷ οἱ ταῷ SCᵖᶜ : οἱ ταῷ ACᵃᶜVMB Kr. ἡ ταὼς Oᶜᵒʳʳ ‖
⁸ ἀρὰν om. O (rest. O²ˢˡ).
4¹ οὐδὲ SAVO : οὐ cett. ‖ ³ ἄρχητε SACVB : –ετε MO ‖ ⁴ οὔτε
SCVMOB : τ supra ου scripto A quod eius apographum μ τοῦ legit ‖
ἐπ᾽ AVMOB : ἐπὶ C om. S ‖ συνεδρευόντων codd. Terz. : συνε-
δριαζόντων Turn. Pet. et Kr. e Vratisl. Rehd. 34 et Vat. Pal. gr. 117.

dés par les humains, dont c'est la prérogative de vous voir, comme les seuls heureux parmi les Sénateurs, comme les seuls parmi les Sénateurs à porter la charge du pouvoir[86]. 5 Cependant vous vous réjouissez de ce fardeau comme un captif qui, enchaîné par des liens en or ou plutôt par les entraves les plus coûteuses, ne prêterait plus aucune attention à son mal et estimerait ne rien souffrir, alors qu'il serait au nombre des captifs, abusé par la magnificence de son malheur ; mais il ne pourra pas bouger plus que ceux qui sont entravés par la plus grossière pièce de bois. 6 Et pour vous le sol n'est pas même supportable, pas même si vous vous promenez sur la terre à l'état naturel : au contraire il vous faut la recouvrir de paillettes d'or que, des continents lointains, transportent pour vous des chariots et des cargos ; et une troupe non négligeable est employée à la répandre sur le sol ! Vous pensez en effet qu'il n'est pas digne d'un Roi de ne pas jouir fût-ce grâce aux semelles de ses chaussures[87]. 7 Etes-vous donc plus heureux à présent, depuis que ce cérémonial secret s'est instauré autour des Rois et que vous vous tenez dans vos appartements, tels des lézards qui se penchent à grand-peine, par hasard, vers la chaleur du soleil, de peur d'être pris en flagrant délit d'humanité

---

86. L'empereur est le seul législateur, le juge suprême. C'est lui qui investit tous les fonctionnaires, qui décide de la paix et de la guerre. Il porte le titre de grand pontife jusqu'à l'empereur Théodose I.

87. Cf. l'*Histoire Auguste*, qui distingue le *scobis auri* utilisé par Héliogabale et l'*aurosa arena* utilisée à la cour au IVe s. (*Histoire Auguste*, éd. R. Turcan (*CUF*), Paris, 1993, t. 3,1[ère] partie, *Vie d'Héliogabale*, XXXI, 8, p. 110 et n. 181, p. 226).

τοιοῦτον ἐγκορδυλήσησθε. Καὶ δῆτα ἀποβλέπεσθε ὑπὸ
τῶν ἀνθρώπων οἷς θέμις ὁρᾶν ὡς μόνοι τῶν βουλευτῶν
εὐδαίμονες, μόνοι τῶν βουλευτῶν ἀχθοφοροῦντες·
5 ἀλλὰ [καὶ] γάνυσθε τῷ φορτίῳ, καθάπερ εἴ τις, χρυσῷ
δεθεὶς καὶ μᾶλλον πολυταλάντοις ταῖς πέδαις, ἔπειτα
μηδὲν ἐπαΐοι τοῦ κακοῦ μηδὲ ἡγοῖτο σχέτλια πάσχειν
εἰς δεσμώτας τελῶν, ἠπατημένος τῇ πολυτελείᾳ τῆς
συμφορᾶς· ἀλλ᾽ οὔ γε μᾶλλον κινήσεται τῶν ἐν τῇ
ποδοκάκκῃ τῷ φαυλοτάτῳ τῶν ξύλων. 6 Ὑμῖν δὲ οὐδὲ
τοὔδαφός ἐστιν ἀνεκτὸν οὐδ᾽ ἂν ἐμπεριπατήσητε κατὰ
φύσιν ἐχούσῃ τῇ γῇ· ἀλλὰ δεῖ τὴν χρυσῖτιν ἐπιφορεῖν,
ἣν ἐκ τῶν πέραν ἠπείρων ὑμῖν ἀπῆναί τε καὶ ὁλκάδες
διακομίζουσι καὶ στρατιά τίς ἐστιν οὐ φαύλη τῶν τὸ
χῶμα ῥαινόντων. Οὐ γὰρ βασιλικὸν ἡγεῖσθε μὴ οὐχὶ
καὶ τοῖς σκύτεσι τῶν ὑποδημάτων τρυφᾶν. 7 Νῦν οὖν
ἆρ᾽ ἄμεινον πράττετε, ἀφ᾽ οὗ περὶ τοὺς βασιλέας ἡ
τελετὴ συνέστη, καὶ θαλαμεύεσθε καθάπερ αἱ σαῦραι
μόλις, εἴ πῃ, πρὸς τὴν εἵλην ἐκκύπτουσαι, μὴ φωραθεί-
ητε ὑπὸ τῶν ἀνθρώπων ὄντες ἄνθρωποι ; Ἢ τόθ᾽ ἡνίκα

Test. 15. 7³⁻⁴ καὶ — ἐκκύπτουσαι ΝΕΑΡ. 79ʳ, 5-7 = Voss. 127ʳ, 9-10
(in quibus ποι et ὕλην pro πῃ et εἵλην leguntur).

⁵ ἐγκορδυλήσησθε [–λί– Aᵃᶜ] SAᵖᶜCVMOᵖᶜ : –σεσθε Β –λησθε
Oᵃᶜ ‖ ἀποβλέπεσθε SACVMB : –σθαι Ο ‖ ὑπὸ SVMOB : ἀπὸ AC
Turn. Pet. ‖ ⁶ pr. τῶν om. Β.
5¹ post ἀλλὰ add. καὶ edd. e recc. (Vratisl. Rehd. 34 Mon. gr. 87
Matr. 4759) quod uerbum om. codd. et deleuimus ‖ γάνυσθε SO :
γάννυσθε ACVMB ‖ ³ ἡγοῖτο SACVMO²ˢˡBᵖᶜ : ἡγεῖτο OBᵃᶜ ‖ ⁵ γε
SAC²ˢˡVMOB ‖ ⁶ ποδοκάκκῃ Mon. gr. 515 Ath. Iviron 137 p.
c. Turn. Pet. Terz. : –κάκη codd. Kr.
6² ἐμπεριπατήσητε SACVMO : –παρι– (sic) Β ‖ ⁵ διακομίζουσι
[–ιν Α] SACVOB : κομίζουσι Μ ‖ στρατιά V²ˢˡBᵖᶜ : –τεία
SACVMOBᵖᶜ.
7² ἆρ᾽ SACVMOBᵖᶜ Turn. : ἄρ᾽ Bᵃᶜ Pet. Kr. Terz. ‖ ⁴ ἐκκύπτουσαι SACVMᵖᶜOB : ἐκπίπτουσαι Mᵃᶜ ut uid. ‖ ⁵ ἡνίκα SACVMO :
ἡνίκ᾽ Β.

par les hommes ? Ou était-on plus heureux quand des
guerriers commandaient les troupes en vivant au grand
air, hâlés par le soleil, et se comportaient pour le reste
simplement et naturellement, et non pas en s'exprimant
dithyrambiquement ou tragiquement, mais en étant
recouverts de bonnets spartiates ? De ces guerriers les
jeunes gens se moquent quand ils les voient représentés
dans la statuaire et même les vieillards ne les jugent pas
heureux, mais estiment au contraire qu'ils ont été accablés d'infortune[88] comparés à vous ? 8 Et pourtant ces
Rois-là ne protégeaient pas par des murailles leur propre
territoire et ne repoussaient ni les Barbares asiatiques ni
ceux d'Europe ; en revanche par leurs actes ils les inci-
taient à fortifier les leurs, car ils traversaient souvent
l'Euphrate pour attaquer les Parthes[89], et l'Istros pour
s'en prendre aux Gètes et aux Massagètes[90]. Or ces derniers, après avoir pris d'autres noms que ceux-là, et
d'autres parmi eux, après avoir aussi artificiellement
modifié leurs visages, afin, bien entendu, qu'une race
nouvelle et monstrueuse paraisse être née de la terre[91],
vous remplissez de terreur en traversant les fleuves à
leur tour et prétendent recevoir un salaire pour la paix,

« A moins que toi, tu ne revêtes ta vaillance.[92] »

88. Après bien des hésitations nous avons gardé la leçon κακοδαίμονες donnée par presque tous nos manuscrits et adoptée par N. Terzaghi qui y voit le résultat d'une anacoluthe (« in orationis decursu
Synesius oblitus est se οὓς κτὲ. scripsisse, novumque enuntiatum pro-
fert, omisso verbo εἰσίν »), à moins que Synésios n'ait voulu éviter
l'équivoque qui eût consisté à rattacher κακοδαίμονας à ὑμᾶς. La
variante κακοδαίμονας des éditions antérieures n'apparaît que dans
deux de nos manuscrits, tardifs d'ailleurs : le *Matritensis* 4759 (Md) et
le *Londiniensis Harley* 6322 (Ψ). Krabinger n'en signale aucun. (J.L.)
89. Synésios passe pudiquement sous silence les campagnes diffi-
ciles de Sévère Alexandre, en 231, qui permettent de sauver la Mésopotamie des attaques d'Ardaschir I, roi des Perses, la capture de Valé-
rien par Sapor Ier en 260, l'échec de Julien après la prise de Ctésiphon,
et la retraite de Jovien (363-364) : cf. Chr. Lacombrade, *op. cit.*, p. 54,
n. 89.

ἐξηγοῦντο τῶν στρατευμάτων ἄνδρες ἐν μέσῳ ζῶντες,
μέλανες ὑφ᾽ ἡλίῳ καὶ τὰ ἄλλα ἀφελῶς τε καὶ αὐτοσκεύως ἔχοντες, ἀλλ᾽ οὐ διθυραμβωδῶς καὶ τραγικῶς,
ἐν πίλοις Λακωνικοῖς, οὓς ἐν ταῖς εἰκόσι θεώμενα γελᾷ
τὰ μειράκια, καὶ οὐδὲ ὁ γέρων δῆμος εὐτυχεῖς ἡγοῦνται
γεγονέναι, πρὸς δὲ ὑμᾶς ἐξετασθῆναι καὶ παντάπασι
κακοδαίμονες ; 8 (17) Ἀλλ᾽ ἐκεῖνοί γε οὐκ ἀποτειχί-
ζοντες τὴν οἰκείαν εἶργον οὔτε τοὺς Ἀσιανοὺς οὔτε
τοὺς Εὐρωπαίους βαρβάρους, ἀλλ᾽ οἷς ἐποίουν ἐκείνους ἐνουθέτουν τὴν σφετέραν ἀποτειχίζειν, θαμὰ δια-
βαίνοντες τὸν Εὐφράτην ἐπὶ τὸν Παρθυαῖον, τὸν δὲ
Ἴστρον ἐπὶ τὸν Γέτην τε καὶ Μασσαγέτην. Οἱ δ᾽ οὖν
ἕτερα ἀντὶ τούτων ὀνόματα θέμενοι, ἕτεροι δὲ αὐτῶν καὶ
τὰ πρόσωπα τέχνῃ παραποιήσαντες, ἵνα δὴ δοκοίη
γένος ἄλλο νέον τε καὶ ἀλλόκοτον ἐκφῦναι τῆς γῆς,
δεδίττονται ὑμᾶς ἀντιδιαβαίνοντες καὶ μισθὸν εἰρήνης
ἀξιοῦσι πράττεσθαι,

> ἢν μὴ σύ γε δύσεαι ἀλκήν.

Test. 15. [7-10] ἀφελῶς — μειράκια NEAP. 79[r], 7-9 = VOSS. 127[r], 10-12
(ambo τε om. ; in NEAP. θεώμεθα et in VOSS. μυράκια leguntur).

[7] τὰ ἄλλα SA[ac]VMOB : τἄλλα A[pc] C ‖ [7-8] αὐτοσκεύως AVM nos :
–σκευῶς SCB –σκευως (sic) O ‖ [8] διθυραμβωδῶς SCVMB : δηθ–
O δὴ θ. A sicut eius apographum μ ‖ τραγικῶς SAC[pc]VMB : στρα-
τηγικῶς C[ac]O ‖ [10] οὐδὲ om. C ‖ [12] κακοδαίμονες codd. Terz. : –νας
Turn. Pet. Kr. uide adn.
[8][2] οἰκείαν SVOB : οἰκίαν ACM Turn. Pet. ‖ [3] τοὺς om. C ‖
[3-4] ἐκείνους SACMOB : –νοις V ‖ [6] Μασσαγέτην SVMO : Μασα–
cett. ‖ οἱ δ᾽ οὖν Pet. Kr. Terz. : οἴδε οὖν B οἱ γοῦν SAC[ac]O οἴδε
γοῦν C[pc]VM οἱ οὖν Turn. ‖ [7] ἕτεροι SAVMOB : –ρα C ‖ δὲ αὐτῶν
SCVMB[ac] : δ᾽ ἑαυτῶν AOB[pc] ‖ [8] δὴ om. C ‖[10] ὑμᾶς SACVMO :
ἡμᾶς B ‖ [12] ἢν SACVM[pc]OB : εἰ M[ac] sicut Homeri codd. (uide epist.
118 [ed. G.-R., p. 250, l. 10 = Migne, 1497 C]).

9 Cessons toutefois, si tu veux, de comparer le passé au présent, pour ne pas paraître, sous couleur de louanges, distribuer des blâmes, en montrant que, plus la royauté se laisse aller à une attitude arrogante, plus elle s'éloigne de la vérité.

16. 1 Mais si, de même que mon discours jusqu'ici s'est complu dans la diversité de vos vies, il consacrait une de ses parties pareillement à la vie des Rois d'autrefois, soit que nous la qualifiions[93] de rustique, soit que vous préfériez le terme de simplicité, il y aurait un magnifique contraste mutuel entre la magnificence et l'économie, et toi, en les considérant ainsi toutes deux dans leur nudité, tu t'éprendrais de la beauté d'un véritable Roi, et tu rejetterais le faux semblant et le surfait. 2 Nous décrivions donc la magnificence surtout à partir de ses colorations artificielles[94] : il n'est pas possible de décrire ainsi la seconde, et il faut la saisir autrement. Elle ne possède rien de superflu, en effet, car elle ne s'en préoccupe pas. Sa manière d'être donnerait plutôt l'image de sa personnalité, et une activité quelconque accompagne de près le cours des vies conformes à la nature. Il vaut donc la peine de rappeler la manière d'être et l'activité d'un seul Roi : en effet l'évocation d'un quelconque règne suffit à tirer des conclusions pour tous les autres. 3 Il s'agit donc d'un souverain pas trop ancien, et que les grands-parents des vieillards contemporains peuvent même avoir connu, s'ils n'ont pas engendré leurs enfants

---

93. Pour l'expression de l'éventuel l'emploi de εἰ, au lieu de ἐάν, avec le subjonctif, bien attesté chez Homère, n'est pas sans exemple par la suite, que ce soit dans la poésie ou dans la prose (voir *LSJ, s.v.* εἴτε et εἰ B, II). N'était la quasi-unanimité des manuscrits en faveur du subjonctif, on pourrait supposer que καλῶμεν est une graphie fautive pour καλοῦμεν, variante adoptée par Krabinger à partir d'*Oxoniensis Bodl. Barocci* 219 (*T*) et que nous lisons aussi dans *Vaticanus gr.*435 (λ) et *Matritensis* 4759 (Md). En utilisant l'éventuel, puis l'indicatif, Synésios n'aurait-il pas cherché à établir une distinction entre une hypothèse à connotation péjorative (ἀγροικίαν) et une hypothèse plus valorisante (λιτότητα) ? (J.L.).

9 Ἀλλ' ἀφείσθω μέν, εἰ δοκεῖ, τὰ παλαιὰ πρὸς τὰ νῦν
ἐξετάζειν, ἵνα δὴ μὴ δοκοίημεν ἐν σχήματι παραινέσεως
ὀνειδίζειν, δεικνύντες ὡς ὅσον ἐπέδωκεν εἰς σχῆμα
σοβαρὸν τὰ βασιλέως, τοσοῦτον ἀληθείας ἀφήρηται.
16. 1 Εἰ δὲ ὥσπερ ἐν τῇ καθ' ὑμᾶς ποικιλίᾳ γενόμενος
ὁ λόγος ἐφιλοχώρησεν, νέμοι τινὰ μοῖραν ἑαυτοῦ καὶ
τῇ πάλαι τῶν βασιλέων, εἴτε ἀγροικίαν καλῶμεν αὐτήν,
εἴτε λιτότητα βούλεσθε, καλῶς ἂν ἀλλήλαις ἀντι-
παρεκδύοιντο πολυτέλεια καὶ εὐτέλεια· καὶ γυμνὰς ἂν
οὕτω θεώμενος, ἐρασθείης ἀληθινοῦ βασιλέως κάλλους,
ἀφεὶς τὸ φαινόμενόν τε καὶ ἐπιποίητον. 2 Οὐκοῦν
ἐκείνην μὲν ἀπὸ τῶν χρωμάτων τὸ πλέον ἐγράφομεν·
ταύτην δὲ οὐκ ἔστιν ἀπὸ τούτων, ἄλλοθεν δὲ λαβεῖν. Οὐ
γάρ ἐστιν αὐτῇ περιττά, μὴ πραγματευομένη περὶ
αὐτά· τὰ δὲ ἤθη μᾶλλον εἰκόνες ἂν αὐτῆς εἶεν· καί τι
ἔργον εὐθὺς συμπροκύπτει τῶν κατὰ φύσιν ἐχόντων
βίων ταῖς προβολαῖς. Ἑνὸς οὖν ἄξιον ἐπιμνησθῆναι
βασιλέως καὶ ἤθους καὶ ἔργου· καὶ γὰρ ἀποχρῶν ὁτιοῦν
πάντα συνεφελκύσασθαι. 3 Λέγεται δή τινα τῶν οὐ
λίαν ἀρχαίων, ἀλλ' ὃν ἂν εἰδεῖεν καὶ τῶν νῦν γερόντων

Test. 15. 9³⁻⁴ ὅσον — ἀφήρηται NEAP. 79ʳ, 9-10 = VOSS. 127ʳ, 13-14.

9² μὴ δὴ S ‖ ⁴ τὰ βασιλέως SACVMO : τὰ βασίλεια B.
16. 1² ἑαυτοῦ SAVMOB : –τῷ C ‖ ³ καλῶμεν codd. Terz. :
καλοῦ– Turn. Pet. Kr. uide adn. ‖ ⁴ ἀλλήλαις SACVOB : –οις M ‖
⁵ πολυτέλεια SAVMOB : πολι– C ‖ ⁶ κάλλους SᵖᶜACVMOB :
κάλλος Sᵃᶜ.
2² χρωμάτων Kr. suadente Hier. Wolf e Mon. gr. 490 Terz. :
χρημάτων codd. Turn. Pet. uide adn. ‖ ³ ἀπὸ τούτων om. SAVMO ‖
λαβεῖν SACVMO : λαχεῖν B ‖ ⁵ post τι add. καὶ SAVM ‖ ⁷ προβολαῖς SAVM : προσ– cett. ‖ ⁸ ὁτιοῦν SᵖᶜACVMOB : ὅτι οὐ Sᵃᶜ ‖
⁹ ante πάντα add. τἄλλα V²ˢˡ.
3¹ δή Vᵖᶜ edd. : δέ SACVᵃᶜMOB ‖ ² νῦν codd. Turn. Kr. : om.
Pet. Terz.

dans leur prime jeunesse et s'ils ne sont pas devenus grands-parents par ces enfants encore jeunes[95]. 4 On rapporte, n'est-ce pas ? qu'un de ces Rois menait une expédition contre l'Arsacide, qui avait outragé les Romains. Après qu'il fut parvenu aux cols qui donnent accès à l'Arménie, et avant de s'attaquer à la terre ennemie, il fut pris d'un pressant besoin de manger et il ordonna à l'armée d'utiliser les vivres fournis par le transport des bagages, car on pourrait s'approvisionner dans le voisinage, au besoin : et il montrait alors les campagnes des Parthes. 5 Sur ces entrefaites une ambassade ennemie se présenta. Elle pensait qu'à son arrivée elle se mettrait préalablement en relation avec les collaborateurs du Roi et avec leurs acolytes et leurs huissiers, afin qu'au bout d'un certain temps à partir de ce jour le Roi lui donnât audience, mais il arriva que cette ambassade tomba sur le Roi à peu près seul, alors qu'il prenait son repas. 6 Il n'y avait pas encore en effet l'équivalent des gardes du corps[96], armée d'élite à l'intérieur de l'armée, tous jeunes, tous de grande taille, à la chevelure blonde et abondante,

« aux cheveux bien huilés, à la jolie figure,[97] »

96. A partir d'ici apparaît véritablement le problème germanique. L'entrée pacifique des Barbares dans l'Empire prend l'allure d'une invasion. Les armées de Théodose sont constituées principalement de Huns, de Goths et d'Alains. Des troupes romaines sont sous le commandement de Timasius, officier romain, et de Stilicon, un Vandale. « Barbares aussi les soldats privés, les buccellaires, dont quelques hauts personnages commencent à s'entourer » (R. Rémondon, *La crise de l'Empire romain de Marc-Aurèle à Anastase*, Paris, 1964, p. 192). La conception du problème germanique dans l'armée à cette époque a cependant fort évolué. C'est ainsi qu'on peut lire dans *Le monde byzantin,* éd. C. Morrisson, Paris, 2005 (Nouvelle Clio), I, p. 150 : « L'image d'un Empire méditerranéen vieilli, ayant besoin du sang neuf germanique pour continuer à résister aux attaques barbares, a eu la vie longue dans l'histoire militaire. Mais la notion d'une 'barbarisation' massive de l'armée post-tétrarchique, surtout de ses éléments les plus aguerris, est peu pertinente pour l'Empire d'Orient ».

οἱ πάπποι, εἰ μὴ νέοι τοὺς παῖδας ἐτέκνωσαν καὶ παρὰ
νέων τῶν παίδων ἐγένοντο πάπποι· 4 λέγεται δή τινα
ἐκείνων στρατείαν μὲν ἄγειν ἐπὶ τὸν Ἀρσακίδην εἰς
Ῥωμαίους ὑβρίσαντα· ἐπειδὴ δὲ πρὸς ταῖς ὑπερβολαῖς
ταῖς Ἀρμενίων γενέσθαι, πρὶν ἐπιχειρῆσαι τῇ πολεμίᾳ,
δείπνου τε αὐτὸν ἐρασθῆναι καὶ ἐπιτάξαι τῇ στρατιᾷ
τοῖς ἀπὸ τῶν σκευοφόρων ἀγαθοῖς χρῆσθαι, ὡς ἐγγύθεν
ἐπισιτιουμένοις, ἢν δέῃ — ἐδείκνυεν δὲ ἄρα τοὺς
(18) Παρθυαίων ἀγρούς. 5 Ἐν τούτῳ δὲ ὄντων, πρεσ-
βείαν ἐκ τῶν πολεμίων παρεῖναι καὶ οἴεσθαι μὲν ἤκουσαν προεντεύξεσθαι τοῖς βασιλεῖ παραδυναστεύουσι,
καὶ τούτων γε αὖ πελάταις τισὶ καὶ εἰσαγγελεῦσιν, ὡς
εἰς ἡμέραν πολλοστὴν ἀπ' ἐκείνης τοῦ βασιλέως τῇ
πρεσβείᾳ χρηματιοῦντος· συνενεχθῆναι δὲ κατ' αὐτόν
πως γενέσθαι τὸν βασιλέα δειπνοῦντα. 6 Οὐ γὰρ ἦν πω
τὸ τῶν δορυφόρων τοιοῦτον, ἀπὸ τῆς στρατιᾶς στρατιά
τις ἔκκριτος, νέοι πάντες, πάντες εὐμήκεις, τὰς κόμας
ξανθοί τε καὶ περιττοί,

αἰεὶ δὲ λιπαροὶ κεφαλὰς καὶ καλὰ πρόσωπα,

4¹ δή Vᵖᶜ edd. : δέ SACVᵃᶜMOB ‖ ² στρατείαν SAᵃᶜCVMOB :
–τίαν AᵖᶜM²ˢˡ ‖ εἰς SCVMOB : ἐς A ‖ ³ ἐπειδὴ ACVMOB : ἐπεὶ
S ‖ ⁴ ταῖς SACVMO nos : τῶν C²ˢˡB Turn. Pet. Terz. ταῖς τῶν prop.
Kr. ‖ ⁵ στρατιᾷ SACV²ˢˡM²ˢˡOB : –τεία VM ‖ ⁶ χρῆσθαι SAC
VOB : κεχρῆσθαι M ‖ ⁷ ἐπισιτιουμένοις Vᵖᶜ Turn. Pet. Terz. :
–σιτουμένοις SACVᵃᶜMOB Kr. ‖ δέῃ SCVMOB : δέοι A sicut eius
apographum μ.

5³ ante βασιλεῖ add. παρὰ VM ‖ ⁵ εἰς om. CB ‖ ⁶ χρηματιοῦντος
SAVMOB : –τες C eiusque apographa σ R –τας C²ˢˡ.

6² στρατιᾶς AᵖᶜVMB : –τείας SAᵃᶜCO Turn. ‖ στρατιά SAᵖᶜC
VMOB : –τεία Aᵃᶜ ‖ ³ ἔκκριτος SCVMOB : ἐγκ– A sicut eius apographum μ ‖ alt. πάντες om. C ‖ ⁵ αἰεὶ edd. post Pet. sicut Homeri
codd. : ἀεὶ codd. Turn. ‖ δὲ om. B ‖ ante καὶ add. τε C.

au bouclier d'or et à la lance d'or, dont le spectacle éventuel nous fait conjecturer la présence royale comme, à
mon avis, à partir de ses rayons précurseurs on augure le
soleil : non, tout corps de troupe, en accomplissant la
tâche qui lui était propre, était le gardien du Roi et du
royaume. 7 Les Rois se comportaient avec simplicité ; ils
n'étaient pas Rois par leur faste vestimentaire, mais dans
l'âme, et leurs qualités internes les distinguaient du vulgaire. Extérieurement, ils étaient semblables à la multitude, comme l'était Carin[98], dit-on, lorsque l'ambassade
le vit. Sa tunique était teinte en pourpre et il était étendu
sur l'herbe. Son repas consistait en une purée de pois de
la veille dans laquelle on apercevait quelques menus
morceaux de salaison, de la viande de porc avancée en
âge. 8 Quand il vit les ambassadeurs, il ne se leva pas et
ne modifia en rien son comportement, à ce qu'on dit,
mais il les interpella de l'endroit même où il se trouvait :
il leur dit qu'il savait qu'ils venaient le trouver, que
c'était lui, Carin, et leur enjoignit d'annoncer à leur jeune
Roi, ce jour même, que, s'il ne se modérait pas, il
s'attende à ce que tout bois, toute plaine leur appartenant
soient, en une seule lunaison, plus pelés que la tête de
Carin. Tout en parlant, il ôtait son bonnet, dit-on, et montrait sa tête, qui n'était absolument pas plus chevelue que
son casque déposé près de lui. S'ils avaient faim, il leur
permettait de puiser ensemble dans sa marmite ; si inversement ils n'avaient besoin de rien, il les invitait à se reti-

---

98. Aussi bien Chr. Lacombrade (*op. cit.*, p. 56, n. 100) qu'A. Garzya (*op. cit.*, p. 418, n. 68) ont signalé l'erreur de Synésios. Cette anec-
dote ne convient pas à Carin (début 283-août/sept. 285), qui n'a jamais
fait la guerre aux Perses, mais plutôt à son père Carus (août/sept. 282-
juillet/août 283), qui envahit la Mésopotamie jusqu'à Ctésiphon, et
mieux encore à l'empereur Probus (été 271-automne 282). Carin a
néanmoins reçu, après la victoire de Carus en Orient, le titre de *Persi-
cus maximus* (*CIL* XIV, 126 = ILS 608). D'autre part, la dynastie des
Arsacides a disparu en 226, remplacée par celle des Sassanides. Les
connaissances historiques de Synésios paraissent approximatives !

χρυσάσπιδες καὶ χρυσεολόγχαι, οἷς, ὅταν ποτὲ
ὀφθῶσι, τὸν βασιλέα σημαινόμεθα, καθάπερ, οἶμαι,
ταῖς προανισχούσαις ἀκτῖσι τὸν ἥλιον· ἀλλὰ πᾶσα
φάλαγξ τὸ οἰκεῖον ποιοῦσα δορυφόρος ἦν τοῦ βασιλέως τε καὶ τῆς βασιλείας. 7 Οἱ δὲ ἁπλῶς ἑαυτῶν
εἶχον, οὐκ ἀπὸ τῆς σκευῆς, ἀλλ᾽ ἀπὸ τῆς ψυχῆς
βασιλεῖς ὄντες, καὶ τἄνδον τοῦ πλήθους διέφερον· τὰ δὲ
ἐκτὸς ὅμοιοι τοῖς ἀγελαίοις ἐφαίνοντο, ὥσπερ ἔχοντά
φασι τὸν Καρῖνον ὑπὸ τῆς πρεσβείας ὀφθῆναι. Φοινικο-
βαφὴς χιτών, καὶ ἐπὶ τῆς πόας ἐκέκλιτο· τὸ δὲ δεῖ-
πνον ἦν πίσινον ἕωλον ἔτνος, καὶ ἐν αὐτῷ τεμάχια
ἄττα τάριχη κρεῶν ὑείων, ἀπολελαυκότα τοῦ χρόνου.
8 Ἰδόντα δὲ αὐτόν, οὔτε ἀναθορεῖν οὔτε μεταποιῆσαί τι
λέγεται· καλέσαντα δὲ αὐτόθεν τοὺς ἄνδρας, εἰδέναι τε
φάναι παρ᾽ αὐτὸν ἥκοντας· αὐτὸς γὰρ εἶναι Καρῖνος·
καὶ κελεύειν ἀπαγγεῖλαι τῷ νέῳ βασιλεῖ τήμερον, εἰ μὴ
σωφρονήσοι, προσδέχεσθαι πᾶν μὲν ἄλσος αὐτῶν, πᾶν
δὲ πεδίον ἐν μιᾷ σελήνῃ ψιλότερον ἔσεσθαι τῆς Καρίνου
κεφαλῆς· ἅμα δὲ λέγοντά φασιν ἐκδῦναι τοῦ πίλου,
δεικνύντα τὴν κεφαλὴν οὐδέν τι δασυτέραν παρακειμέ-
νου τοῦ κράνους· καὶ εἰ μὲν πεινῷεν, ἐφεῖναι συνεμ-

Test. 16. 6^{6-8} οἷς — ἥλιον Νεαρ. 79^r, 10-12 = Voss. 127^r, 14-15
(ambo οἶμαι om. ; in Νεαρ. pro οἷς lapsu rubricatoris εἷς legitur).
— 7^{7-8} τεμάχια — χρόνου Τη. Μ. 352, 6-8 ubi τεμάχι᾽ ἄττα praebet
et 371, 6-8 ubi haec uerba om.

6 ποτὲ SCVMO : ποτ᾽ AB ‖ 8 ἀκτῖσι SAVMB Kr. : ἀκτίσι CO
αὐγαῖς Turn. Pet. (Matr. 4759) ‖ 10 τε καὶ τῆς βασιλείας del. V uel
V^2.

7^2 σκευῆς SAC^{γρ}VMOB : σκηνῆς C ‖ 5 Καρῖνον codd. :
Μακρῖνον Scor. X-I-13 ‖ 7 πίσινον SACVMO : πίσσινον B ‖
τεμάχια SAV^{pc}OB : τεμμάχια CV^{ac}M Turn. ‖ 8 ἄττα SOB : ἄττα
cett.

8^1 ἀναθορεῖν SA^{pc}CVMO^{pc}B : ἀνθορεῖν A^{ac}O^{ac} ‖ 2 αὐτόθεν
SACVMO^{pc}B : αὐτὸν O^{ac} ‖ 4 ἀπαγγεῖλαι om. M ‖ τήμερον SAC
VMO : σή– A sicut eius apographum μ ‖ 5 αὐτῶν SACVMO Turn.
Pet. : αὐτῷ B Kr. Terz. ‖ 7 ἐκδῦναι SACVMO^{pc}B : –δεῖναι O^{ac}.

rer sur-le-champ et à se tenir hors du camp romain,
puisqu'à ses yeux leur ambassade avait atteint son but.
9 Or on raconte d'autre part que lorsque les ambassadeurs eurent fait leur rapport aux troupes et au chef des
ennemis sur ce qu'ils avaient vu et entendu, comme il fallait s'y attendre, le frisson de la peur s'abattit sur eux
tous à la pensée qu'ils allaient combattre de tels hommes,
dont l'empereur ne rougissait ni d'être empereur ni d'être
chauve[99], et qui tendait sa marmite en invitant ses hôtes à
partager son repas. Il arriva alors, le Roi fanfaron, trem-
blant de peur, prêt à tout céder, lui sous sa tiare et son
surtout, à l'autre qui n'avait qu'une tunique de mauvaise
laine et un bonnet.

17. 1 Tu connais par ouï-dire, je pense, un exemple
plus récent que ce dernier : il est même absolument
invraisemblable en effet qu'on n'ait pas entendu parler
d'un Roi qui s'est livré, en territoire ennemi, à une tâche
d'espionnage, sous le couvert d'une ambassade[100]. Il fallait payer de sa personne alors pour commander les cités
et les armées, et beaucoup certes refusaient une telle
autorité. L'un d'entre eux, même après avoir passé sa
jeunesse sur le trône, y renonça à cause de ces fatigues et
passa volontairement sa vieillesse en simple particulier[101]. 2 Et puis je te montrerai aussi que ce titre même
de Roi est récent, car il était tombé en désuétude chez les
Romains depuis que le peuple avait chassé les Tarquins.
Voilà l'origine de cette appellation de « Roi » dont nous
vous honorons en parole ; et nous faisons de même par
écrit. Quant à vous, consciemment ou non, bien que vous

99. Allusion à l'*Eloge de la calvitie*, déjà écrit ou sur le point de
l'être.
100. Il pourrait s'agir de l'empereur Galère. (Cf. *Eutrope*, *Abrégé
d'histoire romaine*, éd. J. Hellegouarc'h (*CUF*), Paris, 1999, IX,25).

βαλεῖν τῇ χύτρᾳ· μὴ δεομένους δέ, κελεύειν αὐθωρὸν
ἀπηλλάχθαι καὶ ἔξω τοῦ Ῥωμαϊκοῦ χάρακος εἶναι, ὡς
τῆς πρεσβείας αὐτοῖς τέλος εὑρούσης. 9 Λέγεται τοίνυν καὶ τούτων ἀνενεχθέντων ἐπὶ τὸ πλῆθος καὶ τὸν
ἡγεμόνα τῶν πολεμίων, ὧν τ᾽ εἶδον ὧν τ᾽ ἤκουσαν, ὅπερ
εἰκὸς ἦν συμβῆναι, φρίκην καὶ δέος ἐπιπεσεῖν ἅπασιν,
εἰ πρὸς ἄνδρας μαχοῦνται τοιούτους ὧν ὁ βασιλεὺς
οὔτε (19) βασιλεὺς ὢν οὔτε φαλακρὸς αἰσχύνεται, καὶ
χύτραν παρατιθέμενος συνδείπνους καλεῖ· ἀφικέσθαι δὲ
τὸν βασιλέα τὸν ἀλαζόνα κατορρωδήσαντα, πάντα
εἴκειν ἕτοιμον ὄντα, τὸν ἐν τιάρᾳ καὶ κάνδυϊ τῷ μετὰ
χιτῶνος φαύλων ἐρίων καὶ πίλου.

17. 1 Ἕτερον δὲ τούτου νεώτερον ἀκούεις, οἶμαι· καὶ
γὰρ οὐδὲ εἰκὸς ἀνήκοόν τινα εἶναι βασιλέως ἑαυτὸν
ἐπιδόντος εἴσω τῆς πολεμίας γενέσθαι ἐν χρείᾳ κατασκοπῆς, μιμησαμένου σχῆμα πρεσβείας. Λειτουργεῖν
γὰρ ἦν τότε τὸ πόλεών τε καὶ στρατευμάτων ἡγεῖσθαι
καὶ ἐξώμνυντό γε πολλοὶ τὴν τοιαύτην ἀρχήν. Εἷς δέ
τις αὐτῶν καὶ ἐννεάσας τῷ βασιλεύειν, ἀπειπὼν πρὸς
τοὺς πόνους ἑκὼν ἰδιώτης ἐγήρα. 2 Ἐπεὶ καὶ τοὔνομα
αὐτό σοι δείξω τοῦ βασιλέως ὄψιμον, ἐκλιπὲς Ῥωμαίοις
γενόμενον ἀφ᾽ οὗ Ταρκυνίους ὁ δῆμος ἐξήλασεν. Ἀπὸ
τούτου γὰρ ἡμεῖς μὲν ὑμᾶς ἀξιοῦμεν καὶ καλοῦμεν
βασιλέας καὶ γράφομεν οὕτως· ὑμεῖς δέ, εἴτε εἰδότες
εἴτε μή, συνηθείᾳ δὲ συγχωροῦντες, τὸν ὄγκον τῆς

---

¹² αὐτοῖς SACVOB : αὐτῆς M ‖ εὑρούσης SACVMO : ἐχούσης B.

9² pr. καὶ SAʳᵃˢCVMO : del. B ‖ ³ pr. τ᾽ SAVMOB : τε edd. e
recc. om. C ‖ alt. τ᾽ SVᵖᶜMB : τε ACVᵃᶜO ‖ ⁴ ἐπιπεσεῖν SACVOB :
ἐμποιεῖν M ‖ ⁷ καλεῖ SAᵖᶜCᵖᶜVMOBʳᵃˢ : καλεῖν AᵃᶜCᵃᶜ.

17. 1¹⁻² Καὶ γὰρ — βασιλέως om. B (rest. B²ᵐᵍ) ‖ ² εἶναι om. A
sicut eius apographum μ ‖ ³ ἐπιδόντος SCVMO : –διδόντος AB ‖
³⁻⁴ κατασκοπῆς SACVMO : –σκόπου Bᶜᵒʳʳ ‖ post κατασκόπου add.
καὶ B² ‖ ⁸ ἐγήρα ACVMOB : ἐγήρα S.

2² τοῦ βασιλέως om. B (rest. B²ˢˡ) ‖ ⁴ ὑμᾶς om. O ‖ ἀξιοῦμεν
ὑμᾶς B ‖ ⁵ εἴτε iter. O del. O².

vous prêtiez à cette coutume, vous semblez reculer
devant la majesté de cette dénomination. Certes, lorsque
vous écrivez à une cité ou à un particulier, ou à un préfet
ou à un chef barbare, vous ne vous parez jamais du titre
de Roi[102], et vous vous considérez au contraire comme
des *autocratôres*. 3 *Autocratôr* est le titre d'un stratège
avec les pleins pouvoirs : Iphicrate et Périclès appa-
reillaient d'Athènes comme stratèges *autocratôres*, et
cette dénomination ne choquait pas le peuple sans souverain, et lui-même conférait par un vote à main levée cette
stratégie, qui était légale[103]. Assurément à Athènes un
personnage appelé Roi accomplissait des fonctions peu
importantes et devait rendre des comptes ; le peuple tour-
nait, je pense, son nom en dérision[104], car les Athéniens
étaient passionnés de liberté, mais *l'autocratôr* n'était
certes pas pour eux un monarque, et son action et son
nom étaient pris au sérieux. 4 Comment donc le fait suivant ne serait-il pas un exemple manifeste de la sage
orientation de la constitution romaine ? Bien que, de
toute évidence, elle se soit achevée en monarchie, elle a
en horreur les maux de la tyrannie[105], elle se garde avec
soin du titre de royauté et n'entretient avec lui que de
lointains rapports. La tyrannie en effet calomnie la
monarchie ; la royauté en revanche en fait un objet
d'envie et Platon l'appelle un bien divin parmi les
hommes[106]. Ce même philosophe estime que ce qui a part
à la divine destinée est totalement dépourvu de faste[107] :
la divinité[108] n'a que faire en effet du cabotinage ou de la
charlatanerie, mais

---

102. On sait combien les Romains se sont toujours défiés du titre
de Roi après le renversement de Tarquin le Superbe. Le titre de βασιλεύς ne sera officiellement repris que sous Héraclius, en 629, après la
victoire de celui-ci sur les Perses.
106. Plat., *Pol.*, 303 b.
107. Plat., *Phèdre*, 230 a.

προσηγορίας ἀναδυομένοις ἐοίκατε. Οὔκουν οὔτε πρὸς
πόλιν οὔτε πρὸς ἰδιώτην οὔτε πρὸς ὕπαρχον γράφοντες
οὔτε πρὸς ἄρχοντα βάρβαρον ἐκαλλωπίσασθέ ποτε τῷ
βασιλέως ὀνόματι· ἀλλ᾽ αὐτοκράτορες εἶναι ποιεῖσθε.
3 Ὁ δὲ αὐτοκράτωρ ὄνομα στρατηγίας ἐστὶ πάντα
ποιεῖν ὑποστάσης· καὶ Ἰφικράτης καὶ Περικλῆς ἔπλεον
Ἀθήνηθεν αὐτοκράτορες στρατηγοί, καὶ οὐκ ἐλύπει
τοὔνομα τὸν δῆμον τὸν ἀδυνάστευτον, ἀλλ᾽ αὐτὸς ἐχει-
ροτόνει τὴν στρατηγίαν νόμιμον οὖσαν. Ἀθήνησι μὲν
οὖν καὶ βασιλεύς τις καλούμενος μικρὰ ἔπραττεν καὶ
ὑπεύθυνος ἦν, εἰς τοὔνομα τοῦ δήμου, οἶμαι, παίζοντος
ἅτε ὄντες ἀκρατῶς ἐλεύθεροι· ἀλλ᾽ ὅ γε αὐτοκράτωρ
αὐτοῖς οὔτε μόναρχος ἦν, καὶ σπουδαῖον ἦν καὶ
πρᾶγμα καὶ ὄνομα. 4 Πῶς οὖν οὐ σαφὲς τοῦτο τεκμήριον τῆς σώφρονος ἐν τῇ Ῥωμαίων πολιτείᾳ προαιρέ-
σεως, ὅτι καίτοι μοναρχία προδήλως ἀποτελεσθεῖσα,
μίσει τῶν τυραννίδος κακῶν, διευλαβεῖται καὶ φειδο-
μένως ἅπτεται τοῦ βασιλείας ὀνόματος ; Μοναρχίαν
γὰρ διαβάλλει μὲν τυραννίς, ζηλωτὴν δὲ ποιεῖ βασιλεία, καὶ Πλάτων αὐτὴν θεῖον ἀγαθὸν ἐν ἀνθρώποις
καλεῖ· (20) ὁ δὲ αὐτὸς οὗτος τὸ θείας εἰληχὸς μοίρας ἀξιοῖ πάντη ἄτυφον εἶναι· οὐ γὰρ σκηνοβατῶν
οὐδὲ τερατουργῶν ὁ θεός, ἀλλὰ

Test. 17. 4⁹⁻¹² οὐ γὰρ — ἄγει Νεαρ. 79ʳ, 12-13 = Voss. 127ʳ, 15-17 (in quibus θνητὰ legitur).

⁷ οὔκουν SAVOB : οὐκοῦν CM ‖ ⁸ ὕπαρχον SACVMOBᵖᶜ : ὕπα-τον Bᵃᶜ.
3⁸ ὄντες SACVMOᵖᶜ Turn. Terz. : ὄντος OᵃᶜB Pet. Kr. ‖ ἐλεύθε-ροι SACVMO Turn. Terz. : –θέρου B Pet. Kr.
4⁵ βασιλείας SACVMB Kr. Terz. : –λέως O Turn. Pet. ‖ ⁸ δὲ SA VMOB : δ᾽ C ‖ εἰληχὸς codd. Terz. : μετειληχὸς Turn. Pet. Kr. e recc. ‖ ¹⁰ ὁ θεός SACᵖᶜVMOB : ὁδοῦ Cᵃᶜ ut uid. uide adn.

« ...suivant sans bruit sa route,
Et menant justement les actions des mortels »[109],

elle est prête à assister en tout lieu tout homme d'un naturel apte à la participation. Ainsi j'estime que le Roi est un bien commun à tous et dépourvu de faste. 5 Quant aux tyrans, s'ils accomplissent de soi-disant prodiges en secret ou en pleine lumière pour nous épouvanter, rien n'empêche que, par manque de véritable majesté, ils ne se réfugient dans l'affectation ; en effet, quand on est absolument malsain et que du moins on le sait, est-il possible de ne pas fuir la lumière en fuyant le mépris ? Mais le soleil, jusqu'à ce jour, personne ne l'a encore méprisé ; cependant quel spectacle est plus habituel[110] ? Et si un Roi demeure résolument sincère et sûr de ne pas être blâmé, qu'il soit tout à fait accessible : il n'en sera pas moins digne d'admiration, et même davantage encore. 6 Même le roi boiteux que Xénophon loue dans tout un ouvrage[111], ne fut pas un objet de moquerie ni pour ceux qu'il conduisait, ni pour les peuples à travers lesquels il les conduisait, ni pour ceux contre lesquels il marchait. Cependant il s'arrêtait dans les lieux les plus fréquentés de chaque cité ; pendant ce temps, quoi qu'il accomplît, il était parfaitement visible pour ceux qui tenaient à voir le chef de Sparte. 7 Mais alors qu'il était passé en Asie avec une petite armée, peu s'en fallut qu'il ne fît tomber du trône l'homme devant lequel se proster-

109. Eurip., *Troyennes.*, 887-888.
110. Allusion possible au mithriacisme peu à peu christianisé, comme le suggèrent Chr. Lacombrade (*op. cit.*, p. 59, n. 111, et A. Garzya (*op. cit.*, p. 422, n. 78, et p. 443, n. 114).
111. Xén., *Agés.*,5,7 ; 9,1.

δι᾽ ἀψόφου
βαίνων κελεύθου κατὰ δίκην τὰ θνήτ᾽ ἄγει,

παντί γε ἁπανταχοῦ παρεστάναι τῷ πεφυκότι μετέχειν
ἕτοιμος. Οὕτως ἀξιῶ τὸν βασιλέα κοινὸν ἀγαθὸν καὶ
ἄτυφον εἶναι. 5 Τύραννοι δὲ εἰ θαυματοποιοῦσι κρυπ-
τόμενοί τε καὶ σὺν ἐκπλήξει φαινόμενοι, φθόνος οὐδεὶς
χήτει σεμνότητος ἀληθινῆς ἐπὶ προσποίησιν καταφεύ-
γειν· τὸν γὰρ οὐδὲν ὑγιὲς ὄντα καὶ εἰδότα γε τοῦτο, τίς
μηχανὴ μὴ οὐχὶ φεύγειν τὸ ἐμφανές, φεύγοντα κατα-
φρόνησιν ; Ἀλλ᾽ ἡλίου τὸ μέχρι τήμερον οὐδείς πω
καταπεφρόνηκεν· καίτοι τί συνηθέστερον θέαμα ; Καὶ
βασιλεὺς εἰ τεθάρρηκεν ἀληθινὸς ὢν καὶ οὐκ ἐλεγχ-
θησόμενος, ἔστω κοινότατος· οὐδὲν γὰρ ἧττον, εἰ μὴ καὶ
μᾶλλον, ἀγαστὸς ἔσται. 6 Οὐδὲ τοῦ χωλοῦ βασιλέως
ὃν ἐπαινεῖ Ξενοφῶν ἐν ὅλῳ συγγράμματι, κατεγέλων
οὔτε οὓς ἦγεν οὔτε δι᾽ ὧν ἦγεν οὔτε ἐφ᾽ οὓς ἐπορεύετο·
καίτοι κατέλυεν οὗτος ἑκάστης πόλεως ἐν τοῖς δημο-
σιωτάτοις χωρίοις, ἐν ᾧ πάντα ποιῶν καταφανέστατος
ἦν οἷς ἐπιμελὲς τὸν ἡγεμόνα τῆς Σπάρτης ὁρᾶν.
7 Ἀλλ᾽ οὗτος εἰς τὴν Ἀσίαν τε διαβὰς ὀλίγῳ στρατεύ-
ματι, τὸν προσκυνούμενον ἄνθρωπον ὑπὸ τῶν ἀκατο-
νομάστων ἐθνῶν ἐγγὺς ἦλθεν ἀποβιβάσαι τῆς ἀρχῆς·

Test. 17. 5⁶⁻⁷ ἀλλ᾽ ἡλίου — θέαμα Νεαρ. 79ʳ, 13-14 = Voss. 127ʳ, 17-
18 (ambo τὸ om. et σήμερον praebent).

¹² κατὰ SACVMO : πρὸς CʸᵖB compendio male intellecto ‖ θνήτ᾽
Kr. metri causa : θνῆτα codd. Turn. Pet. ‖ ἄγει codd. : ἄγεις Euripi-
dis codd. ‖ ¹³ παρεστάναι SCOB : –εστάναι AM (V non liquet).
5¹⁻² κρυπτόμενοι τε om. C (rest. C²ᵐᵍ) ‖ ⁴ ὑγιὲς ὄντα AVMO :
ὑγιὲς ἔχοντα SCB²ˢˡ ὑγιῶς ἔχοντα B ‖ γε Bᵖᶜ : τε SAVMOBᵃᶜ om.
C ‖ ⁶ τὸ Kr. Terz. : τε SACVMOBʳᵃˢ Turn. Pet. ‖ ¹⁰ ἀγαστὸς
SACVMO : ἀγαθὸς SʸᵖB.
6² ὅλῳ συγγράμματι SAVMOB nos : ὅλῳ τῷ γράμματι C ὅλῳ
τῷ συγ– edd.
7¹ τε om. MB (V legi nequit) ‖ ante ὀλίγῳ add. ἐν M ‖ ² ante τὸν
add. πρὸς B.

naient les peuples qu'on ne peut désigner par aucun nom, car il fit tomber de haut son orgueil[112]. Et comme les autorités de son pays le rappelaient et qu'il avait renoncé à ses entreprises en Asie, il remportait de nombreuses victoires en Grèce[113], et enfin il fut vaincu au combat par un seul homme, par celui seul entre tous qui vraisemblablement pouvait l'emporter sur Agésilas, même dans une compétition de simplicité : 8 cet homme était Epaminondas[114]. Les cités lui décernaient des couronnes et l'invitaient à des banquets ; il s'y rendait (il ne pouvait en être autrement en effet pour un haut dignitaire sans encourir un blâme) ; il y buvait en plus une aigre piquette « afin, disait-il, qu'Epaminondas n'oubliât pas son mode de vie domestique. » A un jeune homme de l'Attique qui s'était moqué de la poignée de son sabre, parce qu'elle était en bois de mauvaise qualité, non travaillé : « Eh bien ! dit-il, lorsque nous combattrons, ce n'est pas de la poignée que tu tâteras ; quant à la lame, tu n'y trouveras rien à redire.[115] » 9 Si c'est une prérogative royale que de commander[116], et si commander c'est être le maître de ceux quels qu'ils soient qu'il convient de dominer d'après les règles de conduite et de vie observées par ceux qui sont versés dans l'art de régner, nous constatons, puisque ce

112. Allusion au débarquement d'Agésilas en Asie en 396 av. J.C. pour lutter contre Artaxerxès II Mnémon et les satrapes Tissapherne et Pharnabaze.
113. Entre autres la bataille de Coronée (août 394) en Béotie remportée contre la coalition des Athéniens, des Béotiens, des Argiens, des Corinthiens et des Eubéens.
114. Le thébain Epaminondas ne vainquit pas le spartiate Agésilas à la bataille de Leuctres, en 371, mais le Roi de Sparte Cléombrote. En 370, Epaminondas pénétra dans la Laconie et parut tout à coup devant Sparte, mais l'énergie d'Agésilas sauva la ville et Epaminondas dut lever le siège. Il vainquit définitivement Sparte en 362 à Mantinée où il trouva la mort, mais Agésilas ne parut pas non plus à cette bataille.
115. On ignore les sources de ces deux anecdotes.

τοῦ μὲν γὰρ φρονήματος ἀπεβίβασεν· καὶ ἐπειδὴ τῶν
οἴκοι τελῶν καλούντων τὰς ἐν Ἀσίᾳ πράξεις ἀφῄρητο,
νίκας Ἑλληνικὰς ἀνῃρεῖτο πολλάς, ὑπὸ μόνου τε
ἀνθρώπων ἡττᾶτο μαχόμενος, ὑφ' οὗ κρατηθῆναι μόνου
τῶν ἁπάντων εἰκὸς ἦν Ἀγησίλαον καὶ ὑπὲρ εὐτελείας
ἀγωνιζόμενον. 8 Ἐπαμεινώνδας ἦν οὗτος ὃν στεφανοῦσαι μὲν αἱ πόλεις ἐκάλουν εὐωχησόμενον, ὁ δὲ φοιτῶν
αὐταῖς — οὐ γὰρ ἦν ἄλλως ποιοῦντα μὴ οὐκ αἰτίαν
ἔχειν τὸν ἐν ἀξιώματι — δριμέος ὄξους ἐπέπινεν, « Ἵνα,
φησί, τῆς οἴκοι διαίτης Ἐπαμεινώνδας μὴ ἐπιλάθοιτο ». Νεανίσκου δὲ Ἀττικοῦ τῆς μαχαίρας αὐτῷ τὴν
κώπην ἐπισκώψαντος, ὅτι ξύλου τε φαύλου καὶ ἀκατέρ-
γαστος ἦν, « Οὐκοῦν ὅταν, ἔφη, μαχώμεθα, τῆς μὲν
κώπης οὐ πειράσῃ, τὸν σίδηρον δὲ οὐκ ἐνέσται σοι μέμ-
ψασθαι ». 9 (21) Εἰ δὲ βασιλικὸν μὲν τὸ ἄρχειν, ἄρχειν
δὲ ὁποίων δέον κρατεῖν, ἐξ ὧν οἱ κρατεῖν εἰδότες <ἐπι-
τηδεύουσιν> ἐπιτηδευμάτων καὶ βίων, ὁρῶμεν, ὡς οὐκ
ἀπὸ τῶν ἐκφύλων τε καὶ σοβαρῶν, ἀλλ' ἀπὸ τῶν

Test. 17. 8[1-6] Ἐπαμεινώνδας — ἐπιλάθοιτο MACAR. 12[v], 17-22 (ubi
Ἐπαμεινώνδα στεφανοῦσαι legitur, ἦν οὗτος ὃν omisso).

[5] τελῶν SCVMOB : τελετῶν A sicut eius apographum μ ‖ [8] ἦν codd.
Kr. : om. Turn. Pet. Terz.

[8.1] Ἐπαμεινώνδας SV[2sl]B : Ἐπαμι– ACVMO Turn. Pet. ‖ [4] δριμέος SAVMOB : –έως C ‖ ἐπέπινεν SCVMO : ἀπ– B Turn.
ἔπινεν A ‖ [5] Ἐπαμεινώνδας SV[2sl] : Ἐπαμι– ACVMOB Turn. Pet. ‖
[8] μαχώμεθα AB : μαχού– SVMO (C non liquet) ‖ [9] ἐνέσται SAC
VMB : ἐνέστι O.

[9.1] alt. ἄρχειν Terz. e Vat. Urb. gr. 129 : ἄρχει ACVMOB (S legi
nequit) Turn. Pet. Kr. uide adn. ‖ [2] ὁποίων SACOB Turn. Pet. Terz. :
δ/// V[2] om. M ὁποῖον Kr. e Mon. gr. 490 ‖ δέον SC[pc]B Kr. Terz. :
δέοι AC[ac] Turn. Pet. δὲ ὁ del. V[2] om. M ‖ pr. κρατεῖν Kr. e Par. gr.
1038 Vind. phil. gr. 38 (quibus Matr. 4624 Marc. gr. 422 Par. suppl.
gr. 256 et s. l. Vat. gr. 92 Lond. Harley 6322 addimus) Terz. : κρατῶν
codd. Turn. Pet. ‖ ἐξ ὧν edd. (Matr. 4759 et in ras. Ath. Iviron 137) :
ἐκ τῶν SAC[mg]VMOB om. C ‖ οἱ SACVOB : οἴκοι V[2sl]M ‖ [2-3] ἐπι-
τηδεύουσιν add. Terz. ‖ [3] βίων SAC[pc]VMB : βίον C[ac]O.

n'est pas à partir de l'étrangeté ni de l'arrogance, mais de la mesure et de la sagesse[117] que tout peut être totalement achevé, qu'il faut bannir de la royauté l'orgueil et la magnificence, dans l'idée que la royauté ne participe pas de ce qui lui est étranger. Et mon discours est parti de cette constatation[118].

18. 1 Quant à nous, ramenons notre discours à son point de départ particulier, et toi, ramène le Roi à sa fonction originelle. Il est nécessaire en effet que les modes de vie une fois corrigés, et la tempérance remise à l'honneur, cette dernière se voie remise à l'honneur avec son antique valeur[119], et que s'opère la substitution de tous les éléments qui lui sont opposés. Et toi, Roi, puisse-tu entamer le retour du bien et nous rendre le Roi serviteur public de l'Etat. 2 En effet, dans les circonstances actuelles, il n'est plus possible que l'insouciance[120] progresse et étende son empire ; à présent tout homme est sur le fil du rasoir, et il nous faut un dieu et un Roi aux affaires, pour conjurer à l'avance le destin péniblement enfanté depuis longtemps de l'Empire romain. 3 Ce destin, tout en abrégeant la suite de mon discours et en créant le Roi que j'ai entrepris de dresser comme une statue d'une beauté achevée[121], je montrerai clairement qu'il est proche, à moins qu'une royauté sage et forte ne le détourne, et, afin que tu sois toi-même ce sauveur, je vais employer toutes mes ressources. Mais Dieu est pour les gens de cœur, toujours et sans réserve, un bienveillant assistant.

---

117. La σωφροσύνη et la μετριότης sont deux composantes essentielles de la sagesse grecque, opposées d'ordinaire à l'ὕβρις barbare.

118. Cf. le premier paragraphe du discours.

119. Cf. n. 117.

120. Le ῥάθυμος, c'est celui qui a « le cœur facile » (ῥάδιος — θυμός). Le mot ῥαθυμία désigne donc la facilité, l'insouciance, le « laxisme » comme nous dirions aujourd'hui. Cf. Thuc., 2, 39.

121. Cf. *supra*, 9,5 ; 10 et la n. 43.

μετρίων τε καὶ σωφρόνων πάντα ἐκ πάντων συναιρεῖται,
βασιλείας ἐξοριστέον εἶναι τῦφον καὶ πολυτέλειαν, ὡς
οὐ μετὸν αὐτῇ τῶν ἀλλοτρίων. Καὶ ὁ λόγος ἐκ τούτου
προῆκται.

18. 1 Ἐπαναγάγωμεν δὲ ἡμεῖς τε τὸν λόγον εἰς
τὴν οἰκείαν ἀρχὴν σύ τε εἰς τὸ ἀρχαῖον πρᾶγμα τὸν
βασιλέα. Ἀνάγκη γάρ, κεκολασμένων τῶν βίων καὶ
σωφροσύνης ἐπανελθούσης, συνεπανελθεῖν μὲν αὐτῇ τὰ
παλαιὰ καλά, τῶν δὲ ἐκ τῆς ἐναντίας μερίδος ἀντι-
μετάστασιν πάντων γενέσθαι. Καὶ σύ, βασιλεῦ, τῆς
ἐπαναγωγῆς τῶν ἀγαθῶν ἄρξαιο καὶ ἀποδοίης ἡμῖν
λειτουργὸν τῆς πολιτείας τὸν βασιλέα· 2 καὶ γὰρ ἐν οἷς
ἐσμεν οὐκέτι οἷα χωρῆσαι ῥαθυμία οὐδὲ πρόσω βῆναι·
νῦν γὰρ πάντες ἐπὶ ξυροῦ ἵστανται ἀκμῆς, καὶ δεῖ θεοῦ
καὶ βασιλέως ἐπὶ τὰ πράγματα, τὴν ὠδινομένην χρόνον
ἤδη συχνὸν τῆς Ῥωμαίων ἀρχῆς τὴν εἱμαρμένην προ-
αναιρήσοντος, 3 ἥν, ἅμα συνάπτων τὸ ἑξῆς τοῦ λόγου
καὶ τὸν βασιλέα δημιουργῶν ὃν ἐνήργμην ἄγαλμα
πάγκαλον ἑστάναι, δείξω τε σαφῶς ἐγγὺς οὖσαν, ἢν μὴ
σοφή τε καὶ ἰσχυρὰ βασιλεία κωλύῃ, καί, ἵνα ὁ κωλύων
αὐτὸς ᾖς, ἐκ τῶν ἐνόντων συμπαλαμήσομαι. Θεὸς δὲ
ἀγαθοῖς ἀεί τε καὶ πάντως παραστάτης καὶ ἵλεως.

6 τῦφον SACVM Kr. : τύφον OB Turn. Pet. Terz. ‖ 7 μετὸν SAV
MOB : μεθεκτὸν C eiusque apographa σ R.

18. 1¹ Ἐπαναγάγωμεν AVMO : –γομεν S Ἐπανάγωμεν CB ‖ τε
om. C (rest. C²) ‖ ² εἰς codd. Kr. : ἐς Turn. Pet. Terz. e recc. ‖ ⁷ ἐπαναγωγῆς SACᵖᶜVMᶜᵒʳʳOBᵖᶜ : ἐπαγ– CᵃᶜBᵃᶜ ‖ ἄρξαιο SACᶜᵒʳʳV
MOB : ἄρξαις V²ˢˡ ‖ ⁸ πολιτείας SAᶜᵒʳʳCVMOB Kr. Terz. : βασιλείας Turn. Pet. (Matr. 4759 Mon. gr. 87).

2² οἷα SAᵖᶜB : οἷα AᵃᶜVMO utrumque accentum praebet C sicut
eius apographum λ ‖ ῥαθυμία SACᵃᶜOBᵖᶜ : –ίαν CᵖᶜVMBᵃᶜ ‖ ⁵ τὴν
SCO Turn. Pet. : om. VMB del. A Kr. Terz.

3¹ τὸ SAᵖᶜOBᵖᶜ : τῷ AᵃᶜCVMBᵃᶜ ‖ ² δημιουργῶν ACMB : –γὸν
SO (V non liquet) ‖ ³ ἑστάναι SCᵃᶜVᵖᶜMOB : ἑστᾶναι AVᵃᶜ ἱστάναι
Cᵖᶜ edd. ‖ τε codd. Terz. : γε Turn. Pet. Kr. (Matr. 4759) ‖ ⁴ κωλύῃ
B Kr. Terz. : –οι cett. Turn. Pet. ‖ ⁵ συμπαλαμήσομαι SACVMO
Bᵖᶜ : –πλακήσομαι Bᵃᶜ ut uid. (αλαμή in ras.) sicut Vat. gr. 435 Turn.

19. 1 Pourquoi donc avons-nous laissé de côté les fictions d'ordre général concernant le souverain imaginé dans notre discours et sommes-nous revenus par la pensée aux circonstances présentes ? La philosophie voulait que le Roi rencontrât souvent les soldats, au lieu de se tenir dans sa chambre. La bienveillance[122] en effet, qui seule et exclusivement constitue la puissante garde du souverain, ne peut résulter, d'après l'enseignement de la philosophie, que d'une fréquentation quotidienne. 2 Avec quelle race de soldats le philosophe, s'il est épris du Roi, lui conseille-t-il et de former sa personne et de cohabiter ? Evidemment avec ceux[123] que les campagnes et les cités et, en un mot, la terre sur laquelle tu règnes te donnent comme défenseurs et enrôlent comme gardiens de l'Etat et des lois, qui les ont élevés et éduqués. Ce sont eux en effet que Platon a comparés même à des chiens[124]. 3 Le berger ne devra certes pas mettre les loups avec les chiens, même s'il les a pris tout petits et s'ils paraissent apprivoisés, ou bien il leur confiera, pour son malheur, le troupeau. En effet chaque fois que les loups décèleront chez les chiens quelque relâchement ou quelque insouciance, ils les attaqueront ainsi que le troupeau et les bergers. Il ne faut pas non plus que le législateur donne des armes à ceux qui n'ont pas été enfantés ni élevés dans ses lois ; il ne possède en effet, de la part de telles gens, aucun gage de bienveillance. 4 Car c'est le propre d'un téméraire ou d'un visionnaire de voir une nombreuse jeu-

---

122. Avec les soldats autochtones, le Roi entretiendra des rapports de bienveillance (εὔνοια). La bienveillance, selon Aristote, est « un commencement d'amitié…Aussi pourrait-on dire, en étendant le sens du terme amitié, que la bienveillance est une amitié paresseuse, mais avec le temps et une fois parvenue à une certaine intimité elle devient amitié… » (Arist., *Ethique à Nicomaque,* trad. J. Tricot, Paris 1972, 1166 b 30 - 1167 a 20, p. 447-449). On se souvient que le Roi éprouvera de l'amitié pour ses proches et qu'il les consultera fréquemment (cf.11, n. 60). Voir aussi J.C. Fraisse, *Philia, la notion d'amitié dans la philosophie antique. Essai sur un problème perdu et retrouvé,* Paris, 1974, p. 249-250.

19. 1 Πόθεν οὖν, ἀπολιπόντες τὰ κοινῇ διαπλαττό-
μενα τῷ πλαττομένῳ παρὰ τοῦ λόγου βασιλεῖ, γνώμῃ
περιηνέχθημεν εἰς τὰ καθεστῶτα ; Ἠξίου φιλοσοφία
τὸν βασιλέα θαμὰ ὁμιλεῖν στρατιώταις, ἀλλὰ μὴ θαλα-
μεύεσθαι· τὴν γὰρ εὔνοιαν, ἣ μόνη καὶ μάλιστα βασιλέως ἐστὶν ἰσχυρὸν φυλακτήριον, ἐδίδασκεν ἀπὸ τῆς
ὁσημέραι συνηθείας ἀθροίζεσθαι. 2 Ποδαποῖς οὖν τὸ
γένος οὖσι τοῖς στρατιώταις φιλόσοφος, ἐραστὴς ὢν
βασιλέως, ἀξιοῖ καὶ παιδεύειν τὸ σῶμα καὶ συναυλίζε-
σθαι ; Ἢ δῆλον ὅτι τούτους οὓς ἀγροὶ καὶ πόλεις καὶ
καθάπαξ ἡ βασιλευομένη γῆ δίδωσι προμάχους καὶ
καταλέγει φύλακας τῇ πολιτείᾳ τε καὶ τοῖς νόμοις ὑφ᾽
ὧν ἐτράφησάν τε (22) καὶ ἐπαιδεύθησαν· οὗτοι γάρ
εἰσιν οὓς καὶ κυσὶν ὁ Πλάτων εἴκαζεν. 3 Ἀλλ᾽ οὔτε τῷ
ποιμένι μετὰ κυνῶν τοὺς λύκους τακτέον, κἂν σκύμνοι
ποτὲ ἀναιρεθέντες τιθασεύεσθαι δόξωσιν, ἢ κακῶς
αὑτοῖς πιστεύσει τὴν ποίμνην· ὅταν γάρ τινα ταῖς κυσὶν
ἀσθένειαν ἢ ῥαθυμίαν ἐνίδωσιν, αὐταῖς τε καὶ ποίμνῃ
καὶ ποιμέσιν ἐπιχειρήσουσιν· οὔτε τῷ νομοθέτῃ δοτέον
ὅπλα τοῖς οὐ τεχθεῖσί τε καὶ τραφεῖσιν ἐν τοῖς αὐτοῦ
νόμοις· οὐ γὰρ ἔχει παρὰ τῶν τοιούτων οὐδὲν εὐνοίας
ἐνέχυρον. 4 Ὡς ἔστιν ἀνδρὸς θαρσαλέου ἢ μάντεως
νεότητα πολλὴν ἑτερότροφον ἔθεσιν ἰδίοις χρωμένην ἐν

19. 1² post λόγου paruam rasuram praebent CO in qua καὶ fort.
legebatur sicut in aliquot recc. (Par. suppl. gr. 256 et Oxon. Canonici
41) ‖ ⁶ ἰσχυρὸν om. M.

2³ βασιλέως SAC²ˢˡVMOB : –λείας C ‖ ante ἀξιοῖ add. ὃν SAO
Turn. del. A² (V legi nequit) ‖ ⁴ ᵗΗ Terz. : ᵗΗ codd. Turn. Pet. Kr. ‖
τούτους SAVMOB nos : τούτοις C τοιούτοις edd. e Matr. 4759
Mon. gr. 87 uide adn.

3² τοὺς λύκους om. C eiusque apographa σ R (rest. C²ˢˡ) ‖ ³ τιθασεύεσθαι SAᵖᶜ Terz. : τιθασσεύεσθαι AᵃᶜCVMOB Turn. Pet. Kr. ‖
⁴ πιστεύσει ACVMOB : –σῃ S ‖ ταῖς SACB : τοῖς MO (V legi
nequit) ‖ ⁷ τε om. B ‖ τραφεῖσιν SAC²ˢˡVMOB : γρα– C.

4¹ θαρσαλέου SACVMO : θαρρα– B ‖ ² ἔθεσιν [–σι A] SᵖᶜA
CᵖᶜVMOB : ἔθνεσιν Sᵃᶜ ἤθεσιν Cᵃᶜ Turn.

nesse étrangère suivre ses propres coutumes et s'adonner
dans son pays à des exercices guerriers sans en éprouver
de la crainte. Il faut en effet ou bien croire que tous ces
jeunes gens cultivent la philosophie ou bien renoncer rai-
sonnablement à cette illusion et penser que le rocher de
Tantale n' est suspendu au-dessus de l'Etat que par de
fragiles liens[125]. Ces jeunes gens s'empresseront de
fondre sur nous dès qu'ils penseront que leur tentative a
quelque chance de réussite. C'est ainsi que quelques
escarmouches de ce genre ont déjà lieu et que de nombreuses parties de l'Empire s'enflamment comme celles
d'un corps[126], car les éléments étrangers ne peuvent leur
être associés pour engendrer une saine harmonie. Alors il
faut extirper ces éléments étrangers des corps et des
cités : la lignée des médecins et des stratèges pourrait le
dire. 5 Mais ne pas organiser une force pour leur faire
contrepoids[127]et, comme si leur force était une force
nationale, exempter du service militaire une multitude
qui le demande et permettre que les habitants du pays
vaquent à d'autres occupations[128], qu'est-ce d'autre, pour
des hommes, que se précipiter vers leur ruine ? Il faut,
plutôt que de supporter ici des Scythes bardés de fer[129],

---

125. Le châtiment le plus souvent infligé à Tantale, d'après les
récits mythologiques, est celui d'une faim et d'une soif éternelles.
Mais on racontait aussi qu'une roche était suspendue au-dessus de sa
tête, attachée par une corde, et que Tantale vivait ainsi dans une terreur
perpétuelle.

126. Par. ex. en 395, Alaric fut attaqué en Epire par des Thessa-
liens et perdit trois mille Goths ; en 399, Tribigild fut défait par des
Pamphyliens (cf. D. Roques, *op. cit.*, p. 143-144).

127. Synésios fait allusion ici à ces groupes éphébiques ou
civiques, véritables milices municipales, signalées par D. Roques (*op.
cit.*, p. 143), interdites en principe, et qui pouvaient « remplacer
l'armée nationale défaillante. »

τῇ χώρᾳ τὰ πολέμια μελετῶσαν ὁρῶντα μὴ δεδιέναι· δεῖ
γὰρ ἤτοι πάντας αὐτοὺς πιστεῦσαι φιλοσοφεῖν ἢ τούτου καλῶς ἀπογνόντας οἴεσθαι τὸν Ταντάλου λίθον
ὑπὲρ τῆς πολιτείας λεπτοῖς καλωδίοις ἠρτῆσθαι. Ὡς
τότε πρῶτον ἐπιχειρήσουσιν ὅτε πρῶτον αὐτοῖς οἰή-
σονται προχωρήσειν τὴν πεῖραν. Τούτου μὲν οὖν καὶ
ἀκροβολισμοί τινες ἤδη γίνονται καὶ φλεγμαίνει μέρη
συχνὰ τῆς ἀρχῆς ὥσπερ σώματος, οὐ δυναμένων αὐτῷ
συγκραθῆναι τῶν ἀλλοτρίων εἰς ἁρμονίαν ὑγιεινήν·
ἐκκρῖναι δὲ δεῖν τἀλλότριον ἀπό τε σωμάτων καὶ
πόλεων, ἰατρῶν τε καὶ στρατηγῶν παῖδες ἂν εἴποιεν.
5 Τὸ δὲ μήτε ἀντίπαλον αὐτοῖς κατασκευάζεσθαι δύναμιν καί, ὡς ἐκείνης οἰκείας οὔσης, ἀστρατείαν τε διδόναι πολλοῖς αἰτοῦσι καὶ πρὸς ἄλλοις ἔχειν ἀφιέναι
τοὺς ἐν τῇ χώρᾳ, τί ἄλλο ἢ σπευδόντων ἐστὶν εἰς ὄλε-
θρον ἀνθρώπων ; Δέον, πρὸ τοῦ Σκύθας δεῦρο σιδηροφοροῦντας ἀνέχεσθαι, παρά τε τῆς φίλης γεωργίας
ἄνδρας αἰτῆσαι τοὺς μαχεσομένους ὑπὲρ αὐτῆς καὶ

Test. 19. 4[5-6] τὸν Ταντάλου — ἠρτῆσθαι Νεαρ. 79[r], 15 = Voss. 127[r],
18-19. — [12-13] ἐκκρῖναι — εἴποιεν Νεαρ. 79[r], 16-17 = Voss. 127[r], 19-
21 (ambo δὲ om. [rest. s. l. Νεαρ.] et εἴποιεν ἂν praebent). — 5[4-5] τί
ἄλλο — ἀνθρώπων Νεαρ. 79[r], 17-18 = Voss. 127[r], 21 (ambo ante τί
add. τοῦτο δὲ et ἐστὶν post ἄλλο transp.).

---

4 πιστεῦσαι SACVMB : πιστεύσαι Ο ‖ 6 λεπτοῖς καλωδίοις ὑπὲρ
τῆς πολιτείας Β ‖ 10 συχνὰ SACVMO Kr. Terz. : τινὰ Β Turn.
Pet. ‖ 12 ἐκκρῖναι SVM[pc]B : –κρίναι ACM[ac]Ο Turn. ‖ 13 ἂν om. A
sicut eius apographum μ.

5[1] μήτε SAC[pc]VMOB : μήποτε C[ac] eiusque apographa σ R ‖
2 ἀστρατείαν SACO : –τίαν MB (V legi nequit) ‖ 5 πρὸ τοῦ B[pc] Pet.
Kr. Terz. : πρὸς τοὺς SAVMOB[ac] Turn. πρὸ τοῦ τοὺς C[2] τοῦ supra
πρὸ scripto ‖ 5-6 σιδηροφοροῦντας A[pc]CMO[pc]B : –τος SA[ac]O[ac] (V
legi nequit) ‖ 6 ἀνέχεσθαι SA[ac]CVMOB[pc] : ἀντέχεσθαι A[pc] sicut
eius apographum μ ἀνέρχεσθαι B[ac] sicut Mon. gr. 490 ‖ 7 μαχεσομένους SCVMOB : μαχο– A sicut eius apographum μ.

demander à nos propres campagnes des hommes qui combattront pour elles et enrôler des troupes, jusques et y compris le philosophe, en l'arrachant[130] de son lieu de méditation, l'artisan en l'arrachant de son travail manuel et en délogeant de sa boutique celui qui y est préposé. Quant au peuple, ce faux-bourdon qui, par suite de son inactivité absolue, passe sa vie dans les théâtres[131], nous le persuaderons un jour aussi d'agir sérieusement, avant de passer du rire aux larmes, sans qu'un scrupule, bon ou mauvais, vienne entraver la formation d'une force nationale pour les Romains. 6 Il est en effet établi dans les Etats, comme dans les demeures privées, que la défense est l'affaire des hommes et que la gestion des biens domestiques est celle des femmes. Comment est-il donc tolérable que chez nous les hommes soient des étrangers ? Comment n'est-il pas plus honteux que l'Empire le plus riche en héros vigoureux abandonne à d'autres les honneurs récoltés à la guerre ? Pour ma part, même si[132] ces étrangers remportaient en notre faveur de nombreuses victoires[133], j'aurais honte de recevoir leur aide.

« Je le comprends bien et je le saisis bien[134] »

– cette vérité est en effet à la portée de tout homme sensé —, lorsque les hommes et les femmes dont on vient de parler n'auront aucun lien de fraternité ni par ailleurs de parenté[135], le moindre prétexte suffira à ceux qui sont armés pour prétendre être les maîtres des citadins et ces

131. A l'époque de Synésios, Constantinople compte deux ou trois *theatra*, deux *lusoria*, qui sont probablement des théâtres de mime, et un hippodrome (cf. G. Dagron, *Naissance d'une capitale, Constantinople et ses institutions de 330 à 451*, Paris, 1974, p. 316). « Bien que le terme de théâtre, θέατρον, ait pu désigner une salle de réunion quelconque, on a la preuve qu'il s'appliquait aussi à des édifices réservés à des pièces dramatiques. » (L. Bréhier, *La civilisation byzantine*, Paris, 1970, p. 97).

133. Par. ex. les Goths, commandés par Gaïnas, permirent à Théodose de remporter la victoire de la Rivière Froide contre Eugène, en 394.

καταλέγειν εἰς τοσοῦτον ἐν ᾧ δὴ καὶ τὸν φιλόσοφον
ἀπὸ τοῦ φροντιστηρίου καὶ τὸν χειροτέχνην ἀπὸ τοῦ
βαναυσεῖν ἀναστήσαντα καὶ ἀπὸ τοῦ πωλητηρίου τὸν
ὄντα πρὸς τούτῳ, τόν τε κηφῆνα δῆμον, ὃς ὑπὸ τῆς
πάνυ σχολῆς ἐγκαταβιοῖ τοῖς θεάτροις, πείσομέν ποτε
καὶ σπουδάσαι, πρὶν ἀπὸ τοῦ γελᾶν ἐπὶ τὸ κλάειν
ἀφίκωνται, μήτε τῆς χείρονος αἰδοῦς μήτε τῆς ἀμείνονος ἐμποδὼν οὔσης τῷ τὴν ἰσχὺν Ῥωμαίοις οἰκείαν
γενέσθαι. 6 Τέτακται γὰρ ὥσπερ ἐν οἴκῳ καὶ πολιτείαις
ὁμοίως τὸ μὲν ὑπερασπίζον κατὰ τὸ ἄρρεν, τὸ δὲ εἰς τὴν
ἐπιμέλειαν ἐστραμμένον τῶν εἴσω (23) κατὰ τὸ θῆλυ.
Πῶς οὖν ἀνεκτὸν παρ' ἡμῖν ἀλλότριον εἶναι τὸ ἄρρεν ;
Πῶς δὲ οὐκ αἴσχιον παραχωρῆσαι τὴν εὐανδροτάτην
ἀρχὴν ἑτέροις τῆς ἐν πολέμῳ φιλοτιμίας ; Ἀλλ' ἔγωγε,
εἰ νίκας ὑπὲρ ἡμῶν νικῷεν πολλάς, αἰσχυνοίμην ἂν
ὠφελούμενος. Ἐκεῖνο μέντοι

γινώσκω φρονέω τε

— καὶ γὰρ ἐγγύς ἐστιν ἅπαντος τοῦ νοῦν ἔχοντος—
ὡς, ὅταν τὰ λεγόμενα ταῦτα, τὸ ἄρρεν τε καὶ τὸ θῆλυ,
μήτε ἀδελφὰ τυγχάνῃ μήτε ἄλλως ὁμογενῆ, μικρὰ
πρόφασις ἀρκέσει τοὺς ὡπλισμένους τῶν ἀστυπο-
λούντων δεσπότας ἀξιοῦν εἶναι, καὶ μαχήσονταί ποτε

Test. 19. ¹²⁻¹⁴ πείσομεν — ἀφίκωνται Neap. 79ʳ, 18-19 = Voss. 127ʳ,
22-23 (in quo τῷ pro τὸ legitur). — 6⁶⁻⁸ ἀλλ' ἔγωγε — ὠφελούμενος
Neap. 79ʳ, 19-20 = Voss. 127ʳ, 23-24.

⁸ δὴ SAᵃᶜM : δεῖ AᵖᶜCOB (V legi nequit) ‖ ¹⁰ ἀναστήσαντα SACᶜ²ˢˡ
MOB nos : –τες edd. (Matr. 4759) om. C eiusque apographa σ R (V
legi nequit) uide adn. ‖ ¹¹ τούτῳ ACMOBᵖᶜ : τοῦτο S Bᵃᶜ Turn. (V
legi nequit) ‖ ¹² πείσομέν SACVMOBᵖᶜ : –σωμέν Bᵃᶜ ‖ ποτε om. M
(rest. M²) ‖ ¹⁴ ἀφίκωνται SVMOB : –ονται AC ‖ alt. τῆς SA
VMO : τοῖς C om. B (rest. B²ᵐᵍ) ‖ ¹⁵ ἰσχὺν SCVMOB : ἰσχυρὰν A.
    6⁵ τὴν om. B (rest. B²ᵐᵍ) ‖ ⁷ ante εἰ add. καὶ Kr. e Mon. gr. 490
Terz. uide adn. ‖ ¹¹ τε om. C ‖ ¹² τυγχάνῃ B edd. : –νοι SACMO (V
legi nequit).

derniers, impropres à la guerre, se battront alors contre des gens exercés au combat en armes. 7 Aussi faut-il, avant d'en arriver à cette extrémité vers laquelle nous nous précipitons maintenant, que nous recouvrions la grandeur d'âme des Romains et que nous nous accoutumions à remporter nous-mêmes nos victoires sans accepter une participation étrangère et en refusant au contraire en tout corps de troupe l'élément barbare.

20. 1 Tout d'abord, qu'on exclue des magistratures et des prérogatives du Conseil donc ceux qui ont tenu pour des sujets de honte les valeurs qui, chez les Romains autrefois, paraissaient et étaient en fait les plus vénérables. Eh bien ! aujourd'hui je pense que Thémis elle-même, qui préside aux conseils[136], et que le dieu qui préside aux armées[137], se voilent la face quand l'homme couvert d'une fourrure grossière commande ceux qui portent une chlamyde, et lorsqu' un homme, après s'être dépouillé de la toison de brebis dont il était revêtu, se drape dans une toge, s'inquiète avec les autorités romaines de l'état des affaires et occupe une place d'honneur quelque part à côté du consul lui-même[138], alors que les magistrats légitimes siègent derrière lui. Mais à peine ces gens-là ont-ils franchi le seuil du Conseil que les voilà à nouveau dans leurs toisons de brebis et, chaque fois qu'ils rencontrent leurs compagnons, ils tournent leur toge en dérision, car ils ne sont pas à leur aise avec elle, disent-ils, pour tirer l'épée. 2 En ce qui me concerne, je m'étonne de notre absurdité pour beaucoup d'autres motifs, mais surtout pour celui-ci : toute famille en effet, même d'une modeste aisance, possède son esclave scythe ; chacune a

---

136. L'adjectif βουλαῖος peut s'appliquer à des divinités qui ont leur statue au Conseil – Boulè ou Sénat, et président aux délibérations. Cependant, à propos du Sénat de Constantinople, G. Dagron (*op. cit.*, p. 139-140) signale les statues d'Artémis, Aphrodite, Zeus, Athéna, mais Thémis n'est pas mentionnée.

ἀπόλεμοι πρὸς τοὺς ἠσκημένους τὸν ἐν ὅπλοις ἀγῶνα.
7 Πρὶν οὖν εἰς τοῦτο ἥκειν ἐφ' ὃ πρόεισιν ἤδη, ἀνακτη-
τέον ἡμῖν τὰ Ῥωμαίων φρονήματα καὶ συνεθιστέον
αὐτουργεῖν τὰς νίκας, μηδὲ κοινωνίας ἀνεχομένους,
ἀλλ' ἀπαξιοῦντας ἐν ἀπάσῃ τάξει τὸ βάρβαρον.
20. 1 Ἀρχῶν δὲ δὴ καὶ πρῶτον ἀπεληλάσθων καὶ τῶν
ἐν βουλευτηρίῳ γερῶν ἀποκεκόφθων, οἷς ὑπῆρξεν
αἰσχύνη τὰ παρὰ Ῥωμαίοις πάλαι καὶ δοκοῦντα καὶ
ὄντα σεμνότατα. Ἐπεὶ νῦν γε καὶ τὴν βουλαίαν Θέμιν
αὐτὴν καὶ θεὸν οἶμαι τὸν στράτιον ἐγκαλύπτεσθαι,
ὅταν ὁ σισυροφόρος ἄνθρωπος ἐξηγῆται χλαμύδας
ἐχόντων καί, ὅταν ἀποδύς τις ὅπερ ἐνῆπτο κώδιον,
περιβάληται τήβεννον καὶ τοῖς Ῥωμαίων τέλεσι συμφροντίζῃ περὶ τῶν καθεστώτων, προεδρίαν ἔχων παρ'
αὐτόν που τὸν ὕπατον, νομίμων ἀνδρῶν ὀπίσω
θακούντων. Ἀλλ' οὗτοί γε μικρὸν τοῦ βουλευτηρίου
προκύψαντες, αὖθις ἐν τοῖς κωδίοις εἰσὶ καί, ὅταν τοῖς
ὀπαδοῖς συγγένωνται, τῆς τηβέννου καταγελῶσι, μεθ'
ἧς οὐκ εἶναί φασι ξιφουλκίας εὐμοιρίαν. 2 Θαυμάζω
δ' ἔγωγε πολλαχῇ τε ἄλλῃ καὶ οὐχ ἥκιστα ταύτῃ τὴν
ἀτοπίαν ἡμῶν· ἅπας γὰρ οἶκος ὁ καὶ κατὰ μικρὸν εὖ
πράττων Σκυθικὸν ἔχει τὸν δοῦλον, καὶ ὁ τραπεζο-

Test. 20. 1¹⁴ οὐκ εἶναι — εὐμοιρίαν SUDA s. u. ξιφουλκία (III, 496, 77).

7¹ οὖν om. O ‖ τοῦτο SAVMOB : τοῦθ' C ‖ ἐφ' ὃ SCB edd. : ἐφ' ᾧ cett.
20. 1² ὑπῆρξεν SACV²ˢˡMOB : -χεν VB²ˢˡ ‖ ⁴ γε om. C ‖ ⁶ ante χλαμύδας add. τῶν V² ‖ ⁸ περιβάληται SCVMOB : –βάλληται A Turn. ‖ τήβεννον AᵖᶜCᵖᶜ : τήβενον SAᵃᶜCᵃᶜB τήβεναν MᶜᵒʳʳO (V legi nequit) ‖ ⁸⁻⁹ συμφροντίζῃ edd. : –ζοι codd. ‖ ¹³ τηβέννου AᵖᶜCB : τηβένου SAᵃᶜMO (V legi nequit).
2² post τε add. καὶ C ‖ ³ καὶ om. M ‖ ⁴ ἔχει τὸν SACVM²ᵐᵍOB : εὖ πράττων M del. M².

son maître d'hôtel, son cuisinier[139], son échanson scythes et, parmi les serviteurs, ceux qui portent les pliants sur leurs épaules afin qu'il soit possible, après location, de s'asseoir dans les rues, sont tous des Scythes, car depuis les temps reculés leur race s'est montrée capable et tout à fait digne de servir les Romains. 3 Que cette engeance blonde et chevelue à la manière des Eubéens[140] soit, chez le même peuple, esclave dans la vie privée et dirigeante dans la vie publique, est étrange, et ce pourrait bien être le trait le plus paradoxal du spectacle qu'elle nous offre. Si ce n'est pas là le trait le plus paradoxal, je ne saurais concevoir la nature de ce que l'on appelle une énigme[141]. 4 En Gaule[142], il est vrai, Crixus et Spartacus portaient les armes sans honneur pour servir au théâtre de victimes expiatoires au peuple romain. Après qu'ils se furent enfuis, ils gardèrent rancune aux lois et entreprirent la guerre appelée « servile », qui fut l'une des plus malheureuses parmi les plus malheureuses de ce temps-là pour les Romains. Contre eux deux on eut besoin des consuls[143], des stratèges et de la Bonne fortune de Pompée, car la Cité fut bien près d'être ravie de la surface de la terre. Cependant ceux qui se révoltèrent avec Spartacus et Crixus n'étaient de la même race ni que ces derniers ni entre eux, mais la communauté de leur sort leur fournis-

---

139. La plupart des éditeurs corrigent παρά, que donnent presque tous les manuscrits, en περί, qu'on lit dans les *Vaticani Palatini gr.* 117 (*O*) et 374 (*P*) et l'*Oxoniensis Bodl. Canonici* 41 (*R*), la confusion entre les abréviations de ces deux prépositions étant très fréquente. Ainsi corrigée, l'expression désigne le « cuisinier », comme le précise la glose τὸν μάγειρον δηλοῖ de l'*Oxoniensis Bodl. Barocci* 219 (*T*) que rapporte Krabinger. Certains manuscrits ont la variante ἵππον, auquel cas nous aurions affaire au palefrenier. Cf. Xén., *De l'équitation,* VI, 3. (J.L.)

140. Hom. B 542. Cf. Synésios, *Calv.,* I, 2.

142. Exactement en Campanie. Crixus était le lieutenant de Spartacus. Spartacus était d'origine thrace, mais les premiers esclaves révoltés autour de Spartacus étaient Thraces ou Gaulois, ce qui peut expliquer la méprise de Synésios.

ποιὸς καὶ ὁ περὶ τὸν ἰπνὸν καὶ ὁ ἀμφορεαφόρος Σκύ-
θης ἐστὶν ἑκάστῳ, τῶν τε ἀκολούθων οἱ τοὺς ὀκλαδίας
ἐπὶ τῶν ὤμων ἀνατιθέμενοι, ἐφ' ᾧ τοῖς ἐωνημένοις ἐν
ταῖς ἀγυιαῖς εἶναι καθίζεσθαι, Σκύθαι πάντες εἰσίν,
ἄνωθεν ἀποδεδειγμένου τοῦ γένους ἐπιτηδείου τε καὶ
ἀξιωτάτου δουλεύειν Ῥωμαίοις. 3 Τὸ δὲ τοὺς ξανθοὺς
τούτους καὶ κομῶντας Εὐβοϊκῶς (24) παρὰ τοῖς
αὐτοῖς ἀνθρώποις ἰδίᾳ μὲν οἰκέτας εἶναι, δημοσίᾳ δὲ
ἄρχοντας, ἄηθες ὄν, τῆς θέας γένοιτο ἂν τὸ παραδοξό-
τατον, καὶ εἰ μὴ τοῦτό ἐστιν, οὐκ ἂν εἰδείην ὁποῖον ἂν
εἴη τὸ καλούμενον αἴνιγμα. 4 Ἐν Γαλλίᾳ μὲν οὖν Κρίξος καὶ Σπάρτακος ὁπλοφοροῦντες ἀδόξως, ἵνα θεάτρῳ
γένοιντο τοῦ δήμου Ῥωμαίων καθάρσια, ἐπειδὴ δραπε-
τεύσαντες τοῖς νόμοις ἐμνησικάκησαν, τὸν οἰκετικὸν
κληθέντα πόλεμον συνεστήσαντο, βαρυσυμφορώτατον
ἐν τοῖς μάλιστα τῶν τότε Ῥωμαίοις γενόμενον· ἐφ' οὓς
ὑπάτων καὶ στρατηγῶν καὶ τῆς Πομπηίου τύχης ἐδέη-
σεν αὐτοῖς, ἐγγὺς ἐλθούσης τῆς πόλεως ἀναρπασθῆναι
τῆς γῆς. Καίτοι γε οἱ Σπαρτάκῳ καὶ Κρίξῳ συν-

---

[5] περὶ edd. : παρὰ codd. compendio male intellecto ‖ ἰπνὸν SA
COB : ἵππον VM uide adn. ‖ [6] post τοὺς add. χθαμαλοὺς σκιμ-
ποδίσκους Turn. Pet. quod glossema om. codd. (praeter Μ^γρ) secl.
Kr. Terz. ‖ [8] ἀγυιαῖς SACVMB : ἀγυαῖς Ο ‖ καθίζεσθαι SA
C^pcOB : καθέ– C^acVM ‖ [9] ἀποδεδειγμένου SVMOB : ἐπι– A sicut
eius apographum μ ἐπαποδ– C.

3[2] Εὐβοϊκῶς SACVMO Pet. Terz. : Εὐβοεικῶς B Turn. Kr. ‖
παρὰ SAC^pcVMOB : περὶ C^ac ‖ [3] ἀνθρώποις ἰδίᾳ μὲν om. M ‖
[4] ἄηθες SACO^pcB : ἀήθεις MO^ac(V legi nequit) ‖ ὄν om. SCMO (rest.
S^2sl C^2sl) (V legi nequit) ‖ γένοιτο ἂν SAVMO : γένοιτ' ἂν CB.

4[1] Γαλλίᾳ SACVMO : Γαλία B fort. Ἰταλίᾳ legendum Pet. (ad
Themist. *Or.* VII p. 424 C7 ed. Hard. = p. 559 ed. W. Dindorf) et
Latte susp. ‖ [1-2] Κρίξος SACM^pcOB Kr. : Κρῖξος Turn. Pet. Terz.
Κρίζος Μ^ac (V legi nequit) ‖ [2] ἵνα codd. : ἵνα μὴ prop. Kr. ‖ [4] νόμοις
SACO : ἀνόμοις Μ νομίμοις B (V legi nequit) ‖ [5] συνεστήσαντο
SAC^pcVMOB : –σατο C^ac ‖ [6] τότε om. O ‖ Ῥωμαίοις codd. Kr.
Terz. : Ῥωμαίων Turn. Pet. e recc. ‖ [7] τύχης SA^γρCVMOB : τέχνης
A eiusque apographum μ ‖ [9] Κρίξῳ SACOB : Κρίζῳ V Κρίσκῳ
Μ ‖ [9-10] συναποστάντες SAC^γρVMB : –στατοῦντες CO.

sait un prétexte pour parfaire leur unité de sentiments. Par nature en effet, je pense, tout est prétexte à guerre chaque fois que l'esclave espère triompher de son maître. 5 N'en est-il pas de même aussi chez nous ? Ou bien n'entretenons-nous pas, à un degré bien trop élevé, les conditions de notre extravagante situation ? En effet, ils ne sont ni deux ni notés d'infamie, ceux qui chez nous pourraient déclencher la sédition : ce sont de grandes armées souillées de meurtres, et de même origine que nos esclaves qui se sont glissées dans l'Empire romain pour notre malheur[144] et fournissent des généraux tenus en très haute estime chez eux-mêmes et chez nous[145]

« Par notre lâcheté.[146] »

Ces chefs, quand ils le voudront, auront, en plus des forces dont ils disposent, sois-en persuadé, nos esclaves comme soldats, des soldats parfaitement téméraires et courageux, avides de se gorger de liberté au prix des actes les plus impies. 6 Il nous faut donc démolir le rempart élevé entre nous et abolir la cause extérieure du mal avant que cette fracture superficiellement cicatrisée se manifeste[147], sans attendre qu'on incrimine la malveillance de ces immigrés. A leur début, sans aucun doute, on peut vaincre les maux ; ils s'affermissent quand ils progressent. Le roi doit épurer l'armée, comme un tas de blé dont nous trions l'ivraie et tous les graines

144. Théodose avait laissé les Barbares s'infiltrer dans l'Empire. Il avait accordé aux Thraces et aux Goths le statut de fédérés, et il recrutait même des Huns dans l'armée.

145. Par ex. Stilicon, qui était un Vandale, Gaïnas, Alaric, Tribigild, qui étaient Goths.

146. Citation non identifiée d'un texte, probablement poétique, d'origine ionienne.

ἀποστάντες οὔτε ἐκείνοις οὔτε ἀλλήλοις ἦσαν ὁμόφυλοι,
ἀλλ᾽ ἡ κοινωνία τῆς τύχης, ἐπειλημμένη προφάσεως,
ὁμογνώμονας ἐποίει. Φύσει γὰρ ἅπαν, οἶμαι, πολέμιον,
ὅταν ἐλπίσῃ κρατήσειν τοῦ κυρίου τὸ δοῦλον. 5 Ἆρ᾽
οὖν ὁμοίως ἔχει καὶ παρ᾽ ἡμῖν ; Ἢ τῷ παντὶ μεγαλειό-
τερον τὰς ὑποθέσεις τῶν ἀτόπων ἐκτρέφομεν ; Οὔτε
γὰρ δύο ἐστὸν οὔτε ἀτίμω παρ᾽ ἡμῖν οἱ στάσεως ἂν
ἄρξαντες, ἀλλὰ στρατεύματα μεγάλα καὶ παλαμναῖα
καὶ συγγενῆ τῶν παρ᾽ ἡμῖν δούλων εἰς τὴν Ῥωμαίων
ἡγεμονίαν εἰσηρρηκότα κακῇ μοίρᾳ, παρέχεται στρα-
τηγοὺς μάλα ἐν ἀξιώματι παρὰ σφίσιν αὐτοῖς καὶ παρ᾽
ἡμῖν

ἡμετέρῃ κακίῃ.

Τούτων, ὅταν ἐθέλωσι, πρὸς οἷς ἔχουσι, καὶ τοὺς οἰκέτας ἡγοῦ στρατιώτας εἶναι μάλα ἰταμοὺς καὶ θρασεῖς,
ἔργοις ἀνοσιωτέροις τῆς αὐτονομίας ἐμφορησομένους.
6 Καθαιρετέον οὖν ἡμῖν τὸν ἐπιτειχισμὸν καὶ τὴν ἔξωθεν
αἰτίαν ἐξαιρετέον τῆς νόσου, πρὶν ἀποσημῆναι καὶ τὸ
ῥῆγμα [καὶ] τὸ ὕπουλον, πρὶν ἐλεγχθῆναι τὴν τῶν ἐνοι-
κούντων δυσμένειαν. Ἀρχόμενά τοι κρατεῖται τὰ κακά,
κρατύνεται δὲ προϊόντα. Καθαρτέον δὲ τῷ βασιλεῖ τὸ
στρατόπεδον, ὥσπερ θημῶνα πυρῶν, οὗ ζειάν τε ἐκκρί-
νομεν καὶ ὅσα παραβλαστάνει, λύμη τῷ γενναίῳ τε καὶ

¹⁰ ἀλλήλοις SCᵖᶜVMB : ἄλλοις ACᵃᶜO ‖ ὁμόφυλοι ἦσαν O.

5⁴ ἂν om. Turn. Pet. ‖ ⁵ ἄρξαντες SACO Turn. Pet. Terz. : –οντες
C²ˢˡVMB prop. Pet. Kr. ‖ ⁷ εἰσηρρηκότα ACᵞʳOBᵞʳ Kr. Terz. :
εἰσειρ– S εἰσερρυη– M Turn. Pet. εἰσερυη– B (ρη sub ερ scripto)
εἰσρυη– C (V legi nequit) ‖ ⁸ αὐτοῖς CᵖᶜBᵖᶜ : ἑαυτοῖς SA
CᵃᶜVMOBᵃᶜ ‖ ¹⁰ ἡμετέρῃ C²ˢˡV²ˢˡB : –ρᾳ SACVMO Turn. ‖ κακίη
SAC²ˢˡVMOB : –ίᾳ C.

6¹ ἡμῖν codd. Terz. : ὑμῖν Turn. Pet. Kr. ‖ ² καὶ om. B ‖ ³ post
ῥῆγμα add. καὶ SCVMOB uide adn. ‖ τῶν om. C (rest. C²ˢˡ) ‖ ⁴ τοι
SACOB : τε M (V legi nequit) ‖ κρατεῖται SCMOB : κρατεῖ A
sicut eius apographum μ (V legi nequit). ‖ ⁵ alt. δὲ SACMO : δὴ B
Kr. (V legi nequit).

adventices, fléaux de la semence noble et pure. 7 Si, crois-tu, les conseils que je dispense ne sont plus faciles à suivre, n'as-tu pas présent à l'esprit de quels hommes tu es le Roi, toi à qui je m'adresse, et de quel peuple je t'entretiens ? Les Romains ne l'ont-ils pas vaincu[148], depuis même que leur renom s'est répandu parmi les hommes, et ne dominent-ils pas tous ceux qu'ils ont rencontrés, du bras comme de l'esprit ? et n'ont-ils pas parcouru la terre, comme Homère le dit des dieux,

« En contrôlant l'orgueil et l'équité des hommes ?[149] »

21. 1 Ces Scythes, d'après Hérodote, et comme nous pouvons le constater, sont tous atteints d'un mal féminin[150]. C'est d'eux, en effet, que proviennent partout les esclaves, eux qui n'ont même jamais possédé de terre ; à cause d'eux « la désolation scythe[151] » est passée en proverbe, car ils fuient constamment leur pays. Ils ont été chassés de leurs établissements, d'après les historiens de l'Antiquité, d'abord par les Cimmériens, puis par d'autres peuplades, par les femmes un jour, par vos pères et par le Macédonien[152]. Sous les coups des uns ils se sont avancés chez les peuples de l'intérieur de l'Empire, sous ceux des autres chez ceux de l'extérieur, et ils ne s'arrêtent pas, non, avant d'être livrés à ceux qui sont en face d'eux par ceux qui les poussent en avant. Mais chaque fois qu'ils tombent soudain sur des peuples qui ne s'y attendent pas, pendant un certain temps ils leur causent des troubles, comme autrefois chez les Assyriens, les Mèdes et les Palestiniens[153]. 2 De nos jours, ils sont venus chez nous, non par désir de nous combattre, mais en suppliants, puisqu'à nouveau ils émigraient. Comme ils avaient eu affaire à trop de douceur, non pas de la part

149. Hom. ρ 487.
151. Cf. Aristoph., *Acharniens.*, 704.

γνησίῳ σπέρματι. 7 Εἰ δέ σοι δοκῶ τὰ μηκέτι ῥᾴδια
συμβουλεύειν, οὐκ ἐννενόηκας ἀνδρῶν ὁποίων μὲν ὄντι
σοι βασιλεῖ, περὶ δὲ ἔθνους ὁποίου τοὺς λόγους ποιοῦ-
μαι ; Οὐ Ῥωμαῖοι μὲν περιεγένοντο, ἀφ' οὗ καὶ τοὔνομα
αὐτῶν εἰς ἀνθρώπους (25) ἠκούσθη, καὶ κρατοῦσιν
ἁπάντων οἷς ξυμμίξειαν καὶ χειρὶ καὶ γνώμῃ καὶ τὴν
γῆν ἐπῆλθον, ὥσπερ Ὅμηρός φησι τοὺς θεούς,

ἀνθρώπων ὕβριν τε καὶ εὐνομίαν ἐφέποντες ;

21. 1 Σκύθας δὲ τούτους Ἡρόδοτός τέ φησι καὶ ἡμεῖς
ὁρῶμεν κατεχομένους ἅπαντας ὑπὸ νόσου θηλείας.
Οὗτοι γάρ εἰσιν ἀφ' ὧν οἱ πανταχοῦ δοῦλοι, οἱ μηδέ-
ποτε γῆς ἐγκρατεῖς, δι' οὓς ἡ Σκυθῶν ἐρημία πεπα-
ροιμίασται, φεύγοντες ἀεὶ τὴν οἰκείαν· οὓς ἐξ ἠθέων τῶν
σφετέρων, φασὶν οἱ τὰ παλαιὰ παραδόντες, Κιμμέριοί
τε ἀνέστησαν πρότερον καὶ αὖθις ἕτεροι καὶ αἱ γυναῖ-
κές ποτε καὶ οἱ πατέρες ὑμῶν καὶ ὁ Μακεδών, ὑφ'
ὧν τῶν μὲν εἰς τοὺς εἴσω, τῶν δὲ εἰς τοὺς ἔξω προὔ-
χώρησαν· καὶ οὐ παύονταί γε, ἕως ἂν ὦσι τοῖς καταντι-
κρὺ παρὰ τῶν ἐλαυνόντων ἀντιδιδόμενοι, ἀλλ' ὅταν
ἐμπέσωσιν ἄφνω τοῖς οὐ προσδεχομένοις, ἐπὶ χρόνον
ταράττουσιν, ὥσπερ Ἀσσυρίους πάλαι καὶ Μήδους καὶ
Παλαιστίνους. 2 Καὶ τὸ νῦν δὴ τοῦτο, παρ' ἡμᾶς οὐ
πολεμησείοντες ἦλθον, ἀλλ' ἱκετεύσοντες, ἐπειδὴ
πάλιν ἀνίσταντο· μαλακωτέροις δὲ ἐντυχόντες οὐ τοῖς
ὅπλοις Ῥωμαίων, ἀλλὰ τοῖς ἤθεσιν, ὥσπερ ἴσως

7² ἐννενόηκας SCᵖᶜMB : ἐνε–ACᵃᶜVO –σας V²ˢˡ ‖ μὲν om. C
(rest. C²ˢˡ) ‖ ⁴ Οὐ SM : Οὖ CᵃᶜOB Turn. Pet. ου (sic) ACᵖᶜ(V legi
nequit) ‖ ⁶ ξυμμίξειαν SCO : συμ– AVMB ‖ ⁸ εὐνομίαν codd. Turn.
Pet. Kr. : –ίην Terz. sicut Homeri codd. ‖ ἐφέποντες codd. :
ἐφορῶντες Homeri codd.
21. 1² θηλείας SACVMO : θηλυίας B ‖ ⁴ δι' οὓς SAC²ˢˡVMOB :
δι' ὧν C ‖ ⁵ οἰκείαν SCVMOB : οἰκίαν A ‖ ¹⁰ παύονται codd. :
–σονται V²ˢˡ ‖ ¹⁰⁻¹¹ γε — ἀντιδιδόμενοι om. B (rest. B²ᵐᵍ) ‖ ¹² ἄφνω
SACᵖᶜVOB : ἄμφω CᵃᶜM.

des armes romaines, mais de nos mœurs — il fallait peut-être qu'il en fût ainsi envers des suppliants —, cette race inculte nous donnait en échange ce qu'on pouvait en attendre : elle s'enhardissait et faisait preuve d'ingratitude envers le bienfait reçu[154]. 3 Les Scythes furent châtiés de ce méfait par ton père qui prenait les armes contre eux[155], et ils se retrouvaient à nouveau misérables et s'asseyaient à ses pieds en suppliants avec leurs femmes. Mais ton père, vainqueur à la guerre était vaincu, et copieusement, par la pitié : il les relevait de leur position de suppliants, il en faisait des alliés, il leur accordait le droit de cité, il les faisait participer aux honneurs et distribua une partie de la terre romaine à ces gens souillés de meurtres, ce héros qui a usé de sa grandeur d'âme et de la noblesse de sa nature en faveur de la douceur[156]. Mais la barbarie ne comprend pas la vertu. 4 Depuis ce moment-là en effet, jusqu'à aujourd'hui, ils se rient de nous, car ils savent ce qu'ils ont mérité de notre part et ce dont on les a jugés dignes. Cette nouvelle a désormais ouvert la voie chez nous à leurs voisins. Des archers étrangers à cheval se répandent chez les gens d'un abord facile[157] ; ils quémandent leur bienveillance et allèguent comme précédent les misérables dont on vient de parler. Il semble que le mal progresse vers ce que le vulgaire appelle « la persuasion contrainte ». Il ne faut assurément pas, à cause de la philosophie, opérer des distinctions au sujet des mots, alors que celle-ci cherche une aide pour exprimer sa pensée, même si elle se procure là une aide à ras de terre, quoique nette et bien adaptée au sujet[158]. 5 Comment dès lors ne serait-il pas difficile de reconquérir la gloire et de

« Chasser d'ici des chiens amenés par les Kères[159] ? »

155. Victoire de Promotus, général de Théodose, sur les Ostrogoths et de Gerontius sur les Goths.
156. Rappelons que Théodose accorda la qualité de fédérés aux Goths de Thrace en 382.

ἔδει πρὸς ἱκέτας, γένος ἀμαθὲς τὸ εἰκὸς ἀπεδίδου καὶ
ἐθρασύνετο καὶ ἠγνωμόνει τὴν εὐεργεσίαν, 3 ὑπὲρ οὗ
πατρὶ τῷ σῷ δίκας ἐπ᾽ αὐτοὺς ὡπλισμένῳ διδόντες
αὖθις ἦσαν οἰκτροὶ καὶ ἱκέται σὺν γυναιξὶν ἐκάθιζον· ὁ
δὲ τῷ πολέμῳ νικῶν ἐλέῳ παρὰ πλεῖστον ἡττᾶτο καὶ
ἀνίστη τῆς ἱκετείας καὶ συμμάχους ἐποίει καὶ πολιτείας ἠξίου καὶ μετεδίδου γερῶν καὶ γῆς τι ἐδάσατο
τοῖς παλαμναίοις Ῥωμαϊκῆς, ἀνὴρ τῷ μεγαλόφρονι καὶ
γενναίῳ τῆς φύσεως ἐπὶ τὸ πρᾶον χρησάμενος. Ἀλλ᾽
ἀρετῆς γε τὸ βάρβαρον οὐ ξυνίησιν. 4 Ἀρξάμενοι γὰρ
ἐκεῖθεν τὸ μέχρι τοῦδε καταγελῶσιν ἡμῶν, εἰδότες ὧν τε
ἦσαν ἄξιοι παρ᾽ ἡμῶν καὶ ὧν ἠξιώθησαν· τό τε κλέος
τοῦτο γείτοσιν αὐτῶν ἤδη τὴν ἐφ᾽ ἡμᾶς ὡδοποίησεν.
Καί τινες ἐκφοιτῶσιν ἱπποτόξαται ξένοι παρὰ τοὺς
ῥᾳδίους ἀνθρώπους φιλοφροσύνην αἰτοῦντες παρά-
δειγμα ἐκείνους τοὺς χείρους ποιούμενοι· καὶ προβαίνειν ἔοικεν τὸ κακὸν (26) εἰς τὴν καλουμένην ὑπὸ τῶν
πολλῶν πειθανάγκην. Φιλοσοφίᾳ γὰρ οὐ διενεκτέον
ὑπὲρ τῶν ὀνομάτων, ὑπηρεσίαν τῇ διανοίᾳ ζητούσῃ,
κἂν χαμόθεν αὐτὴν εἰς τὰ πράγματα συμπορίζηται
τρανήν τε καὶ ἐφαρμόζουσαν. 5 Πῶς οὖν οὐ χαλεπόν,
ἀναμαχεσαμένους τὸ κλέος,

    ἐξελάαν ἐνθένδε κύνας κηρεσσιφορήτους ;

Test. 21. 4⁷⁻⁹ καὶ προβαίνειν — πειθανάγκην Νεαρ. 79ʳ, 21-22 =
Voss. 127ʳ, 24-25 (ambo τῶν om.).

   2⁵ γένος ACVMOB : γενόμενος S ‖ ⁶ εὐεργεσίαν CʸᵖB edd. :
–γέτιν SACVMO uide adn.
   3⁹ γε SACOB : τε M (V legi nequit).
   4²⁻³ εἰδότες — παρ᾽ ἡμῶν om. O (rest. et post ἡμῶν add. λαβεῖν
O²ᵐᵍ) ‖ ⁷⁻⁸ προβαίνειν SCVMOB : πρου– (sic) A sicut eius apographum μ ‖ ⁹ πειθανάγκην SACᵖᶜVMO : πιθ– CᵃᶜB.
   5³ κύνας SACMOBᵖᶜ : κῆρας Bᵃᶜ (V non liquet) ‖ κηρεσσι-
φορήτους SV²ˢˡ : κηρεσι– ACVMOB.

Si tu m'écoutes, cette difficulté se résoudra à l'évidence avec une parfaite aisance : ce sera quand nous aurons nous-mêmes accru l'enrôlement des effectifs ; et lorsque l'orgueil suscité par ces effectifs sera, comme leur organisation, devenu national[160], ajoute à la royauté ce qui a fini par lui manquer et qu'Homère a consacré aux meilleurs :

    « La colère est terrible aux rois issus de Zeus[161]. »

Déchaîne donc ta colère contre ces hommes. Alors, ou bien ils se livreront aux travaux des champs, par ordre, comme autrefois les Messéniens, après avoir déposé les armes, ont servi en hilotes les Lacédémoniens, ou bien ils s'enfuiront en reprenant le même chemin et en annonçant à ceux qui habitent au-delà du fleuve que cette fameuse douceur n'a plus cours chez les Romains[162], mais que gouverne chez eux un homme jeune et vaillant,

    « Terrible personnage : qui pourrait même accuser un innocent[163]. »

6 Qu'il en soit ainsi. Voilà pour les soins et l'éducation d'un roi guerrier. Occupons-nous ensuite du souverain pacifique.
    22. 1 Puisse le Roi belliqueux être avant tout pacifique. Seul en effet peut vivre en paix celui qui peut châtier l'injustice, et j'oserais dire que ce Roi, en toutes circons-

---

160. Synésios ne fait après tout que s'inspirer des tentatives passées de Théodose. Certes cet empereur avait introduit les Goths en force dans l'armée, mais il avait tout de même tenté d'organiser un recrutement national. Le souhait de Synésios ne se réalisera d'ailleurs pas. « L'Empire de Constantinople n'aura pas une armée nationale, comme le souhaitent quelques esprits utopiques en 400, mais l'Empereur y gardera à peu près le contrôle de son armée barbare » (G. Dagron, *op. cit.*, p. 108). On peut cependant remarquer que tous les chefs que mentionne la *Correspondance* et l'histoire du Ve siècle en Cyrénaïque sont gréco-romains !
161. Hom. B 196.

Ἢν ἀκούῃς ἐμοῦ, τὸ χαλεπὸν τοῦτο τὴν πᾶσαν εὐμάρειαν ἔχον φανεῖται, αὐξηθέντων ἡμῖν τῶν καταλόγων·
τοῖς δὲ καταλόγοις τῶν φρονημάτων καὶ γενομένων
οἰκείων τῶν συνταγμάτων, πρόσθες τῇ βασιλείᾳ τὸ
γενόμενον ἀπ᾽ αὐτῆς ἐκλιπές· καὶ Ὅμηρος αὐτὸ καθιέ-
ρωσε τοῖς ἀρίστοις·

θυμὸς δὲ μέγας ἐστὶ διοτρεφέων βασιλήων.

Θυμοῦ οὖν ἐπὶ τοὺς ἄνδρας, καὶ ἢ γεωργήσουσιν ἐξ
ἐπιτάγματος, ὥσπερ πάλαι Λακεδαιμονίοις Μεσσήνιοι
τὰ ὅπλα καταβαλόντες εἱλώτευον, ἢ φεύξονται τὴν
αὐτὴν ὁδὸν αὖθις, τοῖς πέραν τοῦ ποταμοῦ διαγγέλλοντες ὡς οὐκ ἐκεῖνα ἔτι παρὰ Ῥωμαίοις τὰ μείλιχα,
ἀλλ᾽ ἐξηγεῖταί τις αὐτῶν νέος τε καὶ γενναῖος,

δεινὸς ἀνήρ, τάχα κεν καὶ ἀναίτιον αἰτιόῳτο.

6 Εἶεν· αὕτη μέντοι τροφὴ καὶ παιδεία βασιλέως πολε-
μικοῦ. Τὸν δὲ εἰρηνικὸν ἑξῆς πολυπραγμονῶμεν.

22. 1 Εἴη μὲν ὁ πολεμικὸς παντὸς μᾶλλον εἰρηνικός·
μόνῳ γὰρ ἔξεστιν εἰρήνην ἄγειν τῷ δυναμένῳ τὸν ἀδικοῦντα κακῶσαι, καὶ φαίην ἂν ἐγὼ βασιλέα τοῦτον

Test. 22. 1²⁻⁸ μόνῳ — παρασκευάζεται MACAR. 12ᵛ, 22–13ʳ,7 (γὰρ
om.).

5 ἔχον SACᵖᶜVMOB : ἔχων Cᵃᶜ ‖ ⁸ ἐκλιπές SACOB Kr. suadente
Boiss. (Anecd. gr. II 259) Terz. : ἐλλιπές M Turn. Pet. (V legi
nequit) ‖ ¹⁰ βασιλήων COB : –λέων AM (SV legi nequeunt) ‖ ¹¹ post
ἄνδρας add. δεῖ Turn. Pet. e recc. del. Kr. suadente Boiss. (Anecd. gr.
II 259) ‖ ¹² πάλαι om. B ‖ Μεσσήνιοι S : Μεσήνιοι cett. Turn.
Kr. ‖ ¹³ καταβαλόντες SACᵖᶜVMOB : –λαβόντες Cᵃᶜ ‖ φεύξονται
SAᵖᶜCVMOB : φεύγονται Aᵃᶜ eiusque apographum μ ‖ ¹⁴ ὁδὸν
αὐτὴν M (signis transpositionis s. l. additis uerborum ordinem rest.
M²) ‖ τοῦ C²ˢˡM²ˢˡB : om. SACVMO ‖ ¹⁴⁻¹⁵ διαγγέλλοντες SACᵖᶜV
MOB : –αγγέλοντες Cᵃᶜ ‖ ¹⁶ post γενναῖος add. καὶ C²ˢˡ.

6¹ μέντοι SACᵖᶜVMO : μὲν CᵃᶜB.

22. 1²⁻³ ἀδικοῦντα SACVMO : ἀντιδικοῦντα B ‖ ³ ἐγὼ β. SAC
VMO Turn. Pet. : ἔγωγε τὸν β. B Kr.

tances, dispose tout en vue de la paix, lui qui, ne désirant pas commettre l'injustice, se procure les moyens de ne pas la subir : on le combattra en effet s'il ne sait pas combattre. La paix est certes un état plus heureux que la guerre parce que c'est même à cause d'elle qu'on prépare la guerre. Comme elle est donc une fin, on la préfère en toute justice aux moyens grâce auxquels on l'obtient. 2 C'est pourquoi il est bon pour le corps de l'Empire, divisé en deux parties, la multitude armée et celle qui est dépourvue d'armes, que le Roi se consacre tour à tour à chacune et fréquente, après les combattants, les cités et les dèmes auxquels, grâce aux combattants, nous garantissons la sécurité des récoltes et de la vie sociale. Il se consacrera aux uns en visitant le plus possible de provinces et de cités ; et dans les contrées de l'Empire où il ne se rend pas, il exprimera aussi toute sa sollicitude de la façon la plus manifeste possible et la plus favorable[164].

23. 1 Quant au corps des ambassadeurs, sacro-saint en règle générale, il est en ce lieu digne des plus grands égards. En conversant avec ses membres, le Roi connaîtra aussi bien les pays lointains que les pays proches, et sa prévoyance pour son Empire ne sera pas bornée par son sens de la vue : il relèvera au contraire, sans le voir, ce qui est tombé, il répandra ses largesses sur les peuples sans ressources, il exemptera des services publics ceux qui depuis longtemps en sont accablés, il écartera la guerre qui menace, l'interrompra si elle est en cours, et il

---

164. L'empereur devait-il s'enfermer dans le palais de Constantinople ou parcourir son Empire pour le défendre et le pacifier ? Les recommandations de Synésios seront reprises au XIe siècle dans un écrit anonyme. Voir sur ce grave sujet G. Dagron, *op. cit.*, p. 103-105.

πάντα ἐκ πάντων τὰ εἰς εἰρήνην συγκεκροτῆσθαι, ὅστις
οὐκ ἐθέλων ἀδικεῖν τοῦ μὴ ἀδικεῖσθαι πεπόρισται δύνα-
μιν· πολεμήσεται γὰρ εἰ μὴ πολεμήσει. Ἔστι μὴν
εἰρήνη πολέμου μακαριώτερον, ὅτι καὶ διὰ τὴν εἰρήνην
τὰ τοῦ πολέμου παρασκευάζεται· τέλος οὖν ὄν, τῶν δι᾽
αὐτὸ δικαίως ἂν προτιμῷτο· 2 καλῶς οὖν ἔχει τῷ
σώματι τῆς ἡγεμονίας διχῇ διαιρεθέντι κατὰ τὸν ὄχλον
τὸν ὡπλισμένον καὶ ἄοπλον, ἀνὰ μέρος ἑαυτὸν ἑκάστῳ
διδόναι καὶ συνεῖναι μετὰ τοὺς μαχίμους ταῖς πόλεσι
καὶ τοῖς δήμοις, οἷς διὰ τῶν μαχίμων ἄδειαν γεωργίας
καὶ πολιτείας ἐπορισάμεθα. Συνέσται δὲ τοῖς μὲν ἐπι-
φοιτῶν, ὅσοις οἷόν τε τῶν ἐθνῶν καὶ ὅσαις οἷόν τε τῶν
πόλεων· (27) εἰς ὃ δὲ μὴ ἀφικνεῖται τοῦ ἀρχομένου, καὶ
τούτου δὴ ἐπιμελήσεται τῷ πεφηνότι δυνατῷ καὶ
καλλίστῳ τῶν τρόπων.

23. 1 Τὸ δὲ χρῆμα τῶν πρεσβειῶν, ἄλλως τε ἱερὸν καὶ
δεῦρο τοῦ παντὸς ἄξιον, αἷς ὁμιλῶν βασιλεὺς οὐδέν τι
μεῖον εἴσεται τῶν ἀγχοῦ τὰ πόρρω οὐδὲ ὄψεως αἰσθήσει
τὴν ὑπὲρ τῆς ἀρχῆς προμήθειαν ὁριεῖται, ἀλλὰ καὶ
ἐγερεῖ τὸ πεπτωκὸς οὐκ ἰδὼν καὶ ἐπιδώσει τοῖς ἀπορου-
μένοις τῶν δήμων καὶ ἀνήσει λειτουργιῶν τοὺς πάλαι
λειτουργίαις πονοῦντας καὶ ὑπισχνούμενον ἐκρήξει

---

⁶ πολεμήσεται SACᵖᶜVMOB : πολεμήσει Cᵃᶜ ‖ πολεμήσει
SACVMB : –ση O ‖ μὴν SACᵖᶜO Kr. Terz. : μὲν CᵃᶜMB Turn. Pet.
(V legi nequit) ‖ ⁸ ὄν om. C (rest. C² supra τῶν, at litteris ὧν paene
deletis apographa σ R codicis C τὸν legerunt).

2³ ante ἄοπλον add. τὸν B ‖ ⁴ μαχίμους SACᵃᶜMᵞᴾOB : μαχή-
μους Cᵖᶜ μαχησμοὺς (sic) M μαχισμοὺς (sic) V ‖ ⁵ μαχίμων SAC
MOB : μαχίσμων V ‖ ⁶⁻⁷ Συνέσται — ἐθνῶν καὶ om. S (rest. S² in
ras.) ‖ ⁷ ὅσαις ACVMOB : ὅσοις S ‖ ⁹ τούτου VMB : τοῦτο SAO
τούτῳ C.

23. 1²⁻³ αἷς — πόρρω om. C (rest. C²ᵐᵍ) eiusque apographa σ R ‖
⁷ ἐκρήξει SVMB : ἐκ ῥήξει ACO.

prendra par avance toute mesure utile envers tout autre événement[165]. 2 Ainsi, par le truchement des ambassades, il pourra, comme la divinité

« Tout voir et tout entendre[166]. »

Qu'il leur soit accessible et qu'il soit dès lors pour les ambassades, originaires de contrées voisines ou non voisines, « aussi doux qu'un père[167]. » Telle est en effet l'opinion définitive que j'ai entendue exprimer par Homère au sujet du Roi pacifique tel qu'il le conçoit.

24. 1 Et tout d'abord, que l'on prescrive et que l'on enseigne aux soldats à épargner les citadins et les campagnards et à se montrer le moins possible déplaisants envers eux : ils doivent se rappeler les maux qu'ils ont supportés à cause d'eux. En effet, afin que la prospérité des cités et des campagnes soit sauvegardée, le Roi combat et enrôle les futurs combattants. 2 Par conséquent, quiconque écarte de moi l'étranger ennemi, mais n'use pas avec moi de modération, ne me paraît pas du tout être différent d'un chien qui poursuit les loups le plus loin possible afin de ravager lui-même tout à loisir le troupeau[168], alors qu'il faudrait qu'il reçoive le prix de sa garde en se rassasiant de lait. Donc jouir d'une paix scrupuleuse, c'est enseigner aux soldats à traiter les civils sans armes comme des frères, en leur prenant seulement ce qui a été statué[169].

---

165. Allusion évidente à l'ambassade de Synésios à Constantinople. Cf. D. Roques, *Synésios*, p. 166-167, qui cite d'ailleurs ce passage.

166. Hom. Γ 277 ; λ 109 ; μ 323.

167. Hom. Ω 770 ; β 47, 234 ; ε 12 ; ο 152.

168. Cf. Plat., *Rép.*, 416 a.

169. Sur l'indiscipline de l'armée, cf. A. Piganiol, *op. cit.*, p. 371, qui s'appuie d'ailleurs sur tout ce passage pour écrire que « si cette armée n'était pas terrible aux ennemis, elle l'était, par ses brigandages, à la population ». Le même auteur souligne que « les soldats ont un droit de réquisition sur les locaux des civils. Une loi de 398 précisera que l'hôte a droit au tiers de la maison…Cette pratique de l'*hospitium* a préparé l'occupation barbare ».

καὶ ὄντα ἀνελεῖ πόλεμον καί τι ἄλλο προδιοικήσεται.
2 Ταῦτα παρὰ τῶν πρεσβειῶν ἕξει δίκην θεοῦ

πάντ᾽ ἐφορᾶν καὶ πάντ᾽ ἐπακούειν,

αἷς εὐπρόσοδος ἔστω καὶ πατὴρ ὡς ἤπιος, τοῦτο
μὲν ἤδη καὶ γείτοσι καὶ μὴ γείτοσιν. Ὁμήρου γὰρ αὐτὸ
καθάπαξ περὶ τοῦ κατ᾽ αὐτὸν εἰρηνικοῦ βασιλέως
λέγοντος ἤκουσα.
24. 1 Καὶ πρῶτόν γε ἐπιτετάχθων καὶ δεδιδάχθων οἱ
στρατιῶται φείδεσθαί τε καὶ ἤκιστα λυπηροὶ γίνεσθαι
τοῖς ἀστυπόλοις τε καὶ ἀγροδιαίτοις, μεμνημένοι
πόνων οὓς δι᾽ αὐτοὺς ἀνείλοντο. Ἵνα γὰρ σώζηται τὰ
πόλεών τε καὶ γῆς ἀγαθά, βασιλεύς τε προπολεμεῖ καὶ
καταλέγει τοὺς πολεμήσοντας. 2 Ὅστις οὖν ἐμοῦ τὸν
μὲν ἀλλόφυλον ἐχθρὸν ἀπερύκει, αὐτὸς δὲ οὐ τὰ μέτριά
μοι χρῆται, οὗτος οὐδέν μοι δοκεῖ διαφέρειν κυνός, δι᾽
αὐτὸ τοῦτο τοὺς λύκους ὡς πορρωτάτω διώκοντος ἵνα
αὐτὸς ἐπὶ σχολῆς κεραΐζοι τὴν ποίμνην, δέον ἀπέχειν
τῆς φυλακῆς τὸν μισθὸν τοῦ γάλακτος ἐμφορούμενον.
Ἀκριβὴς οὖν εἰρήνη, πεπαιδεῦσθαι τοὺς στρατιώτας
τοῖς ἀόπλοις ὡς ἀδελφοῖς χρῆσθαι, μόνα φερομένους
ὅσα ἐτάχθησαν.

Test. 24. 2^{1-9} Ὅστις — ἐτάχθησαν MACAR. 13^r, 7-16 (post αὐτὸ
[l. 4] add. τό, ἐμφορούμενος [l. 6] legitur).

⁸ τι SAC^{ac}VMOB : τοι C^{pc}.
2¹ ante Ταῦτα add. καὶ C² ‖ τῶν om. C (rest. C^{2sl}) ‖ δίκην CB^{pc} :
δίκῃ SAVMOB^{ac} ‖ ⁶ λέγοντος ἤκουσα codd. Kr. Terz. : ἤκουσα
λέγοντος Turn. Pet. e recc.
24. 1¹ γε om. C ‖ καὶ δεδιδάχθων CV^{pc}B^{pc} Kr. Terz. : καὶ διδάχ-
θων SAV^{ac}MO καὶ δεδίχθων (sic) B^{ac} om. Turn. Pet. ‖ ⁶ post τοὺς
add. γε B^{ras} ‖ πολεμήσοντας codd. : προ– C^{2sl} Kr. e Mon. gr. 490.
2¹ οὖν SAC^{2sl}VMOB : μὲν C ‖ ἐμοῦ SACVMB : ἐμοὶ O ‖ ³ διαφέρειν δοκεῖ CO ‖ ⁴ ἵνα SA^{ac}CVMOB : ἵν᾽ A^{pc} ‖ ⁵ κεραΐζοι codd.
Terz. : –ζῃ Turn. Pet. et Kr. e Mon. gr. 87 ‖ ⁷ εἰρήνη om. C (rest.
C^{2sl}) ‖ πεπαιδεῦσθαι SACVMB : –δεύσθαι O ‖ ⁸ φερομένους SAC
VMO : κεκτημένους C^{γρ}B.

25. 1 Ecraser les cités sous les impôts[170] n'est pas non plus digne d'un Roi. Pour un bon Roi en effet, à quoi bon encore beaucoup de richesses, s'il ne se lance pas, par esprit de vanité, dans des travaux coûteux en favorisant[171], à la place d'un sage profit, une prétentieuse prodigalité, s'il ne sacrifie pas, par un jugement puéril, la sueur des travailleurs sérieux aux jeux du théâtre[172], et s'il n'en vient pas non plus à la nécessité de soutenir des guerres continuelles qui, d'après le Lacédémonien, « se nourrissent de dépenses indéterminées ?[173] » Notre discours montrait en effet que le bon Roi est à l'abri des complots et à l'abri des agressions. 2 Il lui faut donc réduire les dépenses au strict nécessaire et proscrire absolument celles qui sont superflues. Il peut devenir un très supportable collecteur d'impôts en remettant les arriérés inévitables et en se satisfaisant de taxes proportionnées aux moyens des contribuables. Un Roi avide d'argent est plus vil qu'un trafiquant : l'un, en effet, cherche à atténuer l'indigence de sa famille ; quant à l'autre, il n'a aucune excuse pour son vice de caractère. 3 Pour moi assurément qui observe souvent chacune de nos passions et en quel état elles nous livrent les hommes qui se consument en elles, je crois constater, même chez les particuliers, que cette race des hommes d'affaires est par- dessus tout vulgaire, méchante et absolument grossière, et c'est seulement dans un régime politique malade qu'elle pourrait trouver une place qui ne fût pas tout à fait déshonorante.

---

170. Voir une liste des impôts de l'époque chez R. Rémondon, *op. cit.,* p. 345, *s.v.* impôts. Voir aussi A. Piganiol, *op. cit.*, p. 371-380. Sur les impôts habituels en Pentapole d'après Synésios, voir D. Roques, *op. cit.*, p. 184-187. Après avoir constaté, d'après la *Correspondance* de cet auteur, la forte circulation de l'or en Cyrénaïque à cette époque, D. Roques affirme « qu'on est en droit de conclure au caractère erroné de la théorie historiographique selon laquelle l'Empire aurait connu au cours du IVe siècle un retour à l'économie naturelle... L'utilisation d'une monnaie forte incite à nier toute décadence de l'activité économique de la Pentapole à l'époque du Cyrénéen » (*op. cit.* p. 187).

25. 1 Οὐδὲ τὸ τρύχειν εἰσφοραῖς τὰς πόλεις βασιλικόν. Ἀγαθῷ γὰρ ὄντι ποῦ καὶ δεῖ χρημάτων πολλῶν, οὔτε χαυνότητι γνώμης εἰς ἔργα δαπανηρὰ καθιέντι, [καὶ] ἀντὶ σώφρονος χρείας ἀλαζόνα φιλοτιμίαν πρεσβεύοντι, οὔτε μειρακιώδει γνώμῃ καταχαριζομένῳ ταῖς ἐπὶ σκηνῆς παιδιαῖς τοὺς τῶν σπουδαίων ἱδρῶτας, ἀλλ' οὐδὲ εἰς ἀνάγκην ἀφικνουμένῳ συχνῶν πολέμων, οὓς ὁ Λάκων φησὶν οὐ τεταγμένα σιτεῖσθαι ; Ἀνεπιβούλευτον γὰρ καὶ ἀνεπιχείρητον ὁ λόγος ἐποίει τὸν ἀγαθόν. 2 (28) Συνεσταλμένων οὖν αὐτῷ τῶν ἐφ' ἃ δεῖ, περιττῶν οὐδὲν δεῖ. Τούτων ἔξεστι γίνεσθαι ποριστὴν ἀλυπότατον, τὰ μὲν ἀναγκαῖα τῶν ἐλλειμμάτων ἀνιέντα, τὰ δὲ σύμμετρα ταῖς τῶν εἰσφερόντων δυνάμεσιν ἀγαπῶντα. Βασιλεὺς δ' ἐρασιχρήματος αἰσχίων καπήλου· ὁ μὲν γὰρ ἔνδειαν οἴκου παραμυθεῖται, τῷ δὲ ἀπροφάσιστος ἡ κακία τῆς γνώμης. 3 Ἔγωγέ τοι θαμὰ ἐπισκοπούμενος ἕκαστα τῶν παθῶν, ὁποίους ἡμῖν τοὺς προστετηκότας ἄνδρας παρέχεται, κατιδεῖν ἐμοὶ δοκῶ καὶ τοῖς ἰδιώταις τὸ χρηματιστικὸν τοῦτο φῦλον ὡς ἅπαντος μᾶλλον ἀγεννές τέ ἐστι καὶ κακόηθες καὶ ἀκριβῶς ἀνελεύθερον, ἐν μόνῃ τε ἂν τῇ νοσούσῃ πολιτείᾳ χώραν εὑρίσκοι τὴν οὐ παντάπασιν ἄτιμον. Οἵ γε καὶ φθάσαντες ὑφ' αὑτῶν αὐτοὶ κατεφρονήθησαν, ὅτι

Test. 25. 1⁵⁻⁶ καταχαριζομένῳ — ἱδρῶτας ΝΕΑΡ. 79ʳ, 22-23 = Voss. 127ʳ, 25-127ᵛ, 1. — 2⁵⁻⁷ Βασιλεὺς — γνώμης ΝΕΑΡ. 79ʳ, 23-25 = Voss. 127ᵛ, 1-3 ; ΜΑCΑR. 13ʳ, 16-18.

25. 1¹ τρύχειν SACᵖᶜVMOB : τρέχειν Cᵃᶜ ‖ ² ποῦ SACVMB : που Ο ‖ δεῖ καὶ C eiusque apographa σ R ‖ ⁴ καὶ om. codd. del. Terz. uide adn.
2² περιττῶν SACᵖᶜMOB : –ὸν CᵃᶜV ‖ ⁴ εἰσφερόντων SCV MOB : –φερομένων Α eiusque apographum μ.
3³ προστετηκότας SACVMOBᵖᶜ : προτ– Βᵃᶜ ‖ ⁴ τοῖς ἰδιώταις SAᵖᶜCVMOB : τοὺς ἰδιώτας Αᵃᶜ Turn. ‖ ⁵ ἀγεννές SAᵖᶜVMOB : ἀγενές ΑᵃᶜC Turn. ‖ ⁸ ὑφ' αὑτῶν SCVMB : ὑφ' αὐτῶν (sic) Α ὑπ' αὐτῶν Ο ‖ ⁸⁻⁹ ὅτι — διενοήθησαν om. C eiusque apographa σ R (rest. C²ᵐᵍ).

Ils sont même les premiers à se mépriser eux-mêmes, parce que leur façon de penser va à l'encontre des desseins de la nature au sujet de ce qui est essentiel et de ce qui est accessoire[174].En effet la nature a prescrit au corps de servir l'âme, aux éléments extérieurs de répondre aux besoins du corps, et au dernier élément elle a confié un rôle secondaire. Mais les hommes d'affaires créent un lien entre le corps et l'âme et ce troisième élément. Si donc ils se sont méprisés eux-mêmes et si, de la partie rectrice qui est en eux-mêmes, ils ont fait une esclave, que pourraient-t-ils encore accomplir ou projeter de noble et de grand ? J'ai montré qu'ils sont plus vils même que des fourmis, et plus dépourvus de raison, et je ne défigure pas la vérité en l'affirmant. Ces dernières, en effet, règlent leurs ressources sur les besoins de leur vie ; les autres, au contraire, règlent leur vie sur leur besoin de ressources. 4 Il faut donc chasser loin du Roi et de ses sujets ce fléau, afin qu'un homme de bien règne sur des gens de bien, et il est nécessaire d'introduire à sa place l'empressement pour la vertu, en faveur de qui le Roi en personne doit lutter et organiser la lutte. Et en effet, on a dit qu'il est honteux qu' existent des épreuves publiques de javelot et de pugilat dont les vainqueurs sont couronnés, et qu'il n'y ait pas de concours de sagesse ni de vertu[175]. 5 Il est vraisemblable sans doute, ou plutôt plus que vraisemblable, il est tout à fait certain que c'est en se conformant à une telle attitude du Roi que les cités ont vécu la vie d'autrefois, celle de l'Age d'or, chantée dans des hymnes, où l'on n'avait pas loisir de se livrer au mal, mais loisir de se consacrer au bien, et avant tout à la piété. Vers cette

174. Sur la collecte des impôts, cf. par ex. A. Piganiol, *op. cit.*, p. 371-378. En tant que curiale, Synésios se plaindra abondamment de son sort. Sur les curiales à l'époque de Théodose, cf. A. Piganiol, *op. cit.*, p. 392-396 ; sur le cas particulier de Synésios, cf. D. Roques, *op. cit.*, p. 125-138.

175. Cf. Diogène Laërce, *Vies et doctrines des philosophes illustres,* trad. franç. M.O. Goulet-Cazé, Paris, 1999, VI, 27, p. 709. Cf. aussi Dion Chrysostome, *Or.* 9, 10-13.

τῷ βουλήματι τῆς φύσεως ἀντικειμένως διενοήθησαν
περὶ τὸ πρῶτον καὶ πολλοστόν· ἐπεὶ τὸ μὲν σῶμα συνέ-
ταξεν εἰς ὑπηρεσίαν ψυχῆς, τὰ δὲ ἐκτὸς εἰς χρείαν
σώματος, τῷ δὲ ὑστέρῳ δέδωκε δεύτερα· οἱ δὲ καὶ σῶμα
καὶ ψυχὴν τῷ τρίτῳ συνάπτουσι. Σφᾶς οὖν αὑτοὺς
ἀτιμάσαντες καὶ τὸ ἐν αὑτοῖς ἡγούμενον δοῦλον ποιήσαντες, τί ἂν ἔθ᾽ οὗτοι μέγα καὶ σεμνὸν ἢ πράξειαν ἢ
βουλεύσειαν ; Οὓς ἐγὼ καὶ μυρμήκων ἀγεννεστέρους
ἀποφηνάμενος καὶ μᾶλλον ὀλιγογνώμονας, οὐκ αἰσχύ-
νομαι τὴν ἀλήθειαν· οἱ μὲν γὰρ χρείᾳ ζωῆς μετροῦσι
τὸν πόρον, οἱ δὲ τὴν ζωὴν μετρεῖν ἀξιοῦσι τῇ χρείᾳ τοῦ
πόρου. 4 Ἐλατέον οὖν αὐτοῦ τε καὶ τῶν ἀρχομένων τὴν
χαλεπὴν ταύτην κῆρα, ἵν᾽ ἀγαθὸς ἀγαθῶν ἄρχῃ, καὶ
ζῆλον ἀρετῆς ἀντεισενεκτέον, ἧς αὐτὸς βασιλεὺς καὶ
ἀγωνιστὴς καὶ ἀγωνοθέτης γινέσθω. Καὶ γὰρ αἰσχρόν,
ἔφη τις, διακοντίζεσθαι μὲν δημοσίᾳ καὶ διαπληκτίζε-
σθαι καὶ στεφάνους εἶναι τοῖς ταῦτα νικῶσι, μὴ διασω-
φρονίζεσθαι δὲ μηδένα μηδὲ διαρετίζεσθαι. 5 Εἰκὸς
δήπου, μᾶλλον δὲ πλέον εἰκότος, καὶ ἀνάγκη γε πᾶσα
τοιαύτη διαθέσει βασιλέως ἑπομένας τὰς πόλεις βίον
βιοτεῦσαι τὸν πάλαι, τὸν χρυσοῦν, τὸν ὑμνούμενον,
ἀσχολίαν ἐχούσας κακῶν, σχολὴν δὲ ἀγαθῶν καὶ
πρώτης τῆς εὐσεβείας. Εἰς ἣν ἡγεμὼν αὐτὸς ἔσται

Test. 25. 3[16-18] οὓς — ἀλήθειαν Νεαρ. 79[r], 25-26 = Voss. 127[v], 3-4
(ambo καὶ et καὶ μᾶλλον ὀλιγογνώμονας om.). — 4[4-7] Καὶ γὰρ —
διαρετίζεσθαι Νεαρ. 79[r], 26-29 = Voss. 127[v], 4-7.

[14-15] καὶ τὸ — ποιήσαντες om. A (rest. A[mg] ubi αὑτοῖς legitur sicut
in apographo eius μ) ‖ [15] ἔθ᾽ AVMOB : εἴθ᾽ S om. C ‖ καὶ σεμνὸν
καὶ μέγα O (pr. καὶ del. O[2]) ‖ καὶ om. CB (rest. B[2sl]) ‖ [16] ἀγεννεστέρους AVMB : ἀγενεσ– CO Turn. (SV legi nequeunt).
    4[2] ἵν᾽ A[pc]C : ἵνα SA[ac]MOB (V legi nequit).
    5[2] εἰκότος M[pc]B : –τως SACM[ac]O (V legi nequit) ‖ γε om. B ‖
[6] τῆς om. C (rest. C[sl]).

vertu, le souverain lui-même nous guidera, en demandant à Dieu l'initiative de toute action, petite ou grande. 6 Quel spectacle solennel entre tous que de voir et d'entendre le Roi quand, au milieu du peuple, il élève les mains et se prosterne devant le Roi commun à lui-même et à son peuple ![176] Il est raisonnable de penser que la divinité resplendit de joie d'être honorée par les soins attentifs d'un Roi pieux, et qu'elle s'unit à un tel souverain par des liens ineffables[177]. De là vient donc que, par le fait d'être aimé de Dieu, il aime avant tout les hommes, car il apparaît tel, aux yeux de ses sujets, que le Roi suprême se comporte avec lui. Eh bien ! en cet état, ne serait-il pas invraisemblable que quelque chose de nécessaire lui manquât ? Mon discours va de nouveau revenir à ce que je disais un peu auparavant.

26. 1 Nous adoptions la bienfaisance comme signe distinctif de la royauté : nous énumérons à nouveau la générosité, la bonté, la bienveillance, termes qui qualifient aussi la divinité. Que toutes ces propriétés, et toutes celles dont nous avons parlé avec elles, avant de promettre de modeler le Roi dans notre discours, soient maintenant disposées chacune à leur place, et qu'on achève son image[178]. Le point capital entre tous, c'est assurément, je crois, que le Roi, qui est le dispensateur des bienfaits, ne se fatiguera pas de ce rôle, pas plus que

177. Sur les différents aspects de l'empereur à l'époque de Théodose et d'Arkadios, cf. A. Piganiol, *op. cit.*, p. 338-339 : « Jusqu'à Théodose, (l'empereur) a accepté du collège des pontifes, au premier jour de son avènement, le manteau bleu constellé d'étoiles qui est celui du *pontifex maximus*…Il a pris aux souverains hellénistiques le diadème, qui est une marque de consécration… Cet insigne lui est tendu du ciel par le bras de Dieu. Dans ses mains, le Prince tient la lance et le globe. Il est Roi par la grâce de Dieu. » Pour Synésios, qui est de famille chrétienne et chrétien lui-même, l'empereur est véritablement en communication avec Dieu par des affinités qui ne peuvent être comprises par les simples mortels (ἀρρήτοις συναφαῖς). Cf. sur l'empereur dieu visible, Pacatus, *Panégyrique de Théodose*, éd. E. Galletier (*CUF*), t. 3, p. 51, et VI, 3-4, p. 73-74.

βασιλεύς, ἅπαντος (29) ἀρχὴν καὶ μείονος ἔργου καὶ
μείζονος θεόθεν αἰτῶν. 6 Ὡς ἔστι παντὸς δήπου σεμνό-
τερον θέαμά τε καὶ ἄκουσμα βασιλεὺς ἐν τῷ δήμῳ τὼ
χεῖρε αἴρων, καὶ προσκυνῶν τὸν κοινὸν ἑαυτοῦ τε καὶ
τοῦ δήμου βασιλέα· λόγον τε ἔχει καὶ τὸ θεῖον γανύσκεσθαι κυδαινόμενον βασιλέως εὐσεβοῦς θεραπείᾳ καὶ
ἀρρήτοις συναφαῖς τὸν τοιοῦτον οἰκειοῦσθαι. Κἀντεῦ-
θεν οὖν παρὰ τὸ θεοφιλὴς εἶναι φιλάνθρωπός ἐστι
παντὸς μᾶλλον, οἵου τυγχάνει τοῦ βασιλέως, τοιοῦτος
τοῖς βασιλευομένοις φαινόμενος. Ἀλλ᾽ ἐν τούτῳ τί οὐκ
ἂν εἰκὸς τῶν δεόντων παρεῖναι ; Καί μοι πάλιν ὁ λόγος
ἐπὶ τὰ μικρῷ πρόσθεν ἀνακάμπτει.

26. 1 Χαρακτῆρα βασιλείας εὐεργεσίαν ἐτίθεμεν· τὸν
δωρητικὸν πάλιν, τὸν ἀγαθόν, τὸν ἵλεων, τὰς ὁμωνυμίας ἀναπεμπάζομεν τοῦ θεοῦ. Αὐτά τε οὖν ταῦτα καὶ
ὅσα μετὰ τούτων ἐλέγετο, πρὶν ἐπαγγείλασθαι πλάτ-
τειν τὸν ἐν τῷ λόγῳ βασιλέα, συντετάχθω νῦν εἰς μέρη
καὶ πληρούτω τὸ ἄγαλμα. Ὧν δήπου κεφάλαιον ἦν ὅτι
παρεκτικὸς ὢν ἀγαθῶν οὐ καμεῖται τοῦτο ποιῶν, οὐ

Test. 25. 6^{4-6} λόγον — οἰκειοῦσθαι Νεαρ. 79^r, 29-31 = Voss. 127^v,
7-9 (in quibus γαννύσεσθαι legitur ; in Νεαρ. ὠκειοῦσθαι et in
Voss. ὠκοιοῦσθαι legitur).
Test. 26. 1^{6-8} ὅτι — δωρούμενος Νεαρ. 79^r, 31-32 = Voss. 127^v, 9-11.

8 αἰτῶν SAVMOB : ζητῶν C eiusque apographa σ R.
6^{3-4} κοινὸν post δήμου transp. C ‖ ^{4-5} γανύσκεσθαι [–νν– MB]
SAVMOB : γάννυσθαι C ‖ 6 οἰκειοῦσθαι ACVMOB : οἰκεῖσθαι
S ‖ 8 παντὸς om. C (rest. C^{2sl}).
26. 1^1 εὐεργεσίαν om. C (rest. C^{2mg}) ‖ 2 τὸν ἀγαθόν A^{2sl}C^{2sl}B^{pc}
Terz. : τῶν ἀγαθῶν SACVMOB^{ac} Turn. Pet. Kr. ‖ ἵλεων SMB^{pc} :
ἵλεω ACOB^{ac} (V legi nequit) ‖ 3 ἀναπεμπάζομεν SA^{ac}CVMOB
Terz. : πεμπάζόμενον (sic) A^{pc} (ον supra –εν scripto) –μενοι Turn.
Pet. et Kr. e Vratisl. Rehd. 34 ‖ supra ταῦτα add. αὐτοῦ A^2 ‖ ^{4-5} πλάτ-
τειν A^{pc}CVMO^{pc}B : πράττειν SA^{ac}O^{ac} ‖ 7 οὐ καμεῖται AVMO
edd. : οὐκ ἀνεῖται SB.

le soleil ne se lasse de donner généreusement ses rayons
aux plantes et aux êtres vivants. Ce n'est pas un labeur en
effet pour le soleil de resplendir, car la splendeur fait partie de son essence, et il est la source de la lumière[179].
2 Une fois entré dans un tel genre de vie, le Roi mettra
tout en ordre de lui-même, dans la mesure où il parvient
jusqu'à ses sujets. Quant aux personnages proches du
trône, qui sont inférieurs à lui seul, mais l'emportent sur
les autres, il les disposera selon l'ordonnance royale de
son âme, eux qui sont capables d'être utiles aux hommes,
chacun selon la part de pouvoir qui lui a été concédée. Et
la bonne administration des sujets progressera d'autant
plus vite en priorité, qu'il y aura d'autant plus d'agents
pour s'en occuper[180].

27. 1 Mais bien certainement il faut envoyer aussi des
gouverneurs au-delà des limites ordinaires dans un
Empire d'une telle étendue. Après cela, il faut choisir soigneusement les fonctionnaires chargés de rendre la justice, car il s'agit d'une décision réfléchie, divine et gran-
diose. Vouloir connaître chaque endroit, chaque citoyen
et chaque contestation requiert de nombreuses pérégrinations, et pas même Denys qui avait établi son empire sur
une seule île, et pas même tout entière, n'aurait suffi à
l'administrer. Avec peu d'administrateurs on peut s'occuper de beaucoup de questions. 2 Voici ce qu'on appelle
une sollicitude digne de Dieu et universelle : celle qui,
tout en demeurant dans un séjour élevé et en ne s'abais-
sant pas aux premiers détails venus, ne les fuit pas non
plus. Grâce à cette sollicitude, Dieu ne s'occupe pas lui-
même minutieusement de toutes les réalités d'ici-bas,

179. « Il est même permis de dire qu'au début du IVe siècle les
progrès de la théologie solaire donnaient au culte impérial une significa-
cation nouvelle. Constantin se croyait parent du Soleil ; Julien se
persuada qu'il était d'essence solaire, et l'inscription de la statue de
Théodose, sur le *Forum Tauri*, l'appelait 'un deuxième soleil' » (A.
Piganiol, *op. cit.*, p. 340).

μᾶλλον ἢ τὰς ἀκτῖνας ὁ ἥλιος φυτοῖς καὶ ζῴοις δωρούμενος. Οὐ γὰρ πόνος αὐτῷ καταλάμπειν, ἐν οὐσίᾳ τὸ
λαμπρὸν ἔχοντι καὶ πηγῇ φωτὸς ὄντι. 2 Αὐτός τε οὖν
ἑαυτὸν ἐμβιβάσας τῷ τοιῷδε τῆς ζωῆς εἴδει δι' ἑαυτοῦ
κοσμήσει πᾶν, εἰς ὅσον ἐφικνεῖται τοῦ ἀρχομένου. Καὶ
τοὺς ἄγχου τῆς καθέδρας, οἳ μόνου μὲν αὐτοῦ δευτε-
ρεύουσι τῶν δὲ ἄλλων πρωτεύουσι, τῷ βασιλικῷ τῆς
ψυχῆς κόσμῳ συντάξει, ὠφελητικοὺς ἀνθρώπων ὄντας
πρὸς μέτρον ἕκαστον τῆς νεμηθείσης δυνάμεως. Καὶ
πρόεισι μὲν ἐπὶ πλεῖον οὕτω τὴν πρώτην ἡ ἐπιμέλεια
τῶν ἀνθρώπων, πλεόνων αὐτὴν διὰ χειρὸς ἐχόντων.
27. 1 Ἀλλά τοι δεῖ καὶ ὑπερορίους ἁρμοστὰς ἐκπέμ-
πειν ἐν ἀρχῆς μεγέθει τοσῷδε. Τὸ δὴ μετὰ τοῦτο τοὺς
ἐπὶ τῆς δίκης ἄρχοντας φυλοκρινητέον, ὡς ἔστιν αὕτη
θεία καὶ μεγαλομερὴς ἡ πρόνοια. Ἕκαστον μὲν γὰρ
τόπον καὶ ἄνδρα καὶ ἀμφισβήτησιν ἐθέλειν εἰδέναι,
πολλῆς γε τῆς ἐκπεριΐξεως, καὶ οὐδ' ἂν Διονύσιος
ἤρκεσεν, ὁ νήσου μιᾶς καὶ οὐδὲ ὅλης ταύτης ἀρχὴν
καταστησάμενος, ἐπιμελήσασθαι. (30) Ἐπιμελητῶν δὲ
δι' ὀλίγων ἔστι τῶν πολλῶν φροντίσαι. 2 Ταύτην ἐκάλεσαν θεοπρεπῆ τε καὶ καθολικὴν κηδεμονίαν, ἣν ἐν
ἁδρῷ μένουσαν ἤθει καὶ μὴ συγκύπτουσαν ἐπὶ τὰ
τυχόντα τῶν μερῶν, οὐδὲ τὰ τυχόντα διαπέφευγε τῶν
μερῶν. Ταύτῃ χρώμενος ὁ θεὸς οὐκ αὐτὸς ἐκλεπτουργεῖ
τῶν δεῦρο τὰ ἕκαστα, ἀλλὰ χρῆται χειρὶ τῇ φύσει,

2² ἐμβιβάσας ἑαυτὸν C ‖ εἴδει SACVMOᵃᶜB : ἤδη Oᵖᶜ ‖ ³ ἐφικνεῖται SACO Terz. : ἀφ– VMB Pet. Kr. ‖ ⁷ ante δυνάμεως add.
αὐτῷ B Kr.
27. 1² ἐν om. B ‖ ³ φυλοκρινητέον SAVMOBᵖᶜ Terz. : φιλο–
CBᵃᶜ Turn. Pet. Kr. ‖ ⁴ μεγαλομερὴς ACVMOB : –μερὶς S ‖ ⁶ γε
edd. e Vratisl. Rehd. 34 Mon. gr. 87 (et Matr. 4759) : τε codd. ‖
ἐκπεριΐξεως Bᵖᶜ : –ήξεως SACVMOBᵃᶜ.
2¹⁻² ἐκάλεσαν ACVMOB : –σε S ‖ ² καθολικὴν SACVMB :
βασιλικὴν O ‖ ³ μὴ SB² : om. ACVMOB Turn. ‖ ⁴ pr. τῶν om. C
(rest. C²ˢˡ).

mais il use de la nature comme d'une main, tout en demeurant dans sa propre condition, et il est la cause du plus infime des biens, puisqu'il est la cause des causes[181]. 3 Le Roi lui aussi doit chercher à administrer toutes les affaires de l'Etat. Qu'il délègue son autorité autant que possible à des gouverneurs très justes et très honnêtes : en effet, il connaîtra plus facilement un petit nombre de gens que beaucoup, et il s'apercevra plus aisément des fautes ou des réussites d'un petit nombre de gens. C'est donc en se fondant sur le mérite, et non sur la fortune, comme aujourd'hui[182], qu'on doit choisir les futurs fonctionnaires, puisque ce n'est pas aux médecins les plus riches que nous confions notre personne, mais à ceux qui possèdent au plus haut degré l'art de guérir. Comme fonctionnaire, il faut donc préférer de beaucoup au riche celui qui connaît l'art de gouverner, parce que, chez le riche, un plus grand nombre de situations sont susceptibles d'être mauvaises plutôt que bonnes. 4 Eh quoi ! si quelqu'un, par le fait même d'être malhonnête, a amassé une fortune, est-il digne d'être fonctionnaire, et non pas le pauvre, quelque juste et honnête qu'il soit, lui qui, parce que précisément il est honnête, ne rougit pas de cohabiter avec la pauvreté ? En tout cas celui qui est riche de quelque manière que ce soit et qui a acheté sa fonction, ne saurait comment devenir un dispensateur de la justice. 5 Il semble bien en effet, pour ainsi dire, qu'un tel homme ne haïsse pas sans aucun effort l'injustice, et qu'il pourrait très difficilement mépriser les richesses,

---

181. Il s'agit de la doctrine des dieux intermédiaires amplement développée par Synésios dans les *Réc. ég.*, 1, 9-11. Cf. aussi Chr. Lacombrade, *SHC*, ch. IX.

182. Sur la vénalité des charges durant le Bas-Empire, et sur la pratique du *suffragium* qui, à partir de Théodose, prit une extension sans précédent, cf. D. Roques, *op. cit.*, p. 201.

μένων ἐν ἤθει τῷ αὐτοῦ, καὶ ἔστιν αἴτιος μέχρις ἐσχά-
του τῶν ἀγαθῶν, τῶν αἰτίων γινόμενος αἴτιος. 3 Καὶ
βασιλεῖ ταύτῃ μετιτέον τῶν ὅλων τὴν ἐπιμέλειαν. Δια-
νεμέτω τὴν ἀρχὴν ὡς δυνατὸν ἐπιστάταις δικαιοτάτοις
τε καὶ ἀρίστοις· καὶ γὰρ ῥᾷον ὀλίγους ἢ πολλοὺς γνώσεται, καὶ ῥᾷον ὀλίγων ἁμαρτανόντων ἢ κατορθούντων
αἰσθήσεται. Ἀριστίνδην οὖν, ἀλλὰ μὴ πλουτίνδην,
ὥσπερ νῦν, ἡ τῶν ἀρξόντων αἵρεσις γινέσθω, ἐπεὶ καὶ
ἰατροῖς τὸ σῶμα ἐπιτρέπομεν οὐ τοῖς πλουσιωτάτοις,
ἀλλ᾽ οἵτινες ἂν ὦσι τῆς τέχνης ἐπηβολώτατοι· ἄρχοντα
δὲ δὴ καὶ μᾶλλον ἀνθαιρετέον τοῦ πλουσίου τὸν ἔχοντα
τὴν ἀρχικὴν ἐπιστήμην, ὅτι πλείω παρ᾽ αὐτὸν κινδυ-
νεύεται χεῖρον ἢ βέλτιον κεῖσθαι. 4 Τί γάρ, εἴ τις παρ᾽
αὐτοῦ τοῦ κακὸς εἶναι πλοῦτον συνείλοχεν, ἆρα ἄξιον
ἄρχειν αὐτόν, ἀλλὰ μὴ τὸν πένητα μέν, νόμιμον δὲ
ἄνδρα καὶ δίκαιον, ὃς δι᾽ αὐτὸ τὸ δίκαιος εἶναι πενίᾳ
συνοικῶν οὐκ αἰσχύνεται ; Ἀλλ᾽ ἐκεῖνός γε ὁ πλουτῶν
ὁπωσοῦν, ἐωνημένος δὲ τὴν ἀρχήν, οὐκ ἂν εἰδείη
ὁποῖος ἂν γένοιτο νεμητὴς τοῦ δικαίου. 5 Φαίνεται
γάρ, ὡς οὕτως εἰπεῖν, οὐ ῥᾷστα ὁ τοιοῦτος ἀδικίαν
μισῆσαι, σχολῇ δ᾽ ἂν ὑπεριδεῖν χρημάτων, ἀλλ᾽ οὐκ

Test. 27. 3[6-12] Ἀριστίνδην — κεῖσθαι Macar. 13[r], 19-13[v], 5 (οὖν
[l. 6], ὥσπερ νῦν [l. 7], ἂν [l. 9] om., ἐπιβολώτατοι et περὶ αὐτόν
pro ἐπηβολώτατοι et παρ᾽ αὐτὸν praebet).

[7] αὐτοῦ Pet. Kr. e Mon. gr. 490 (et Vat. Pal. gr. 117) : αὐτοῦ codd.
Turn. ‖ [7-8] μέχρις — αἴτιος om. M.
    3[9] ἐπηβολώτατοι SACVM[pc]OB : ἐπι– M[ac] ‖ [10] ἀνθαιρετέον SA
CVMOB[pc] : –ρέτην B[ac] ut uid. sicut Mon. gr. 490 ‖ [11] παρ᾽ V[pc] ut
uid. edd. e Mon. gr. 87 (et Matr. 4759) : περὶ SACV[ac]MOB.
    4[2] συνείλοχεν SACVMOB[pc] : –ληχεν B[ac] ut uid. sicut Vat. Urb.
gr. 129 et Marc. gr. 422 ‖ ἆρα SACVOB : ἄρα M ‖ [4] δίκαιος SA
CVMOB[pc] : –ον B[ac] ‖ [5] γε nos dubit. Terz. : τε codd. Kr. Terz. μὲν
Turn. Pet. e recc. (Matr. 4759).
    5[3] σχολῇ SACVMB : –λὴ O ‖ ὑπεριδεῖν ACVMOB : –ιδείη S.

mais il paraît difficile qu'il ne fasse pas de son tribunal un marché des décisions de justice[183], car il n'est certes pas vraisemblable qu'il fuie à toutes jambes et qu'il considère avec des yeux réprobateurs une somme en or, mais au contraire il est naturel qu'il la révère, qu'il se livre à elle, et que pour finir il embrasse cette somme envers laquelle il éprouve de la reconnaissance dans la mesure même où, moyennant une part de sa fortune, il a acquis l'administration de l'Etat et, comme tout autre bien, il a pris les cités à sa solde. Il sait donc que, grâce à cet or, il est vénéré, il siège en hauteur, admiré par la foule et notamment par les justes qui ont réussi ou qui sont demeurés pauvres.

28. 1 Quant à toi, rends la vertu digne d'envie, même si elle coexiste avec la pauvreté. Que la sagesse d'un homme, que son sens de la justice, et que l'essaim restant des qualités de son âme caché sous un misérable vêtement n'échappe pas à ton regard ; mais tire-le au grand jour et exige que la vertu soit rendue publique : loin de mériter de demeurer inactive, elle doit demeurer à découvert et se montrer pugnace. Sache-le bien en effet : c'est toi qui sur le moment proclameras les hommes vertueux, cependant c'est toi qui seras célébré pour toujours par la voix du héraut parce que tu auras donné l'exemple pour la suite des siècles d'un règne prospère. 2 Et si tu agis ainsi, tu verras vite beaucoup de gens rougir de la fortune

---

183. Cf. *Réc. ég.*, 17, 2.

ἀποδείξειν τὸ ἀρχεῖον δικῶν πωλητήριον· ὡς οὐκ εἰκός
γε αὐτὸν διαράμενον βλοσυροῖς ὀφθαλμοῖς ἀντιβλέψαι
χρυσίῳ· τοὐναντίον μὲν αἰδεσθῆναί τε καὶ ἐνδοῦναι καὶ
τελευτῶντα περιπτύξασθαι, ᾧ καὶ κατ' αὐτὸ τοῦτο
χάριν οἶδεν ὅτι ἄρα πλούτου μοίρας τὴν πολιτείαν
ἠλλάξατο καὶ ὥσπερ ἄλλο τι τὰς πόλεις μεμίσθωται.
Οἶδεν οὖν ὅτι διὰ τοῦτο σεμνός τέ ἐστι καὶ ὑψοῦ κάθη-
ται, περιβλεπόμενος ὑπὸ πολλοῦ τε ἄλλου λεὼ καὶ τῶν
εὖ ἡκόντων δικαίων τε καὶ πενήτων.

28. 1 Ἀλλὰ σύ τοι ποίει ζηλωτὸν ἀρετήν, κἂν πενίᾳ
συνῇ· (31) μὴ λανθανέτω σε φρόνησις ἀνδρὸς καὶ
δικαιοσύνη καὶ ὁ λοιπὸς ἑσμὸς τῶν ψυχικῶν ἀγαθῶν
ἐσθῆτι φαύλῃ κρυπτόμενος· ἀλλ' ἕλκειν τε αὐτὸν ἐν
μέσῳ καὶ ἀξιοῦν δημοσιεῦσαι τὴν ἀρετήν, ἣν οὐκ ἄξιον
οἰκουρεῖν, ἀλλ' ὕπαιθρον εἶναι καὶ ἐναγώνιον. Εὖ γὰρ
ἴσθι, σὺ μὲν ἐκείνους ἐν τῷ παραυτίκα κηρύξεις· ὁ δὲ
ἀνακεκηρυγμένος αὐτὸς ἔσῃ διὰ παντός, δεῖγμα δοὺς
τῇ διαδοχῇ τοῦ χρόνου βασιλείας εὐδαίμονος. 2 Κἂν
οὕτω ποιήσῃς, ταχὺ πολλοὺς ὄψει πλοῦτον εἰργασμέ-

Test. 27. 5⁴⁻⁶ οὐκ εἰκός — χρυσίῳ ΝΕΑΡ. 79ᵛ, 1-2 = Voss. 127ᵛ, 11-
12 (ambo γε om. et ὀφθαλμοῖς βλοσυροῖς praebent). — ⁴⁻⁶ ὡς οὐκ
εἰκός — τοὐναντίον μὲν οὖν (sic) SUDA s. u. διαράμενον (II, 70,
12) : τε pro γε praebet.

⁵ γε edd. : τε codd. ‖ διαράμενον SACᵖᶜVMOB : διαιρού– Cᵃᶜ
eiusque apographa σ R ‖ βλοσυροῖς SACVMO : βλοσσυροῖς B ‖
⁸ πολιτείαν SACVOB : ἐξουσίαν MOᵧᵖ ‖ ¹⁰ ὅτι om. S (rest. Sˢˡ) ‖
διὰ τοῦτο om. B.
28. 1¹ τοι Bᶜᵒʳʳ : τι SACMO (V non liquet) Turn. Pet. ‖ ἀρετήν
AᵃᶜCᵖᶜVMOB : –τή AᵖᶜCᵃᶜ (S non liquet) ‖ ² καὶ om. C (rest. C²ˢˡ) ‖
³ ἑσμὸς nos : ἐσ- codd. edd. ‖ ⁵ ἀξιοῦν SᵖᶜACVMOB : ἄξιον Sᵃᶜ ‖ ⁷
ὁ δὲ SCVMOB : οὐδὲ A sicut eius apographum μ ‖ ⁹ τῇ διαδοχῇ SA
CVMO : ταῖς διαδοχαῖς B ‖ βασιλείας SCVMOB : –έως A sicut
eius apographum μ.
2² πολλοὺς ταχὺ B ‖ ²⁻³ εἰργασμένον SACVMOBᵖᶜ : –μένους
Bᵃᶜ ut uid. sicut Mon. gr. 490.

qu'ils ont acquise et d'autres tirer vanité d'une pauvreté
volontaire ; les idées que les hommes se font à présent de
la richesse changeront : la rechercher[184] sera une honte et
on élèvera au rang de la sainteté la pratique de la pauvreté[185]. 3 Comme une foule de dons accordés par Dieu
sont enviables et sources de félicité, on pourrait admirer
et célébrer non moins qu'aucun autre, si ce n'est plus que
toute autre, la puissance de l'influence royale sur les
âmes des sujets, car un Roi transforme une opinion sur
les moeurs gravée par une antique coutume et par la
prime éducation, s'il honore manifestement son contraire
et l'estime au plus haut point. En effet ce dont le Roi se
réjouit prend aussitôt, nécessairement, de l'importance et
devient l'objet des soins de la multitude[186].

29. 1 Mais parvenu à ce point de mon discours, je
désire aussi formuler un voeu au sujet de ce qui me tient
à coeur[187] : puisses-tu chérir, Roi, la philosophie et la
vraie culture. Il est en effet fatal, d'après ce que nous
avons dit, que tu aies de nombreux rivaux dont tu puisses
tirer même quelque parti. A présent en effet, comme elles
sont négligées, elles risquent de s'éteindre et que sous
peu il ne reste pas même un peu de braise si on veut les
rallumer[188]. 2 Mais est-ce bien dans l'intérêt de la philosophie que j'émets ce voeu à présent ? Ou bien n'a-t-elle

184. Si le sens de la phrase ne présente pas de difficulté (les idées
que les hommes se font à présent de la richesse changeront), en
revanche la syntaxe ne laisse pas d'embarrasser. D'une part, on peut
hésiter entre περὶ αὐτῶν (i.e. πολλούς et ἄλλους) que donnent
presque tous les manuscrits, et περὶ αὐτόν (i. e. πλοῦτον), plus rarement attesté. D'autre part, la proposition infinitive introduite par τό et
rattachée de façon très lâche à la principale a conduit Krabinger à
adopter, à la place de τό, le datif τῷ conjecturé par Petau et qu'on lit
dans le *Laurentianus* 55, 6 (A), avant correction. N. Terzaghi voit plutôt dans ces infinitifs des accusatifs absolus qu'il rend en latin par des
ablatifs absolus. Il peut s'agir, en effet, d'accusatifs de relation (pour
ce qui regarde, quant à, etc.) rattachés à ὑπολήψεις (J.L.).

185. Ce passage paraît refléter les morales stoïcienne et chrétienne.
Toutes les deux en effet ont prêché le mépris des biens temporels.

νον αἰσχυνομένους, καὶ ἄλλους ἐγκαλλωπιζομένους
αὐθαιρέτῳ πτωχείᾳ· καὶ μεταπεσοῦνται τοῖς ἀνθρώποις
αἱ νῦν περὶ αὐτὸν ὑπολήψεις, τὸ πλοῦτον ἐξευρεῖν ὄνει-
δος εἶναι καὶ ἐν σεμνότητος μοίρᾳ πενίαν τηρῆσαι.
3 Ὡς πολλῶν ὄντων ἃ δέδωκεν ὁ θεὸς βασιλείᾳ ζηλωτὰ
καὶ μακάρια, οὐδενὸς ἧττον εἰ μὴ καὶ παντὸς μᾶλλον
ἀγασθείη τις ἂν αὐτῆς καὶ ὑμνήσειε τὴν ἐν ταῖς ψυχαῖς
τῶν ἀρχομένων ἰσχύν, ὅτι μετατίθησι βασιλεὺς δόξαν
ἤθους ἐγκεκαυμένην ἔθει παλαιῷ καὶ τροφῇ τῇ πρώτῃ,
τῷ φαίνεσθαι τἀναντία τιμῶν καὶ περὶ πλείστου ποιού-
μενος· ὅτῳ γὰρ βασιλεὺς χαίρει, τοῦτο εὐθὺς αὔξειν
ἀνάγκη καὶ ὑπὸ πλείστων ἐπιτηδεύεσθαι.

29. 1 Ἀλλ' ἐνταῦθα τοῦ λόγου γενόμενος, ἐθέλω τι
καὶ ὑπὲρ τῶν αὐτὸς ἐμαυτοῦ παιδικῶν εὔξασθαι. Ἐρασθείης, ὦ βασιλεῦ, φιλοσοφίας καὶ παιδείας ἀληθινῆς·
ἀνάγκη γὰρ ἐκ τῶν εἰρημένων συνεραστάς σοι γενέσθαι
πολλούς, ὧν τι καὶ ὄφελος· ἐπεὶ νῦν γε, ὡς ἠμέληται,
κίνδυνος ἀποσβῆναι καὶ μετὰ μικρὸν οὐδ' ἐμπύρευμα
λείπεσθαι βουλομένοις ἐναῦσαι. 2 Ἆρ' οὖν ὑπὲρ φιλοσοφίας ηὖγμαι τὰ νῦν ; Ἤ τῇ μὲν οὐδὲν μεῖον κἂν

Test. 28. 3¹⁻² Ὡς — μᾶλλον NEAP. 79ᵛ, 2-3 = VOSS. 127ᵛ, 12-13
(ambo ζηλωτὰ καὶ μακάρια om. et post μᾶλλον add. τό, quod uerbum τὸ ἑξῆς significat). — ⁷⁻⁸ ὅτῳ — ἐπιτηδεύεσθαι MACAR. 13ᵛ,
5-6 (γὰρ om.).

⁴ μεταπεσοῦνται SACVMO²ˢˡB : –πεσούντων O ‖ ⁵ αὐτὸν OᵖᶜBᵃᶜ :
αὐτῶν SACVMOᵃᶜBᵖᶜ ‖ post ὑπολήψεις add. καὶ S uel S² ‖ τὸ SAᵖᶜ
CVMOB Turn. Pet. Terz. : τῷ Aᵃᶜ Kr. uide adn. ‖ ⁶ ἐν om. S (rest.
S²ˢˡ).

3³ ἀγασθείη SCVMOB : –θείει (sic) A ‖ ψυχαῖς om. C (rest.
C²ˢˡ) ‖ ⁵ τροφῇ SAVMB : τρυφῇ CO Turn. Pet. ‖ ⁷ γὰρ om. A ‖ ⁸ καὶ
om. B (rest. B²ˢˡ).

29. 1² αὐτὸς om. C (rest. C²).

2¹ ˟Ἆρ' CB : ˟Ἆρα SAVMO Turn. Pet. ‖ ² ηὖγμαι SᵃᶜACOᶜᵒʳʳB :
ἤ/γμαι Sᵖᶜ ἤγμαι M (V legi nequit).

rien à perdre même si elle s'éloigne des hommes ? Elle siège en effet auprès de Dieu, et c'est de lui que, même ici-bas, elle se préoccupe le plus souvent, et quand, lors de sa descente, le séjour terrestre ne l'accueille pas, elle demeure auprès du Père, et pourrait nous dire à bon droit :

> « De cet honneur-là je n'ai pas besoin :
> Je ne songe qu'à l'honneur que m'accorde le destin de Zeus.[189] »

Quant aux affaires des hommes, suivant que la philosophie est présente ou absente, elles sont bonnes ou mauvaises et parfaitement heureuses ou parfaitement malheureuses. C'est donc pour elles que j'émets des vœux, aussi bien que pour la philosophie. Et puisse être exaucée cette prière, celle qu'adresse Platon [190] sans être comblé. Puissé-je te voir associer la philosophie à la royauté ! Alors on ne m'entendra plus dans l'avenir discourir de la royauté. Mais le moment est venu maintenant de me taire, car dans ce seul vœu je résume tout. 4 Mais s'il se réalise, je te donne ce que précisément j'ai demandé au début, en te promettant de te montrer par mon discours la statue d'un Roi. Et en effet « la parole est véritablement l'ombre de l'action.[191] » Je t'ai demandé en retour de me rendre cette statue vivante et en mouvement. Et sans doute la verrai-je bientôt et tu me rétribueras en accomplissant l'œuvre d'un Roi, si mes paroles au lieu de camper autour de tes oreilles affluent à l'intérieur et s'installent au plus profond de ton âme. Ce n'est certes pas sans le secours divin, j'en suis persuadé, que la philosophie a

---

189. Hom. I 607-608. Sur la philosophie dans la pensée antique, cf. A.M. Malingrey, *Philosophia, Etude d'un groupe de mots dans la littérature grecque, des Présocratiques au IVe siècle après J.C.*, Paris, 1961, qui écrit notamment, p. 300 : « Le titre de 'philosophe', à cette époque, n'est l'apanage d'aucune école déterminée. Il signifie en tout et pour tout l'adhésion du néophyte à une réalité transcendante, ce qui explique qu'il peut être revendiqué indistinctement par les 'hellènes' et par les chrétiens. »

ἀποικὴ τῶν ἀνθρώπων ; Ἑστίαν γὰρ ἔχει παρὰ τῷ θεῷ,
περὶ ὃν καὶ δεῦρο οὖσα τὰ πολλὰ πραγματεύεται, καὶ
ὅταν αὐτὴν μὴ χωρῇ κατιοῦσαν ὁ χθόνιος χῶρος, μένει
παρὰ τῷ πατρί, πρὸς ἡμᾶς ἐνδίκως ἂν εἰποῦσα (32) τὸ

οὔ τί με ταύτης
χρεὼ τιμῆς· φρονέω δὲ τετιμῆσθαι Διὸς αἴσῃ.

3 Τὰ δὲ ἀνθρώπινα πράγματα, παρούσης τε αὐτῆς καὶ
ἀπούσης, χείρω καὶ βελτίω καὶ παντελῶς εὐδαίμονα
καὶ κακοδαίμονα γίνεται. Ὑπὲρ τούτων οὖν καὶ ὑπὲρ
φιλοσοφίας ηὖγμαι. Καὶ εἴη γε τυχεῖν τῆς εὐχῆς ἣν
Πλάτων εὐξάμενος οὐκ εὐτύχησεν. Ἴδοιμί σε τῇ βασιλείᾳ προσειληφότα φιλοσοφίαν, καὶ οὐκέτι ἄν μου
πρόσω τις λέγοντός τι περὶ βασιλείας ἀκούσεται. Ἀλλ'
ὥρα γὰρ ἤδη σιγᾶν, ὡς ἑνὶ τούτῳ πάντα συνήρηκα.
4 Κἂν γένηται τοῦτο, δέδωκά σοι ὅπερ ἀρχόμενος
ᾔτησα, λόγῳ μὲν αὐτὸς ὑποσχόμενος ἀνδριάντα βασιλέως σοι δεῖξαι· — καὶ γάρ ἐστι λόγος ὄντως ἔργου
σκιά —, παρὰ σοῦ δὲ αὐτὸν ἀντῄτουν ἔμβιον ἀπο-
λαβεῖν καὶ κινούμενον. Καὶ ὄψομαί γε οὐκ εἰς μακράν,
καὶ ἀποδώσεις μοι τοῦ βασιλέως τὸ ἔργον, εἰ μὴ
θυραυλήσουσιν οἱ λόγοι περὶ τὰ ὦτα, ἀλλ' εἰσρυήσον-
ταί τε καὶ τοῖς μυχοῖς τῆς ψυχῆς ἐνδιαιτήσονται. Οὐ

Test. 29. 4³⁻⁴ λόγος — σκιή Νεαρ. 79ᵛ, 3 = Voss. 127ᵛ, 13-14 (in
Νεαρ. initio λ om. rubricator ; ambo ὄντως om. et σκιά praebent).

⁷ με codd. sicut Homeri codd. : μοι A²ˢˡOᶜᵒʳʳ.
  3¹⁻² ante αὐτῆς transp. καὶ ἀπούσης M ‖ ³ alt. καὶ SACMOB :
exp. V² οὐχ supra καὶ scripto οὐχ coni. Kr. praeeunte Canter ‖ ⁴ ηὖγμαι ACVOB : ἦγμαι M (S legi nequit) ‖ ⁴⁻⁵ Καὶ εἴη — εὐτύχησεν
om. C eiusque apographa σ R (rest. C² in mg. inferiore praemisso
κείμε-νον) ‖ ⁷ τις om. C ‖ ἀκούσεται SACVMO edd. : –σαιτο Bᶜᵒʳʳ
‖ ⁸ συνήρηκα SACᵃᶜV²ˢˡO edd. : –είρηκα CᵖᶜVMB.
  4⁴ σκιή SAVMOB : σκιά C ‖ ⁷ θυραυλήσουσιν SAVMB :
–σωσιν O –λήλουσιν (sic) C ‖ ⁸ τε om. C.

vivement stimulé la présente exhortation avec l'aide
empressée de Dieu, qui prend à cœur d'accroître ta fortune, comme il est bien facile de le conjecturer. 5 Quant
à moi, il serait juste que je jouisse le premier de la pousse
née de ma propre semence, en reconnaissant en toi, à
l'épreuve, un Roi tel que je te modèle, lorsque je te ren-
drai compte des requêtes des cités[192] et en recevrai le
compte rendu.

---

192. Synésios fut-il envoyé par Cyrène seule ou par les cités de la
Pentapole ? Cf. D. Roques, *op. cit.*, p. 161-163.

μὴν ἀθεεὶ πείθομαι φιλοσοφίαν ἐπὶ τὴν παραίνεσιν
ἐξωρμῆσθαι σὺν σπουδῇ τῷ θεῷ προθυμουμένῳ τὰ σὰ
αὔξειν, ὡς εἰκάσαι ῥᾴδιον. 5 Ἐγὼ δ' ἂν δίκαιος εἴην
ἀπολαῦσαι πρῶτος τῶν ἐμαυτοῦ σπερμάτων τῆς
βλάστης, οἷόν σε πλάττω βασιλέα τοιούτου πειρώμε-
νος, ὅταν περὶ ὧν αἱ πόλεις αἰτοῦσι παρέχω λόγον καὶ
δέχωμαι.

in fine opusculi περὶ βασιλείας S εἰς αὐτοκράτορα περὶ βασιλείας subscr. C.

NOTES COMPLÉMENTAIRES

Page 84

2. Il s'agit du *basilikos logos*. Cf. L. Pernot, *La rhétorique de l'éloge dans le monde gréco-romain,* Paris, 1993, t. 1, p. 77-78. On aura un bon exemple de ce genre de discours avec le *Panégyrique de Théodose* de Pacatus, prononcé en 389, in *Panégyriques latins,* t. 3, éd. E. Galletier (*CUF*), Paris, 1955. Cf. aussi Julien, *Eloge de l'empereur Constance,*1, prononcé en 356, et *Les actions de l'empereur ou De la royauté*, 23 (358) in *L'empereur Julien* (*CUF*), *Discours de Julien César*, Paris, 1932, où Julien oppose le panégyrique des rhéteurs à la louange véritable des philosophes. Quant au *Dion* de Synésios, il tente d'établir un lien entre la rhétorique et la poésie, d'une part, et la philosophie d'autre part.

Page 85

4. Déjà Platon (*Gorgias,* 462 c) avait stigmatisé l'agrément (ἡδονή) procuré par la rhétorique, ainsi que la pratique de la flatterie qu'elle favorise (463 b).

5. Cf. Aristoph., *Achar.,* 1 ; Plat., *Banq.,* 218 a. Cf. Synésios, *Calv.,* 1, 2 ; G.-R., *Corresp.* ép. 7, t. 1, p. 20, l.1 ; cf. *ibid.,* p. 109, n. 3.

Page 86

6. Synésios s'adresse directement à Arkadios. Plus loin, il s'adressera à ses courtisans.

7. Cf., pour l'art culinaire, Plat., *Gorg.,* 500 b ; *Rép.,* 332 c et d, et, pour la gymnastique et la médecine *Gorg.,* 464 b et 517 e. Cf. aussi *Soph.,* 238 d-e.

Page 87

14. Sur les thèmes du bon Roi, de la royauté idéale, voir L. Jerphagnon, *Le divin César, étude sur le pouvoir dans la Rome impériale,* Paris, 1991, en particulier les p. 55-56, où l'auteur met en relief le rôle

joué au départ par les traités dits *De la royauté* attribués à Ecphante, Diotogène et Sthénidas. Cf. aussi Chr. Lacombrade, *DR*, p. 92.

Page 88

15. Cf. Arist., *Eth. Nic.*, 4,15,1128 b : « On rougit lorsqu'on a honte », dit en effet Aristote dans le passage qu'il consacre à la pudeur (αἰδώς). « C'est là en effet la manifestation classique de l'*aischunè*, mais non pas celle de l'*aidôs* », rappellent opportunément R.A. Gauthier et J.Y. Jolif dans l'*Ethique à Nicomaque, t. II, Commentaire,* Louvain-Paris, 1970, p. 323. J. Tricot, dans sa traduction de l'*Ethique à Nicomaque*, Paris, 1972, p. 210, remarque lui aussi qu'« Aristote emploie indifféremment αἰδώς et αἰσχύνη, comme si ces deux termes étaient synonymes. Ils diffèrent pourtant considérablement ».

16. Hés., *Travaux.*, 197-201. Sur l'évolution de la notion d'αἰδώς d'Homère à Aristote, cf. R.A. Gauthier et J.Y. Jolif, *op. cit.*, p. 320-322. Synésios précise que la rougeur est une promesse de *vertu* qui vient du *repentir*. Il se sépare ainsi d'Aristote. Toujours à propos de l'*Eth. Nic.*, 4, 15, Gauthier et Jolif (*op. cit.*, p. 322) écrivent : « L'argumentation qui, tout au long de ce chapitre, va s'appliquer à exclure l'*aidôs* du nombre des vertus s'appuie en effet avant tout sur la conception nouvelle qui fait de l'*aidôs* la honte d'avoir mal fait. Si de cette *aidôs* Aristote refuse de faire avec Démocrite le 'salut de la vie', c'est qu'il n'y a pas de place dans sa morale pour le repentir, ou si peu ! »

17. L'expression ἰατροὶ λόγοι se trouve déjà dans Eschyle., *Prom.*, 378.

18. Il s'agit de Darius Iᵉʳ qui avait reconstitué l'unité perse après avoir conquis la Babylonie, la Susiane, la Médie. Il fut battu à Marathon en 490 par les Grecs.

19. Sur la montée de la cavalerie dans l'armée du IVᵉ s., cf. *Le monde byzantin,* éd. C. Morrisson, Paris, 2005 (Nouvelle Clio), I, p. 151-154. Cf. plus particulièrement p. 152 où C. Zuckermann cite et commente un passage de la *Catastase* II de Synésios

Page 90

22. Sur la valeur exemplaire des malheurs des grands de ce monde dans la tragédie, cf. Aristote, *La poétique*, éd. R. Dupont-Roc et J. Lallot, Paris, 1980, 53 a, p. 77 : Pour éveiller la pitié ou la frayeur, « reste donc le cas intermédiaire. C'est celui d'un homme qui, sans atteindre à l'excellence dans l'ordre de la vertu et de la justice, doit, non au vice et à la méchanceté, mais à quelque faute, de tomber dans le malheur — un homme parmi ceux qui jouissent d'un grand renom et d'un grand bonheur, tel Oedipe, Thyeste et les membres illustres de familles de ce genre ». Sur la notion de δαίμων, voir J.Bayet, *Histoire politique et psychologique de la religion romaine*, Paris, 1969, p. 263-266. Il s'agit

ici vraisemblablement du démon-ange gardien d'origine pythagoricienne déjà évoqué par Socrate. Cf. par ex. Plutarque, *Le démon de Socrate,* 585 D-586 A, dans Plut., *Oeuvres morales,* éd. J. Hani (*CUF*), Paris, 1980, t. 8, p. 97-98. Les démons pouvaient intervenir dans le destin des hommes (Cf., par. ex., N. Aujoulat, *Le Néoplatonisme alexandrin, Hiéroclès d'Alexandrie*, Leyde, 1986, p. 303-308).

Page 91

25. Théodose mourut à Milan le 17 janvier 395. Ses fils Arkadios et Honorius lui succédèrent, le premier à dix-huit ans, le second à onze ans. D'après l'*Histoire nouvelle* de Zosime (éd. F. Paschoud (*CUF*), Paris, 1986, V, 1), « le pouvoir suprême ayant passé à Arcadius et Honorius, ils paraissaient n'avoir d'autorité que nominalement, tandis que toutes les prérogatives du pouvoir appartenaient en Orient à Rufin et dépendaient en Occident de la volonté de Stilicon », et plus loin : (V,3) « les empereurs ne voyaient rien de ce qui se passait, mais souscrivaient uniquement à tout ce qu'ordonnaient Rufin et Stilicon » (trad. F. Paschoud).

26. Théodose dut réprimer le soulèvement de Maxime, qui commandait l'armée de Bretagne. Maxime entraîna aussi l'armée de Germanie, se fit proclamer empereur en 383 et battit à Paris l'empereur Gratien exécuté ensuite à Lyon. Théodose vainquit Maxime à Poetovio et à Aquilée en 388, et le laissa assassiner par ses soldats. Il dut plus tard combattre l'usurpateur Eugène qui, après la mort de l'empereur Valentinien II, s'était emparé de l'Italie en 393. Théodose le battit au combat de la Rivière Froide en 394, où il fut décapité par ses soldats. Théodose mourut l'année suivante à Milan.

27. Comme l'a remarqué Chr. Lacombrade, *DR,* p. 38, n. 26 : « L'orateur s'adresse ici à Arkadios et à Honorius réunis. Bien que l'Empire ait été divisé, le principe de l'unité romaine demeure, à ses yeux, intact. »

Page 96

39. Terzaghi, p. 17, l. 5, signale une construction semblable dans Plut., *Ant.*, 34 : « εὐτυχέστεροι … ἦσαν … στρατηγεῖν », où l'infinitif dépend de l'adjectif. Chez Synésios, en l'absence de toute variante, on peut comprendre, semble-t-il : εὐτυχήστεραι (ἂν εἶεν) παρεῖναι τοῖς ἥκιστα ἐπηβόλοις νοῦ.

40. Cf. Arist., *Eth. Nic.*, 1, 8, 1099 a. Sur les biens extérieurs comme instruments nécessaires au bonheur, cf. R.A. Gauthier et J.Y. Jolif, *op. cit.*, t. II, p. 70. Voir aussi Plat., *Euthyd.*, 281 c ; *Ménon*, 87 d.

Page 97

43. C.-à-d. de Dieu.

44. Cf., par ex., Plat., *Tim.*, 28 c.

Page 98

46. Cf., par ex., Plat., *Rép.*, 379 b, c ; *Tim.*, 29 d-e.

47. Quelques critiques anciens ont voulu voir dans ce passage une allusion à l'oraison dominicale. C'est peu probable, comme l'ont montré Chr. Lacombrade et A. Garzya dans leur édition respective (p. 43, n. 43 et p. 398, n. 24). Quoi qu'il en soit, Synésios était chrétien à l'époque où il composa son discours : cf. Synésios de Cyrène, *Hymnes*, éd. Chr. Lacombrade, (CUF), Paris, 1978, p. ix-x. A propos de ce passage, D. Roques (*Synésios*, p. 304) a écrit : « On sait, d'une part, l'ambiguïté du terme θεός chez les philosophes de l'Antiquité. D'autre part on ne peut oublier que le *Discours* appartient à un genre rhétorique bien défini, dont les thèmes répondent à des canons préétablis, ce qui en limite la sincérité. L'allusion aux « prières sacrées » et aux « saintes cérémonies » devant l'empereur chrétien ne peut guère évoquer que la messe chrétienne. Mais il serait toujours loisible d'y voir une simple concession au pouvoir impérial plutôt que l'expression d'un sentiment religieux profond du Cyrénéen. » Cependant dans l'*hymne* I, Synésios fait clairement allusion, pour l'époque 399-402, à sa fréquentation des églises chrétiennes à Constantinople (Synésios de Cyrène, *Hymnes*, éd. Chr. Lacombrade, (*CUF*), Paris, 1978, *hymne I*, 449-458).

Page 107

71. Hom. Δ 231-421.
72. Hom. K 67-69.

Page 108

76. Nous sommes en 400, et Arkadios n'est pas encore soumis à tout le cérémonial de la Cour byzantine postérieure. Depuis Aurélien (270-275) cependant, qui s'était proclamé « Maître et Dieu » et qui avait adopté le Soleil pour dieu suprême de l'Empire, les empereurs ont renforcé leurs liens avec la divinité. Dioclétien (284-305) ordonna qu'on l'adorât. Il était couvert de pierreries. Un véritable rite s'instaure autour de la personne de l'empereur et la Cour célèbre son caractère sacré. Il reçoit de Jupiter en personne la divinité et le pouvoir suprême. Constantin (306-337) reconnaît tenir son autorité de Dieu. « S'il faut en croire la *Vie* d'Eusèbe, (il) aurait imposé à son entourage une vie dévote. Il s'enfermait chaque jour pour prier à genoux et dirigeait les cérémonies 'comme un hiérophante'. Aux veilles des fêtes, le palais resplendissait de cierges » (A. Piganiol, *L'Empire chrétien*, Paris, 1972, p. 67). « Constantin a rendu plus imposante la majesté impériale. Aux souverains hellénistiques il a emprunté le diadème qui est en réalité un insigne sacerdotal, un signe de consécration » (*Ibid.*, p. 70). On lira dans Ammien Marcellin le récit de l'entrée de Constance à Rome en 356 (XVI, 10, 6-16) sur un char orné de pierres précieuses,

dans une immobilité hiératique. L'empereur Julien (361-363) ne résida guère dans une Cour stable ; il se considérait comme un prêtre et comme un Roi. Enfin, « dans le luxe et la volupté de son palais (Théodose I) évite de prendre l'aspect hiératique de Constance II, il se fait abordable et souriant, et pourtant, sur le *missorium* de Madrid, son aspect serein et splendide est déjà celui d'un empereur de Byzance » (A. Piganiol, *op. cit.,* p. 297).

Page 111

84. Hom. Γ 57. Hector souhaite à Pâris d'être lapidé à cause de tous ses méfaits.

85. « L'Empereur accepte encore de se dire le collègue des Sénateurs...Cependant il porte bien rarement le costume civil, qui est le seul auquel les Sénateurs aient droit : il ne le prend guère que durant les premiers jours des années où il revêt le consulat. Comme les autres consuls, il arbore à cette occasion la lourde *trabea* triomphale, il tient le sceptre et ce mouchoir (*mappa*) qui sert à donner le signal des jeux » (A. Piganiol, *op. cit.*, p. 338).

Page 113

90. « Allusion aux campagnes de Domitien et surtout de Trajan contre les Daces. Mais à l'appellation moderne et latine, Synésios préfère les termes anciens et purement grecs de 'Gètes et Massagètes', qui ont leurs titres de noblesse chez Hérodote. » (Chr. Lacombrade, *op. cit.*, p. 54, n. 90). D'après A. Garzya (*op. cit.*, p. 414, n. 62), « les mêmes territoires se révèlent habités, d'après nos sources, par des peuples barbares de noms différents selon les époques : en Dacie les (Massa)gètes d'Hérodote deviennent les Gètes au temps d'Auguste, les Daces sous les Antonins, puis les Sarmates et les Goths dans les siècles tardifs. »

91. Cf. la terrifiante description des Huns par Ammien Marcellin (XXXI, 2, 1-12), qui insiste sur leur laideur, les qualifiant de « bêtes à deux pattes », et qui affirme que les joues de leurs enfants sont profondément labourées avec un poignard dès leur naissance. Théodose utilisa à plusieurs reprises les Huns, par exemple pour dégager la Rhétie envahie par les Juthunges, durant l'usurpation de Maxime. Pacatus, dans son *Panégyrique de Théodose* (éd. E. Galletier *CUF*, t. 3, XII, 32, 4) n'hésite pas à écrire : « O événement digne de mémoire ! On voyait marcher, sous les chefs et les étendards romains les anciens ennemis de Rome... le Goth, le Hun, l'Alain répondaient à l'appel de leur nom, montaient la garde à leur tour, craignaient le reproche de manquer à leur poste. »

92. Hom. I 231. Ce sont les paroles d'Ulysse à Achille pour le ramener au combat. Cf. G.-R., *Corresp.*, t. 2, ép. 118, l. 10, p. 250. Voir aussi Julien, *Disc.* 7, 229 d.

Page 114

94. Alors que Petau garde la forme χρημάτων des manuscrits, Krabinger, s'appuyant sur la correction que Jérôme Wolf (13 août 1516-1580) a mise dans la marge de son édition de Turnèbe, adopte χρωμάτων, qu'il lit aussi dans *Monacensis gr.* 490 (d) (voir sa *Praefatio*, p. xxiv, et p. 41, n. 5). Bien que l'hésitation soit permise, nous pensons que cette correction, reçue par Terzaghi, s'accorde mieux au contexte, qui évoque les idées contrastées de nudité et de fard ; en outre, la confusion entre les deux termes est assez fréquente : ainsi, dans **3**, 5, certains manuscrits ont χρῆμα à la place de χρῶμα (σ^{ac} R T) ou sous forme de variante accompagnée du sigle γρ (r^{γρ} Ξ^{γρ}) (J.L.).

Page 115

95. Tour fort alambiqué, selon la remarque de Chr. Lacombrade (*DR*, p. 55, n. 96), pour évoquer cent vingt années environ.

97. Hom. o 332.

Page 117

101. Allusion à Dioclétien, proclamé empereur par l'armée à Nicomédie, le 20 novembre 284. Le 1er avril 286 il nomma Maximien César, puis Auguste. Pour que l'Empire eût à sa tête des hommes vigoureux, il avait disposé que les deux Augustes abdiqueraient après la vingtième année de leur règne afin d'être remplacés par les deux Césars. Il renonça donc au pouvoir en 305 à l'âge d'environ soixante ans.

Page 118

103. Dans la Grèce classique, à la tête du département de la guerre, se trouvaient les dix stratèges. En temps ordinaire, ils avaient les mêmes compétences et étaient en fait les magistrats les plus puissants de l'Etat. En cas de guerre, l'assemblée du peuple désignait les stratèges qui devaient y prendre part et conférait à l'un d'entre eux le commandement suprême. Dans les circonstances graves, le peuple donnait à un ou plusieurs stratèges les pleins pouvoirs : ils étaient alors αὐτοκράτορες. Périclès fut effectivement nommé αὐτοκράτωρ à plusieurs reprises ; on ne sait s'il en fut de même pour Iphicrate.

104. « Le βασιλεύς, un des neuf archontes, jouissait, à défaut de pouvoirs politiques, d'une situation morale exceptionnelle. Héritier des attributions religieuses imparties au Roi primitif, il en avait conservé les fonctions sacrées (organisation des fêtes traditionnelles et des mystères éleusiniens), ainsi que la compétence judiciaire en rapport avec ce rôle de grand pontife (présidence des éphèbes et de l'Aréopage). » (Chr. Lacombrade, *DR* p. 58, n. 106). On ajoutera qu'il était le second en dignité du collège des neuf archontes après l'archonte éponyme et avant le polémarque et les six thesmothètes.

105. Sur la tyrannie et le tyran, cf. Platon, *Rép.*, VIII, 562 a-576 b. Il faut prendre garde qu'au Bas-Empire, le τύραννος est un usurpateur. C'est ainsi que l'on qualifie, par exemple, Maxime et Eugène. Cf. sur la tyrannie : « C. Mossé, *La tyrannie dans la Grèce antique*, Paris, 1969. Voir aussi *RE*, VII A 2, 1948, *s.v. Tyrannis,* col. 1821-1842 ; *DNP*, 12,1,2002, *s.v. Tyrannis,* col. 948-950. Sur le tyran, cf. le présent discours, 6.

108. Nous supposons que sous la correction du *Laurentianus* 80, 19 (C), qui rétablit la bonne leçon, il convient de lire ὁδοῦ, glose de κελεύθου, qu'on lit, par exemple, dans *Athous Vatopedinus* 685 (M) et qui, sans doute ancienne, a pu s'introduire dans C ou dans son modèle ; l'espace qu'occupe, après correction du parchemin au moyen d'une éponge, l'abréviation (nomen sacrum) de ὁ θεός, n'admet qu'un mot bref et laisse entrevoir un circonflexe. L'hypothèse pourrait se trouver confirmée par le fait que deux apographes présumés du *Laurentianus*, le *Parisinus Suppl. gr.* 256 (σ) et l'*Oxoniensis Canonici* 41 (*R*) (voir l'*Introduction*, p. LVI) présentent la leçon — plutôt fautive, à vrai dire — ὁ δοῦλος qui proviendrait d'une méprise d'un scribe prenant ὁδοῦ pour l'abréviation ὁδοῦ ᵡ de ὁ δοῦλος (J.L.).

Page 120

116. Le membre de phrase ἄρχειν δὲ ὁποίων δέον κρατεῖν ἐξ ὧν οἱ κρατεῖν εἰδότες <ἐπιτηδεύουσιν> ἐπιτηδευμάτων καὶ βίων a été diversement transmis et tout aussi diversement rétabli par les éditeurs. Nous avons adopté la correction de N. Terzaghi qui, à partir d'exemples empruntés à Platon (*Rep.* 394 e-395 a, *Leg.* 920 b) et Plut. (*de lib. educ.* 17 E), a le mérite de restituer un texte lisible en donnant un verbe à l'expression οἱ κρατεῖν εἰδότες. Pour l'ensemble de sa démonstration nous renvoyons à sa *Praefatio*, p. XCV-XCIX (J.L.).

Page 122

123. A la leçon τοιούτοις des éditeurs que nous n'avons trouvée que dans les *recentiores Matritensis* 4759 (Md) et son apographe présumé, le *Monacensis gr.* 87 (g), nous préférons la *lectio difficilior* τούτους largement attestée et qui peut s'expliquer par une attraction inverse ; la forme τούτοις conviendrait si elle n'était, elle aussi, représentée par des manuscrits tardifs, souvent issus du *Laurentianus* 80, 19 (C), peu sûr selon nous en raison de ses nombreuses corrections. Ces variantes illustrent bien ce qu'Alphonse Dain appelle « l'éclectisme des manuscrits » (*Les Manuscrits* [2], Paris, 1997, p. 140) (J.L.).

124. Plat., *Rép.*, 375 a-e. Synésios insiste pour que le recrutement des soldats soit « national » et s'élève contre l'emploi des mercenaires barbares. Sur ce passage, cf. D. Roques, *Synésios*, p. 253-254. Synésios parle ici en doctrinaire. Quand il sera aux prises avec la réalité du pouvoir, il sera bien heureux de recourir aux troupes barbares et il ne

tarira pas d'éloges sur les Hunnigardes en particulier. Cf. D. Roques, *op. cit.*, p. 245-247. Sur les Hunnigardes, cf. *ibid.*, p. 247-250.

Page 123

128. « L'armée comprend deux éléments très différents : des paysans réquisitionnés, des barbares soudoyés...La collecte de l'argent et l'achat des hommes donnaient lieu à des abus, auxquels Valens tenta de remédier en 375. Son intention était, semble-t-il, que désormais les recrues fussent prises dans la population paysanne elle-même...Au lieu de recrues, l'Etat pouvait demander aux propriétaires de l'argent dont il se servait pour soudoyer des Barbares. Tel était le calcul qu'avait fait Constance en accueillant les Goths libres et que fit plus tard Valens en accueillant les Goths : ces Barbares, installés dans l'Empire, auraient fourni des hommes, et les paysans romains n'auraient pas été distraits de la culture ; ils auraient fourni de l'or pour équiper les Germains » (A. Piganiol, *op. cit.*, p. 362-363).

129. Ces Scythes sont évidemment les Goths. Les Scythes, chez Synésios, « désignent selon une habitude fréquente à cette époque ceux des Goths qui, depuis l'époque de Valens, ont progressivement grignoté les marches-frontières du Danube pour être finalement en partie intégrés dans l'Empire. Si certains d'entre eux furent enrôlés en 382 dans l'armée de Théodose ou sédentarisés en Thrace ou en Asie mineure, d'autres, sans doute des prisonniers de guerre, furent donc transplantés et déportés dans des régions comme la Pentapole, où ils ne risquaient pas de perturber la population romaine, et utilisés comme esclaves » (D. Roques, *op. cit.*, p. 146). Cf. aussi, pour la confusion entre Goths, Gètes et Scythes en Occident, S.Teillet, *Des Goths à la nation gothique, les origines de l'idée de nation en Occident du Ve au VIIe siècle*, Paris, 1984, p. 51-54.

Page 124

130. La phrase qui va de Δέον à γενέσθαι offre, avec quelques variantes, une syntaxe qui ne laisse pas de faire difficulté. Si δεῖ pour δή est une faute banale d'iotacisme et si la correction πρὸ τοῦ au lieu de πρὸς τούς est justifiée par le sens du verbe ἀνέχεσθαι : « supporter » (à moins d'accepter la forme ἀντέχεσθαι « résister », correction du *Laurentianus* 55, 6 [A]), en revanche, ἀναστήσαντα, qu'on lit dans la plupart de nos manuscrits, ne peut s'expliquer que si l'on y voit un participe à l'accusatif singulier apposé au sujet indéterminé des infinitifs αἰτῆσαι et καταλέγειν dépendant de δέον. Nous lisons ἀναστήσαντες (encore qu'un α soit placé au-dessus de l'epsilon) dans le seul *Matritensis* 4759 (Md), manuscrit tardif (*ca* 1547) qui a appartenu à Arnoldus Arlenius (début XVIe s. - *ca* 1580) ; il s'agit probablement d'une correction d'humaniste destinée à rattacher le participe au verbe πείσομεν, bien que ce dernier, par suite d'une rupture de construction,

ne vise ni le philosophe, ni l'artisan, ni le commerçant, mais le peuple qu'il faut persuader « d'agir sérieusement. » L'œuvre de Synésios n'est pas exempte de ce genre d'anacoluthe, qui peut paraître étrange dans un discours censé avoir été soigneusement composé (J.L.).

132. Krabinger, suivi par Terzaghi, a introduit devant εἰ un καί qu'il lit dans le *Monacensis gr.* 490 (d), sans doute apparenté au *Londiniensis Harley* 6322 (Ψ) qui possède aussi cette particule. Nous n'avons pas cru devoir les suivre, ces manuscrits étant tardifs et εἰ seul pouvant avoir le sens de « même au cas où, quand bien même. » (Cf. Démosth., 18, 199 ; Plat., *Euthyphr.* 4 b) (J.L.).

134. Hom. ρ 193.

135. Derrière les hommes et les femmes il faut voir, bien sûr, les Goths et les habitants de la partie orientale de l'Empire romain.

Page 125

137. Il s'agit d'Arès. Sur la coexistence des divinités païennes avec le christianisme, on lira G. Dagron, *op. cit.*, p. 367-387. Un certain paganisme culturel se maintient ; Thémistios en fournit un bon exemple. Il est « chargé de célébrer la grandeur des souverains et de solliciter leur générosité dans le langage de l'hellénisme. De Constance II à Théodose Iᵉʳ, pas un empereur ne trouve déplacées les invocations à Zeus, Apollon ou aux Muses dont les *Discours* sont remplis, même quand Thémistios sera devenu Préfet et que des lois apparemment sévères auront proscrit le paganisme. » (G. Dagron, *op. cit.*, p. 380).

138. On est loin du consulat de l'antique Rome ! Il faut noter que le consul de 400 était précisément Aurélien, l'Osiris des *Récits égyptiens*, indication importante compte tenu de la rareté des allusions claires aux réalités impériales dans le *Discours sur la royauté*.

Page 126

141. Tout ce chapitre, et le suivant, ont souvent été exploités par les historiens. Ainsi R.Rémondon (*op. cit.*, p. 207-208) écrit que « Théodose, Rufin doivent réprimer, non sans mal, un courant d'opinion antigermanique qui se répand dans la partie orientale de l'Empire, non seulement à la Cour, parmi les chefs militaires romains, et les hauts fonctionnaires, mais aussi dans les milieux populaires. »

143. Le Sénat romain envoya en effet contre Spartacus deux consuls qui furent défaits en 72 av. n.é.. Puis le préteur Crassus reçut le titre de proconsul avec *imperium* en 71.

Page 127

147. Nous conservons le texte adopté par les éditeurs, qui suppriment καί, bien qu'il soit attesté dans les manuscrits SCVMOB. Petau rapproche de notre texte, comme s'il en était la source, ce passage de Thémistios, *Or.* VII, 91 a = I, p. 137 Schenkl / Downey, qu'il cite

ainsi : « ...ὥσπερ σώματος ἔξωθεν ὑγιαίνοντος ῥῆγμα ὕπουλον ὑπερτρεφόμενον ἐν τῷ βάθει περὶ τὸ κυριώτατον τῶν μερῶν ἐπεσήμαινεν ». alors que les éditions W. Dindorf, p. 108, et G. Downey-A.F. Norman, p. 137, portent τὰ ἔξωθεν et ἀπεσήμαινεν. Dans son édition de Synésios Petau a adopté la variante ἐπισημῆναι attestée dans les manuscrits Md g et qu'il commente ainsi : « Est enim ἐπισημαίνειν *subita vi erumpere* » (J.L.).

Page 128

148. En 328 Constantin franchit plusieurs fois le Danube pour combattre les Goths. En 331-332, le César Constantin en anéantit cent mille en Scythie mineure. En 367-369, Valens vainquit plusieurs fois les Goths au-delà du Danube. Mais en 376-377, les Wisigoths, malgré les réticences de Valens, se virent accorder leur entrée en Thrace. Valens veut les arrêter, mais son armée est anéantie et il est lui-même tué à Andrinople en 378. On comprend que Synésios passe ce désastre sous silence ! Théodose autorise la constitution d'un Etat goth à l'intérieur de ses frontières et inaugure une dangereuse politique de cohabitation avec les Barbares.

150. Hérod., I, 105. Cf. K. Meuli, *Scythica* in *Hermes* 70, 1935, p. 111-176, partic. 127-137. On peut cependant remarquer que dans les *Dialogues des morts*, par. ex., Lucien parle des Scythes comme de redoutables guerriers (cf. *Alexandre et Philippe ; Alexandre, Hannibal, Minos et Scipion*).

152. Sur les origines des Goths, sur leurs pérégrinations et les bruits qui couraient sur eux, cf. S. Teillet, *op. cit.*, p. 17. Les Amazones, originaires du Caucase ou de la Colchide, vivaient en Scythie, dans l'actuelle Ukraine. Le Macédonien, c.-à-d. Alexandre, après la mort de son père dompta les Barbares qui s'agitaient au-delà du Danube et détruisit une ville des Gètes située dans l'actuelle Roumanie (Arrien, *Anabase,* I, 4). Il faut noter que, d'après Hérodote (I, 15, 103 ; IV,1, 11-12), ce sont les Scythes qui ont chassé les Cimmériens !

153. Lors de la crise de l'Empire romain au IIIe siècle, « le front gothique s'élargit et embrasse le Bas-Danube et la mer Noire, s'approfondit et pénètre la Grèce et l'Asie mineure : entre 256 et 269 une jonction des Goths et des Perses à travers l'Anatolie est une terrible menace ». (R. Rémondon, *La crise de l'Empire romain*, p. 99).

Page 129

154. Allusion probable à la défaite d'Andrinople en 378 — La tradition manuscrite, comme souvent, se partage en deux groupes : l'un, constitué des manuscrits anciens et de leurs apographes, donne la leçon τὴν εὐεργέτιν, féminin assez rare, que l'*Athous Vatopedinus* 685 (M) explique en ajoutant τὴν πόλιν au-dessus du mot ; l'autre, plus récent, a la variante τὴν εὐεργεσίαν, que les éditeurs ont adoptée. Faut-il voir dans τὴν εὐεργέτιν une lecture erronée de τὸν εὐεργέτην par

suite d'une faute primaire due à l'iotacisme qui a entraîné une faute secondaire par transformation de l'article masculin en féminin ? Un manuscrit signalé par Krabinger, le *Monacensis gr.* 490 (d), comporte cette correction (J.L.).

157. Allusion aux attaques des Huns sur le bas-Danube ? (cf. Chr. Lacombrade, *DR*, p. 67, n. 139).

158. Comme l'indique A. Garzya (*Opere di Sinesio di Cirene*, Turin, 1989, p. 434, n. 99)), Synésios s'excuse d'employer le mot πειθανάγκη, qui n'est pas consacré par l'usage attique. Il affirme que la pensée doit prédominer sur la forme.

159. Hom. Θ 527.

Page 130

162. Constance et Valens voulaient recruter les Barbares dans l'armée pour que les paysans romains pussent se consacrer à l'agriculture (cf. la n. 128). On voit que sous le règne d'Arkadios, après l'installation des Goths dans l'armée romaine par Théodose, Synésios recommande une politique radicalement contraire : il voudrait réduire les Barbares en esclavage et les contraindre aux travaux des champs. Quant à la « douceur » de Théodose, elle doit plutôt ressembler dans son esprit à une honteuse faiblesse.

163. Hom. Λ 654. Chr. Lacombrade (*op. cit.*, p. 67, n. 142) et A. Garzya (*op. cit.*, p. 436, n. 102) voient dans cet éventuel innocent une allusion au chef goth Gaïnas. Sur l'attitude douteuse et compliquée de Gaïnas envers Arkadios durant les années 395-400, cf. E. Demougeot, *UER*, p. 249-261 ; R. Rémondon, *op. cit.*, p. 209.

Page 133

171. Contrairement aux éditions antérieures, Terzaghi supprime καί qui n'apparaît, à notre connaissance, que dans des manuscrits tardifs : le *Vratislaviensis Rehdigeranus* 34 (Y), le *Matritensis* 4759 (Md) et son apographe présumé, le *Monacensis gr.* 87 (g). Il précise dans son apparat que la phrase ἀντὶ — πρεσβεύοντι explique les mots précédents et que ἀλαζόνα φιλοτιμίαν développe le sens de ἔργα δαπανηρά (J.L.).

172. Depuis Constantin, questeurs et préteurs sont devenus de simples donneurs de jeux : cf. R. Rémondon, *op. cit.*, p. 143 ; voir aussi, par ex., G. Dagron, *Naissance d'une capitale, Constantinople et ses institutions de 330 à 451*, Paris, 1974, p. 152, n. 2.

173. Plutarque attribue en plusieurs endroits ce mot à Archidamos, fils d'Agésilas. Cf., par ex., *Vie de Crassus*, 2, 9.

Page 135

176. Il s'agit du thème bien connu de « l'empereur en adoration ». Cf. A. Grabar, *L'empereur dans l'art byzantin*, Strasbourg, 1936, rééd. 1972, p. 153, 189. Ici ce roi commun ne peut être que le Dieu

chrétien, qui est le patron des empereurs depuis Constantin. Ce ne peut
être un dieu néoplatonicien. Synésios reprend à son compte la théologie impériale chrétienne

178. Cf. la " figure idéale de l'empereur " dans A.Piganiol, *op.
cit.*, p. 341. Sur le concept de φιλανθρωπία, cf. A. Garzya, *op. cit.*,
p. 442, n. 113.

Page 136

180. Sur l'entourage de l'empereur, notamment sur le consistoire et
les notaires, cf. A. Piganiol, *op. cit.*, p. 343-350. Sur l'administration
provinciale, *ibid.*, p. 350-353.

Page 139

186. Thème bien connu de la valeur exemplaire de la fonction
royale.
187. Cf. Plat., *Gorg.*, 482 a.
188. « Il y a une allusion au débat culturel (différence entre la philosophie et la rhétorique, entre la culture générale et spécialisée, etc.)
très animé au IVᵉ siècle. Cf. A. Garzya, 'Ideali e conflitti di cultura alla
fine del mondo antico' = *Storia e interpretazione di testi bizantini*,
Londres, 1974, I… » (A. Garzya, *op. cit.*, p. 448, n. 119).

Page 140

190. Plat., *Rép.*, 473 c-d.
191. Démocrite, fr. 145 Diels-Kranz.

TABLE DES MATIÈRES

COLLECTION DES UNIVERSITÉS DE FRANCE

OUVRAGES PARUS

Série grecque

dirigée par Jacques Jouanna
de l'Institut
professeur émérite à l'Université de Paris Sorbonne

Petits traités d'histoire naturelle. (1 vol.).
Physique. (2 vol.).
Poétique. (1 vol.).
Politique. (5 vol.).
Problèmes. (3 vol.).
Rhétorique. (3 vol.).
Topiques. (2 vol.).

ARISTOTE (Pseudo-).
Rhétorique à Alexandre. (1 vol.).

ARRIEN.
L'Inde. (1 vol.).
Périple du Pont-Euxin. (1 vol.).

ASCLÉPIODOTE.
Traité de tactique. (1 vol.).

ATHÉNÉE.
Les Deipnosophistes. (1 vol. paru).

ATTICUS.
Fragments. (1 vol.).

AUTOLYCOS DE PITANE.
Levers et couchers héliaques. - La sphère en mouvement. - Testimonia. (1 vol.).

BACCHYLIDE.
Dithyrambes. Épinicies. Fragments. (1 vol.).

BASILE (Saint).
Aux jeunes gens. Sur la manière de tirer profit des lettres helléniques. (1 vol.).
Correspondance. (3 vol.).

BUCOLIQUES GRECS.
Théocrite. (1 vol.).
Pseudo-Théocrite, Moschos, Bion. (1 vol.).

CALLIMAQUE.
Hymnes. - Épigrammes. - Fragments choisis. (1 vol.).

LES CATOPTRICIENS GRECS.
Les Miroirs ardents. (1 vol. paru).

CHARITON.
Le Roman de Chaireas et Callirhoé. (1 vol.).

COLLOUTHOS.
L'Enlèvement d'Hélène. (1 vol.).

CORPUS RHETORICUM.
(1 vol. paru).

CTÉSIAS DE CNIDE.
La Perse. L'Inde. Autres fragments. (1 vol.).

DAMASCIUS.
Traité des premiers principes. (3 vol.).
Commentaire du *Parménide* de Platon. (4 vol.).
Commentaire sur le *Philèbe* de Platon. (1 vol.).

DÉMÉTRIOS.
Du style. (1 vol.).

DÉMOSTHÈNE.
Œuvres complètes. (13 vol.).

DENYS D'HALICARNASSE.
Opuscules rhétoriques. (5 vol.).
Antiquités romaines. (2 vol. parus).

DINARQUE.
Discours. (1 vol.).

DIODORE DE SICILE.
Bibliothèque historique. (10 vol. parus).

DION CASSIUS.
Histoire romaine. (4 vol. parus).

DIOPHANTE.
Arithmétique. (2 vol. parus).

DU SUBLIME. (1 vol.).

ÉNÉE LE TACTICIEN.
Poliorcétique. (1 vol.).

ÉPICTÈTE.
Entretiens. (4 vol.).

ESCHINE.
Discours. (2 vol.).

ESCHYLE.
Tragédies. (2 vol.).

ÉSOPE.
Fables. (1 vol.).

EURIPIDE.
  Tragédies (12 vol.).
FAVORINOS D'ARLES.
  Œuvres (1 vol. paru).
GALIEN. (4 vol. parus).
GÉOGRAPHES GRECS.
  (1 vol. paru).
GÉMINOS.
  Introduction aux phénomènes.
  (1 vol.).
GRÉGOIRE DE NAZIANZE
  (le Théologien) (saint).
  Correspondance. (2 vol.).
  Poèmes. (1 vol. paru).
HÉLIODORE.
  Les Éthiopiques. (3 vol.).
HÉRACLITE.
  Allégories d'Homère. (1 vol.).
HERMÈS TRISMÉGISTE. (4 vol.).
HERMOGÈNE (Ps.).
  Corpus Rhet. I. Progymnasmata.
HÉRODOTE.
  Histoires. (11 vol.).
HÉRONDAS.
  Mimes. (1 vol.).
HÉSIODE.
  Théogonie. - Les Travaux et les
  Jours. - Bouclier. (1 vol.).
HIPPOCRATE. (12 vol. parus).
HOMÈRE.
  L'Iliade. (4 vol.).
  L'Odyssée. (3 vol.).
  Hymnes. (1 vol.).
HYPÉRIDE.
  Discours. (1 vol.).
ISÉE.
  Discours. (1 vol.).
ISOCRATE.
  Discours. (4 vol.).
JAMBLIQUE.
  Les Mystères d'Égypte. (1 vol.).

Protreptique. (1 vol.).
JEAN LE LYDIEN.
  Des magistratures de l'État romain.
  (2 vol. parus).
JOSÈPHE (Flavius).
  Autobiographie. (1 vol.).
  Contre Apion. (1 vol.).
  Guerre des Juifs. (3 vol. parus).
JULIEN (L'empereur).
  Lettres. (2 vol.).
  Discours. (2 vol.).
LAPIDAIRES GRECS.
  Lapidaire orphique. - Kerygmes
  lapidaires d'Orphée. - Socrate et
  Denys. - Lapidaire nautique. -
  Damigéron. - Evax. (1 vol.).
LIBANIOS.
  Discours. (3 vol. parus).
LONGIN. RUFUS.
  Fragments. Art rhétorique. (1 vol.).
LONGUS.
  Pastorales. (1 vol.).
LUCIEN. (4 vol. parus).
LYCURGUE.
  Contre Léocrate. (1 vol.).
LYSIAS.
  Discours. (2 vol.).
MARC-AURÈLE.
  Écrits pour lui-même. (1 vol. paru).
MARINUS.
  Proclus ou sur le bonheur.
  (1 vol.).
MÉNANDRE. (3 vol. parus).
MUSÉE.
  Héro et Léandre. (1 vol.).
NICANDRE.
  Œuvres. (2 vol. parus).
NONNOS DE PANOPOLIS.
  Les Dionysiaques. (19 vol.).
NUMÉNIUS. (1 vol.).
ORACLES CHALDAÏQUES. (1 vol.).

Série latine

dirigée par Jean-Louis Ferrary
de l'Institut
directeur d'études à l'École pratique des hautes études (IV° section)

Règles et recommandations pour
les éditions critiques (latin).
(1 vol.).

ACCIUS.
Œuvres. Fragments. (1 vol.).

AMBROISE (Saint).
Les Devoirs. (2 vol.).

AMMIEN MARCELLIN.
Histoires. (7 vol.).

L. AMPÉLIUS.
Aide-mémoire. (1 vol.).

L'ANNALISTIQUE ROMAINE.
(3 vol. parus).

APICIUS.
Art culinaire. (1 vol.).

APULÉE.
Apologie. - Florides. (1 vol.).
Métamorphoses. (3 vol.).
Opuscules philosophiques. -
Fragments. (1 vol.).

ARNOBE.
Contre les Gentils. (2 vol. parus).

LES ARPENTEURS ROMAINS.
(1 vol. paru).

AUGUSTIN (Saint).
Confessions. (2 vol.).

AULU-GELLE.
Nuits attiques. (4 vol.).

AURÉLIUS VICTOR.
Livre des Césars. (1 vol.).
Abrégé des Césars. (1 vol.).

AVIANUS.
Fables. (1 vol.).

AVIÉNUS.
Aratea. (1 vol.).

BOÈCE.
Institution arithmétique. (1 vol.).

CALPURNIUS SICULUS.
Bucoliques.

CALPURNIUS SICULUS (Pseudo-).
Éloge de Pison. (1 vol.).

CASSIUS FELIX.
De la médecine. (1 vol.).

CATON.
De l'agriculture. (1 vol.).
Les Origines. (1 vol.).

CATULLE.
Poésies. (1 vol.).

CELSE.
De la médecine. (1 vol. paru).

CÉSAR.
Guerre civile. (2 vol.).
Guerre des Gaules. (2 vol.).

CÉSAR (Pseudo-).
Guerre d'Afrique. (1 vol.).
Guerre d'Alexandrie. (1 vol.).
Guerre d'Espagne. (1 vol.).

CETIUS FAVENTINUS.
Abrégé d'architecture privée.
(1 vol.).

CICÉRON.
L'Amitié. (1 vol.).
Aratea. (1 vol.).
Brutus. (1 vol.).
Caton l'ancien. De la vieillesse.
(1 vol.).
Correspondance. (11 vol.).
De l'invention (1 vol.).
De l'orateur. (3 vol.).
Des termes extrêmes des Biens
et des Maux. (2 vol.).

Discours. (22 vol.).
Divisions de l'art oratoire. -
Topiques. (1 vol.).
Les Devoirs. (2 vol.).
L'Orateur. (1 vol.).
Les Paradoxes des stoïciens.
(1 vol.).
De la république. (2 vol.).
Traité des lois (1 vol.).
Traité du destin. (1 vol.).
Tusculanes. (2 vol.).

CLAUDIEN.
Œuvres. (3 vol. parus).

COLUMELLE.
L'Agriculture, (4 vol. parus).
Les Arbres. (1 vol.).

COMŒDIA TOGATA.
Fragments. (1 vol.).

CORIPPE.
Éloge de l'empereur Justin II.
(1 vol.).

CORNÉLIUS NÉPOS.
Œuvres. (1 vol.).

CYPRIEN (Saint).
Correspondance. (2 vol.).

DOSITHÉE.
Grammaire latine. (1 vol.).

DRACONTIUS.
Œuvres. (4 vol.).

ÉLOGE FUNÈBRE D'UNE
MATRONE ROMAINE. (1 vol.).

ENNODE DE PAVIE.
Lettres. (1 vol. paru).

L'ETNA. (1 vol.).

EUTROPE.
Abrégé d'Histoire romaine.
(1 vol.).

FESTUS.
Abrégé des hauts faits du peuple
romain. (1 vol.).

FIRMICUS MATERNUS.
L'Erreur des religions païennes.
(1 vol.).
Mathesis. (3 vol.).

FLORUS.
Œuvres. (2 vol.).

FORTUNAT (Venance). (4 vol.).

FRONTIN.
Les Aqueducs de la ville de Rome.
(1 vol.).

GAIUS.
Institutes. (1 vol.).

GARGILIUS MARTIALIS
Les Remèdes tirés des légumes
et des fruits. (1 vol.)

GERMANICUS.
Les Phénomènes d'Aratos.
(1 vol.).

HISTOIRE AUGUSTE.
(5 vol. parus).

HORACE.
Épîtres. (1 vol.).
Odes et Épodes. (1 vol.).
Satires. (1 vol.).

HYGIN.
L'Astronomie. (1 vol.).

HYGIN (Pseudo-).
Des fortifications du camp.
(1 vol.).

JÉRÔME (Saint).
Correspondance. (8 vol.).

JUVÉNAL.
Satires. (1 vol.).

LUCAIN.
Pharsale. (2 vol.).

LUCILIUS.
Satires. (3 vol.).

LUCRÈCE.
De la nature. (2 vol.).

MACROBE.
Commentaire au songe
de Scipion. (2 vol.).

MARTIAL.
Épigrammes. (3 vol.).

MARTIANUS CAPELLA.
Les Noces de philologie
et Mercure. (3 vol. parus).

MINUCIUS FÉLIX.
Octavius. (1 vol.).

**PREMIER MYTHOGRAPHE
DU VATICAN. (1 vol.).**

NÉMÉSIEN.
Œuvres. (1 vol.).

OROSE.
Histoires (Contre les Païens).
(3 vol.).

OVIDE.
Les Amours. (1 vol.).
L'Art d'aimer. (1 vol.).
Contre Ibis. (1 vol.).
Les Fastes. (2 vol.).
Halieutiques. (1 vol.).
Héroïdes. (1 vol.).
Métamorphoses. (3 vol.).
Pontiques. (1 vol.).
Les Remèdes à l'amour. (1 vol.).
Tristes. (1 vol.).

PALLADIUS.
Traité d'agriculture. (1 vol. paru).

PANÉGYRIQUES LATINS.
(3 vol.).

PERSE.
Satires. (1 vol.).

PÉTRONE.
Le Satiricon. (1 vol.).

PHÈDRE.
Fables. (1 vol.).

PHYSIOGNOMONIE (Traité de).
(1 vol.).

PLAUTE.
Théâtre complet. (7 vol.).

PLINE L'ANCIEN.
Histoire naturelle. (37 vol. parus).

PLINE LE JEUNE.
Lettres. (4 vol.).

POMPONIUS MELA.
Chorographie. (1 vol.)

PROPERCE.
Élégies. Nlle éd. (1 vol.).

PRUDENCE. (4 vol.).

QUÉROLUS. (1 vol.).

QUINTE-CURCE.
Histoires. (2 vol.)

QUINTILIEN.
Institution oratoire. (7 vol.)

RES GESTAE DIVI AVGVSTI.
(1 vol.).

RHÉTORIQUE À HÉRENNIUS.
(1 vol.).

RUTILIUS NAMATIANUS.
Sur son retour. Nlle éd. (1 vol.).

SALLUSTE.
Conjuration de Catilina. Guerre
de Jugurtha. Fragments des
Histoires. (1 vol.).

SALLUSTE (Pseudo-).
Lettres à César. Invectives. (1 vol.).

SÉNÈQUE.
Apocoloquintose du divin
Claude. (1 vol.).
Des bienfaits. (2 vol.).
De la clémence. (Nlle éd. 1 vol.).
Dialogues. (4 vol.).
Lettres à Lucilius. (5 vol.).
Questions naturelles. (2 vol.).
Théâtre. Nlle éd. (3 vol.).

SIDOINE APOLLINAIRE. (3 vol.).

SILIUS ITALICUS.
La Guerre punique. (4 vol.).

STACE.
  Achilléide. (1 vol.).
  Les Silves. (2 vol.).
  Thébaïde. (3 vol.).
SUÉTONE.
  Vie des douze Césars. (3 vol.).
  Grammairiens et rhéteurs. (1 vol.).
SYMMAQUE.
  Lettres. (4 vol.).
TACITE.
  Annales. (4 vol.).
  Dialogue des orateurs. (1 vol.).
  La Germanie. (1 vol.).
  Histoires. (3 vol.).
  Vie d'Agricola. (1 vol.).
TÉRENCE.
  Comédies. (3 vol.).
TERTULLIEN.
  Apologétique. (1 vol.).
TIBULLE.
  Élégies. (1 vol.).
TITE-LIVE.
  Histoire romaine. (30 vol. parus).

VALÈRE MAXIME.
  Faits et dits mémorables. (2 vol.).
VALERIUS FLACCUS.
  Argonautiques. (2 vol.).
VARRON.
  Économie rurale. (3 vol.).
  La Langue latine. (1 vol. paru).
LA VEILLÉE DE VÉNUS
  (Pervigilium Veneris). (1. vol.).
VELLEIUS PATERCULUS.
  Histoire romaine. (2 vol.).
VICTOR DE VITA.
  Histoire de la persécution vandale
  en Afrique. – La passion des sept
  martyrs. – Registre des provinces
  et des cités d'Afrique. (1 vol.).
VIRGILE.
  Bucoliques. (1 vol.).
  Énéide. (3 vol.).
  Géorgiques. (1 vol.).
VITRUVE.
  De l'architecture. (9 vol. parus)

Catalogue détaillé sur demande

Ce volume,
le quatre cent soixante-quatrième
de la série grecque
de la Collection des Universités de France,
publié aux Éditions Les Belles Lettres,
a été achevé d'imprimer
en août 2008
dans les ateliers
de l'imprimerie Peeters s. a.
à Louvain, B-3000

N° d'édition : 6760.
Dépôt légal : septembre 2008.

Imprimé en Belgique